KB273757

심리학의 역사

A LITTLE HISTORY *of* PSYCHOLOGY

마음과 행동의 작동 방식을 탐구하다

심리학의 역사

니키 헤이즈 지음 | 최호영 옮김

연대표로 보는 심리학의 역사

시대	인간관	주요 인물 및 내용
기원전 400년대	고대 그리스 철학의 인간관 (기원전 5~기원전 4세기)	• 플라톤(BC 427?~BC 347) : 『국가론』에서 인간의 세 유형을 구분
기원전 300년대		• 아리스토텔레스(BC 384~BC 322) : 인간에게 오감이 있다고 주장
서기 100~200년대	고대 로마의 의학적 인간관 (서기 2세기)	• 갈레노스(129?~216?) : 성격유형론
1500년대	근대 초기의 인간관 (16~17세기)	• 르네 데카르트(1596~1650) : 심신이원론
1600년대		• 존 로크(1632~1704) : 마음을 백지상태에 비유
1700~1800년대	자연과학적 인간관의 형성 (18~19세기)	• 프란츠 갈(1758~1828) : 두개골의 형태로 성격을 추론하는 골상학 창시 • 구스타프 페히너(1801~1887) : 실험심리학의 모태가 된 정신물리학 창시 • 찰스 다윈(1809~1882) : 인간에 대한 진화론적 접근
1800~1900년대	과학적 심리학의 탄생 (19세기 중반~20세기 초)	• 폴 브로카(1824~1880) : 언어 산출에 관여하는 '브로카 영역' 발견 • 빌헬름 분트(1832~1920) : 세계 최초의 심리실험실 설립으로 현대 심리학의 확립에 기여 • 윌리엄 제임스(1842~1910) : 『심리학의 원리』로 미국 심리학의 확립에 기여 • 카를 베르니케(1848~1905) : 언어 이해에 관여하는 '베르니케 영역' 발견
1900년대	현대 심리학의 분화 (20세기 초~1930년대)	• 이반 파블로프(1849~1936) : 조건반사 실험 • 지그문트 프로이트(1856~1939) : 무의식으로 인간을 설명하는 정신분석 창시 • 알프레드 비네(1857~1911) : 최초의 지능검사 개발 • 로버트 우드워스(1869~1962) : 최초의 성격검사 개발 • 알프레드 아들러(1870~1937) : 개인의 열등감과 보상에 초점을 맞춘 개인심리학 창시 • 빌리암 슈테른(1871~1938) : 지능지수 IQ 개념의 확립 • 월터 캐넌(1871~1945) : 투쟁-도피 반응 연구 • 카를 구스타프 융(1875~1961) : 집단무의식을 다루는 분석심리학 창시 • 존 브로더스 왓슨(1878~1958) : 행동주의 창시 • 쿠르트 코프카(1886~1941) : 게슈탈트 심리학의 확립

1900년대	행동주의의 지배와 그 비판 (1930~1960년대)	• 볼프강 쾰러(1887~1967) : 침팬지 통찰 학습 실험 • 플로이드 올포트(1890~1979) : 실험사회심리학의 아버지 • 레프 비고츠키(1896~1934) : 아동의 인지발달에 대한 사회문화적 접근 • 장 피아제(1896~1980) : 아동의 인지발달이론 • 카를 로저스(1902~1987) : 내담자 중심 치료 • 테오도르 아도르노(1903~1969) : 권위적 성격 연구 • 콘라트 로렌츠(1903~1989) : 각인 연구로 동물행동학에 기여 • B. F. 스키너(1904~1990) : 조작적 조건화를 통한 학습 • 제임스 제롬 깁슨(1904~1979) : 생태학적 지각이론 • 해리 할로(1905~1981) : 원숭이 애착 실험 • 레이몬드 카텔(1905~1998) : 요인분석에 기초한 16PF 성격검사 개발 • 솔로몬 애시(1907~1996) : 동조행동 실험 • 한스 셀리에(1907~1982) : 스트레스 반응인 일반적응증후군 연구 • 에이브러햄 매슬로(1908~1970) : 자아실현을 지향하는 인본주의 심리학 창시
1900~ 2000년대	인지혁명과 심리학의 최근 동향 (1960년대~현재)	• 로저 스페리(1913~1994) : 분리뇌 연구 • 줄리안 로터(1916~2014) : 사태의 원인을 추론하는 귀인행동 연구 • 헨리 타지펠(1919~1982) : 사회적 정체성 이론 • 레온 페스팅거(1919~1989) : 인지부조화 이론 • 토머스 사스(1920~2012) : 정신의학에 도전하는 반정신의학 운동 • 조지 A. 밀러(1920~2012) : 기억에 대한 정보처리 모형 • 에런 벡(1921~2021) : 인지치료 창시 • 프란츠 파농(1925~1961) : 정체성에 대한 탈식민주의적 접근 • 세르주 모스코비치(1925~2014) : 사회적 표상 이론 • 앨버트 반두라(1925~2021) : 자기효능감 연구 • 도널드 브로드벤트(1926~1993) : 주의력에 대한 정보처리 모형 • 울릭 나이서(1928~2012) : 인지심리학의 확립 • 스탠리 밀그램(1933~1984) : 권위에 대한 복종 실험 • 미하이 칙센트미하이(1934~2021) : 몰입 및 행복 연구 • 대니얼 카너먼(1934~2024) : 시스템 1·2의 사고 유형 연구 • 마틴 셀리그먼(1942~) : 학습된 무기력 연구와 긍정심리학 창시 • 엘리노어 매과이어(1970~2025) : 기억의 신경가소성 연구

| 차례 |

● 일러두기

1. 이 책의 본문에 나오는 각주는 옮긴이가 독자들의 이해를 돕기 위해 달았습니다.
2. 본문 중 원어는 괄호 없이 병기했습니다.
3. 일반적인 도서명과 장편소설에는 '『 』'를, 논문과 작품명, 단편적인 글 제목 등에는 '「 」'를,
   정기간행물(학회지, 학술지 등)에는 '〈 〉'를 붙였습니다.

CHAPTER 1

심리학의 출발

그리스인, 갈레노스 및 동양의 영향

심리학은 매혹적이며 여러 면에서 인간 삶의 중심에 놓여 있다. 다른 사람의 마음과 행동을 이해하는 일은, 또는 이해하려는 시도는 우리 모두가 매일 하는 일이다. 이것은 우리가 가정, 집단 또는 사회에서 함께 잘 지내기 위해 필요하다.

그러나 우리는 종종 다른 사람을 오해한다. 우리가 잘 안다고 생각했던 사람이 우리와 다르게 사물을 바라보거나 (우리가 보기에) 이상하게 행동해서 깜짝 놀라곤 한다. 우리는 우리가 읽거나 관찰한 것을 토대로 인간 본성에 관한 견해를 갖게 되는데, 이것은 다른 사람을 이해하는 데 방해가 될 수도 있다. 인간에 대한 우리의 견해는 특정 시간과 장소와 문화의 틀 안에서 형성되며, 다른 사람들에게는 이것이 적용되지 않을 수 있다는 사실을 간과하기 쉽다. 또는 사람들이 수천 년간 간직해온 신념을 당연시하면서 그것이 어디에서 왔는지를 굳이 따지려 들지 않는다.

　인간 본성에 관한 통속적인 설명들은 대개 이런저런 가정과 일화, 때로는 유치하고 어리석은 생각들의 혼합물에 불과하다. 그러나 심리학은 다르다. 심리학은 인간을 이해하려는 분과 과학이다. 심리학은 사람들이 어떻게 행동하는지 또는 왜 그렇게 행동하는지, 왜 그렇게 사물을 바라보는지, 어떻게 상호 작용하는지 등을 탐구한다. 여기서 핵심은 '과학'이라는 용어다. 심리학은 사람들의 의견이나 소문, 사회에서 널리 인정되는 견해, 심오한 사상가의 고매한 의견 등에 의존하지 않는다. 그 대신에 심리학자들은 증거를 찾는다. 증거를 통해 심리학적 견해는 일반인의 신념이나 추측에서 파생된 것이 아니라 확고한 근거에 기초한 지식이 된다. 모든 인간에게 공통된 과정과 원칙이 있는가 하면, 놀라운 사회문화적 차이를 낳는 과정과 원칙도 있다. 현대 심리학은 이 모든 것을 다룬다.

　심리학은 연구 대상인 인간만큼이나 다양하다. 모든 사람에게 적용되는 단 하나의 심리학이란 존재하지 않는다. 그 이유는 개인들이 서로 매우 다르기 때문이기도 하고, 우리가 매우 다양한 문화 속에서 성장하기 때문이기도 하며, 심리학이 다양한 관점과 다양한 뿌리에 기초하기 때문이기도 하다. 심리학자의 종류도 다양하다. 비록 많은 심리학자가 대학교수로 활동하고 있지만, 모든 심리학자가 교수인 것은 아니다. 심리학은 초창기부터 현실 세계의 많은 분야에 적용되어왔다. 예를 들어 정신 건강에 문제가 있거나 일상생활에 어려움을 겪는 사람을 돕는 임상심리학자, 경영진에게 인사관리에 관해 조언하는 조직심리학자, 범죄 수사를 지원하는 법정심리학자, 다양한 욕구를 가진 학생들에게 적절한 교육을 제공하기 위해 학교와 협력하는 교육심리학자 등이 있다. 오늘날 심리학자들은 개인교습과 건강 상담부터 항공훈련과 인공지능에 이르기까지 매우 다양한 분야에서 심리학 지식을 응용해 사람들에게 도움을 주고 있다.

그렇다면 이 모든 것은 어디에서 시작되었을까?

고대 그리스와 로마 시대의 작가들은 수 세기에 걸쳐 유럽인의 사고에 큰 영향을 미쳤다. 르네상스 시대까지도 이 '고대인들'은 모든 과학적 지식의 근원으로 간주되었으며, 그들의 견해는 정통 교리에까지 파고들었기 때문에 고대인의 견해에 의문을 제기했던 갈릴레오와 같은 몇몇 초기 과학자는 이단으로 박해를 받기까지 했다. 일각에서는 플라톤이나 아리스토텔레스 같은 고대 그리스 철학자나 로마 제국 시대에 로마에서 활동한 그리스인 의사 갈레노스Galen 같은 후대 사상가의 저술에서 심리학의 기원을 찾기도 한다. 실제로 인간의 본성에 관한 그들의 견해는 르네상스 이후까지 서양의 사고에 큰 영향을 미쳤다.

이런 그리스 철학자들은 자연계, 우주 및 인간 본성에 관한 심오한 견해를 발전시킨 사상가로 존경받았다. 그러나 그들은 과학자가 아니었다. 그리고 그들의 몇몇 견해는 너무 단순했다. 예를 들어 플라톤의 『국가론The Republic』에서는 사회 구성원을 금, 은, 동의 세 유형으로 설명한다. 이 설명에 따르면 동의 성분을 지닌 사람은 특별히 똑똑하거나 유식하지 않지만 사회에 필요한 기본적인 육체노동을 제공하는 노동자다. 그리고 은의 성분을 지닌 사람은 복잡한 사회가 제대로 돌아가는 데 필요한 세세한 일을 다루는 관리자, 행정가, 서기 등이다. 끝으로 금의 성분을 지닌 사람은 플라톤의 이상사회를 통치할 수 있는 지성과 능력을 지닌 지도자다. 플라톤은 이 세 유형이 항상 그대로 유전된다고 가정했다. 즉 '동'의 성분을 지닌 가정에서 '은'의 능력을 지닌 아이가 태어날 가능성 등은 그의 설명에서 고려되지 않았다.

이상적인 사회에 관한 그의 견해에는 오점이 없지 않았다. 수 세기 동안 유럽은 봉건제도 속에서 귀족이 지배층을 이루었고 장인은 공예품을 만들어 생계를 유지했으며 소작농은 재산이 거의 없이 가난하게 살았다. 이런 상황에서 사람들이 고정된 신분으로 태어나는 경직된 사회구조를 묘사한 플라톤의 견해는 봉건 사회의 기본 이데올로기 및 신념과 잘 어울리는 것이었다. 봉건제도가 점차 폐지된 후에도 사람들은 대개 자신이 태어난 신분에 걸맞은 사회적 지위를 차지하는 경향이 있었다. 산업혁명과 함께 독학한 기업가들이 기존 체제에 도전하고 평범한 사람들의 교육 기회가 증가함에 따라 이런 경향에 균열이 생기기 시작했다. 그러나 제6장에서 살펴볼 것처럼 능력과 지능이 유전된다는 신념은 서구 사회 전체에 걸쳐 거의 흔들리지 않았다. 그리고 이 신념은 광범위하면서도 종종 비극적인 결과를 초래했다.

서양인의 사고에 큰 영향을 끼친 것은 플라톤의 견해만이 아니었다. 예를 들어 아리스토텔레스는 인간에게 시각, 청각, 촉각,

미각, 후각의 오감만 있다고 주장했다. 이 견해는 그 후로 널리 받아들여졌으며 오늘날에도 초등학교에서는 이렇게 가르친다. 그러나 이 견해는 틀렸다. 그의 설명은 인간의 모든 내부감각과 몇몇 미묘한 외부감각을 완전히 무시한 것이었다. 예를 들어 우리 몸의 움직임을 알려주는 운동감각, 팔다리의 위치를 알려주는 고유감각, 열과 온도를 알려주는 온도감각 등 다양한 감각이 있다. 신경학계의 최근 보고에 따르면 신체와 외부 환경에서 오는 정보를 받아들이는 40개 이상의 다양한 경로, 즉 감각이 확인되었다고 한다.

이것은 중요한 문제인가? 아마도 그럴 것이다. 이런 감각을 무시할 경우 우리가 나머지 세계와 분리된 존재라고 생각하기 쉽다. 즉 세계에서 들어오는 정보를 받아들이지만 본질적으로는 세계로부터 독립되어 있고 세계의 영향을 받지 않는 존재라고 생각하기 쉽다. 그러나 심리학의 가장 기초적인 지식에 비추어봐도 이것은 전혀 사실이 아니다. 우리는 객관적으로 일어나는 사태를 지각하는 것이 아니라 능동적으로 지각을 선택해서 우리에게 중요한 것만 알아차린다. 우리의 기억은 실제로 일어난 일에 대한 사실적 기록이라기보다 후속 사태에 대한 우리의 지식, 예상, 경험 등에 따라 달라진다. 우리의 판단은 사실에 대한 논리적 평가라기보다 우리의 문화, 집단, 개인적 경험 등에 따라 달라진다. 우리는 세계와 분리된 것이 아니라 세계에 능동적으로 참여한다.

그리스인들은 또한 논리를 인간 사고의 궁극적인 형태로 간주했다. 아리스토텔레스, 플라톤 등의 영향을 받아 논리가 우월

한 사고 형태이며 객관적 사고 또는 냉정한 추론을 못할 때 '오류'
가 생긴다는 가정이 오랫동안 당연시되었다. 그러나 실제로 우리
가 내리는 결정은 논리적이라기보다 인간적인 것이다. 또한 우리
는 객관적으로 지각하고 기억하는 것이 아니라 인간적인 의미에
비추어 우리의 경험을 해석하고 기억한다. 이런 것이 오류가 아
니라 인간 존재의 일부이며 때로는 현실 세계에서 형식논리보다
더 잘 작동한다는 사실을 심리학자들이 깨닫기까지 매우 오랜 시
간이 걸렸다. 그리고 사회제도적으로 이런 사실이 정착되기까지
는 디 오랜 시간이 걸릴 것이다.

오늘날까지도 우리의 사고에 영향을 미치고 있는 또 다른 초
기 견해는 그리스 의사 갈레노스의 견해다. 그는 히포크라테스에
게서 비롯한 것으로 보이는 신체질환에 관한 견해를 정교하게 다
듬은 인물이었다. 히포크라테스는 점액, 혈액, 황담즙, 흑담즙이
라는 네 가지 '체액humour'이 불균형한 상태일 때 질병이 생긴다
고 믿었다. 그에 따르면 다양한 종류의 체액이 과도할 때 질병이
생기므로, 이를 치료하려면 체액의 균형을 회복하는 것이 중요했
다. 예를 들어 얼굴이 붉어지고 열이 나는 것은 체내의 과도한 혈
액 때문인 것으로 간주되어 수 세기 동안 열병에 대한 표준 대응
으로 피 뽑기가 실행되었다.

갈레노스는 한 걸음 더 나아가 이런 체액이 성격에도 영향을
미친다고 주장했다. 그는 뚜렷이 구별되는 네 가지 성격 유형이
있으며, 이는 개인의 신체에 있는 이런 체액의 균형에 따라 결정
된다고 믿었다. 그의 주장에 따르면 점액이 과도한 사람은 차분

     심리학의 역사

하고 신뢰할 수 있는 반면에 혈액이 우세한 사람은 쾌활하고 외향적이고 사교적이며, 황담즙이 과도한 사람은 활기차고 열정적이며 가끔 성을 잘 내는 반면에 흑담즙이 과도한 사람은 사려 깊고 친절하지만 쉽게 우울해지고 비관적인 편이다.

오늘날 우리가 사용하는 언어에서도 갈레노스의 영향을 확인할 수 있다. 예를 들어 다음 네 문장은 갈레노스의 모델에 따른 네 가지 성격 유형을 각각 반영한다.

- 그녀는 꽤 낙관적인sanguine 편이므로 반대하지 않을 것이다.
- 햄릿은 고전적인 우울증 환자melancholic다.
- 그의 성마른choleric 성향 때문에 직원들은 나쁜 소식이 있을 때마다 조심해야만 했다.
- 그녀는 의자에 기댄 채 담담하게phlegmatically 그 소식을 받아들였다.*

이런 흔적은 언어에서만 보이는 것이 아니다. 오늘날에도 이런 성격 '유형'을 기본 접근법으로 채택하는 교육·심리학 이론들이 있다. 1950년대에 한스 아이젠크Hans Eysenck가 제시해 널리 알려진 심리측정 성격 이론은 갈레노스의 4개 기본 체액을 직접 반영하고 있으며, 이런 견해는 오늘날에도 몇몇 인기 서적에서 확인된다. 나는 최근에 공항 서점에서 똑같은 이론의 2023년판이

---

* 고대 의학에서 'sanguis'는 혈액을 뜻했고, 'melancholer'는 흑담즙, 'choler'는 담즙, 'phlegm'은 점액을 뜻했다.

실린 신간을 보기도 했다. 게다가 우리는 여전히 누군가의 기분을 묘사하면서 '기분humour'이라는 단어를 사용한다.*

현재 우리가 심리 과정을 서술할 때 사용하는 단어 중에는 과거에 다른 의미로 사용되었던 것이 많다. 예를 들어 '태도attitude'는 애당초 그리스 연극에서 배우가 특정 감정이나 마음 상태를 나타내기 위해 취했던 신체 자세를 가리키는 단어였다. 우리는 사람들의 자세에 자동적으로 의미를 부여한다. 예를 들어 구부정한 자세로 아래를 내려다보고 있는 사람을 보면 우리는 그 사람이 무인가에 골몰해 있으며 아마도 고민하는 듯하다고 해석할 것이다. 반면에 우뚝 서서 팔을 쭉 뻗는 사람을 보면 우리는 매우 다른 정신상태를 가정할 것이다. 그래서 오늘날 '태도'라는 단어는 일반적으로 신체 자세를 가리키기보다 심리 상태나 특정 입장을 반영하는 의미로 사용하게 되었다.

유럽 문화는 종종 고대 그리스와 로마에서 일직선으로 발전한 것으로 간주되지만, 세계의 다른 지역에서 비롯한 좀 더 미묘한 영향들도 있었다. 고대와 중세 세계에는 현재와 같은 수준의 기술이 없었다는 이유만으로 과거를 너무 단순화해서 생각하기 쉽다. 하지만 이런저런 견해와 아이디어가 확산되려면 상당한 시간이 걸리게 마련이다. 그러한 시대에도 확산은 분명히 이루어졌다. 예를 들어 아랍 문화에는 수학 이론과 인간 본성에 관한 복잡한 견해를 포함해 잘 발달된 과학 지식이 있었으며, 이는 특히 시

---

* 현대 영어에서 주로 '유머', '기분' 등의 의미로 사용되는 'humour'는 '수분', '체액' 등을 뜻하는 라틴어 'umor'에서 유래했다.

     심리학의 역사

와 예술을 통해 잘 드러났다. 그리고 또 다른 많은 고대 문화도 마찬가지였다. 이런 문화는 무역과 여행자들을 통해 전파되면서 서양에 알려지게 되었다. 예를 들어 마르코 폴로는 이미 13세기에 고도로 발달한 중국 문화에 관해 서술했다. 그는 베네치아로 향하는 비단길을 따라 유럽에 들어온 사치품뿐만 아니라 중국의 사회조직에 관해서도 설명했다.

유럽인이 동양 문화에 눈을 뜨게 되면서 동양 문화는 예술과 도자기뿐만 아니라 사회 관행에도 영향을 미쳤다. 예를 들어 일각에서는 심리검사가 기원전 206년부터 서기 220년까지 존재했던 한漢 왕조 때 능력 위주의 공무원 선발을 위해 치른 시험과 면접에서 비롯했다고 주장하기도 한다. 중국의 사상은 유럽이 '오리엔탈' 사상과 예술 및 문화에 매료되었던 19세기의 탐험과 팽창 과정을 통해 서양에 전파되었다. 1832년에 동인도회사는 유망한 직원을 선발하기 위해 중국식 시스템을 채택했는데, 이 시스템이 큰 성공을 거두면서 서양의 다른 조직에까지 확산되었다. 심리학이 발전함에 따라 인력 선발을 위한 심리측정은 주요 관심 분야가 되었으며 오늘날에는 그 자체가 주요 산업이 되었다.

지금까지 간단히 살펴본 것처럼 인간 본성에 대한 관심은 수천 년간 이어졌다. 그러나 이런 관심과 견해 자체가 심리학인가? 그렇지는 않다. 이런 것들은 분명 인간에 관한 것이지만 그저 견해와 인상일 뿐이다. 심리학은 과학이며, 인간에 대한 탐구가 심리학이 되려면 증거에 기초해야만 한다. 초창기의 견해가 심리학에 영향을 미친 것은 사실이지만, 인간을 제대로 이해하려면 과

학적으로 접근할 필요가 있었다. 우리가 아는 현대 심리학이 발

전하기 위해서는 먼저 과학과 과학적 방법이 등장해야만 했다.

CHAPTER 2

과학의 진화

마음에 관한 견해–데카르트부터 다윈까지

바야흐로 유럽은 격변기를 맞이했다. 14세기와 15세기에 기근, 전염병, 극심한 기후변화 등의 재난이 이어지면서 유럽의 인구가 거의 절반으로 줄어들었고 사회에 다수의 극적인 변화가 일어났다. 사람들은 반란과 봉기를 일으키고 기존 지식에 의문을 제기하는 등 기존 권위에 도전하면서 다른 사고를 하기 시작했다. 예술가들은 종교적 이미지나 고전적 신화 대신에 사람들의 일상생활을 묘사하기 시작했으며 작가들은 새로운 형태의 문학을 실험했고 철학자들은 기존 가정에 의문을 제기했다. 이런 새로운 견해들이 서양 세계에 널리 확산되었는데, 이는 나중에 르네상스, 즉 문예부흥으로 불리게 되었다. 그리고 이런 변화가 중요한 선행조건이 되어 결국 현대 심리학이 탄생할 수 있었다.

르네 데카르트Rene Descartes는 이 새로운 흐름의 핵심 사상가였다. 1596년에 태어난 이 프랑스 철학자는 기존 철학 사상에 의문을 제기하면서 이성이 지식을 판별하는 핵심 시금석이라고 주장했다. 이는 모든 지식이 타고난 것이라는 생득설이나 지식이 성찰과 사고의 산물이기보다 감각을 통해 들어온 정보의 결과라는 경험주의와 정면으로 충돌했다. 데카르트도 몇몇 지식은 타고난다는 점을 인정했지만 진리는 오직 지적 연역을 통해 깨달을 수 있다고 믿었다. 데카르트의 견해는 합리주의라고 불리게 된 사조를 대표했으며, 이런 입장은 유럽 전역에서 급속히 인기를 얻게 되었다.

그러나 데카르트의 활동은 이에 그치지 않았다. 그는 수학자이자 오늘날 우리가 아는 의미의 과학을 개척한 초기 과학자 중 한 명이었으며 인간 본성에 관해서도 광범위한 저술을 남겼다. 예를 들어 그는 정신과 신체가 완전히 분리된 실체라고 믿었다. 그래서 신체는 물리학과 생리학 법칙의 지배를 받는 기계와 다를 바 없는 반면에 정신은 이와 완전히 다르다고 주장했다. 이런 견해는 '데카르트 이원론'으로 불리게 되었으며 유럽의 과학과 의학에 큰 영향을 미쳤다. 그러다 20세기 후반에 이르러서야 비로소 이전 심리학 연구 및 신경심리학 연구를 토대로 의학계에서도 정신과 신체의 상호작용을 진지하게 인정하기 시작했다.

데카르트는 이런 기계 모형을 토대로 인간과 동물의 차이도 설명하려 했다. 그에 따르면 동물에게는 이성이나 지능이 없었으며 감각만 있었다. 그래서 동물은 사실상 복잡한 생리적 기계에 불과했다. 이 견해도 서양 사회에서 큰 영향력을 발휘했으며 사회생활, 농업 및 과학 등에서 동물 학대를 정당화하는 데 이용되기도 했다. 오늘날에도 이 견해가 완전히 사라진 것은 아니지만 점차 힘을 잃고 있으며, 현대 과학자 중에서 이 견해를 지지하는 사람은 거의 없다. 그러나 데카르트에 따르면 인간을 동물과 주요하게 구별하고 인간을 특별하게 만드는 것은 인간이 정신을 가지고 있으며 이것을 사용할 수 있다는 점이었다. 정신은 물리적인 것이 아니며 그가 나중에 묘사한 것처럼 기계 속의 유령과도 같은 것이었다. 그는 정신 덕분에 비로소 우리가 사고와 추론 능력을 지닌 인간이 된다고 보았다. '나는 생각한다. 고로 존재한다Je pense, donc je suis'는 그의 유명한 발언도 이런 맥락에서 이해할 수 있다.

플라톤과 마찬가지로 데카르트도 많은 물음에 대한 답변을 제시했다. 동물이 단순한 기계라는 그의 견해는 다윈의 진화론이 등장하기까지 수 세기 동안 우리의 사고를 지배했으며, 그의 심신이원론은 의학 지식의 발전을 어떤 면에서는 오늘날까지도 상당히 왜곡했다. 그러나 그가 남긴 긍정적인 유산도 있었다. 데카르트는 많은 과학적 조사를 체계적으로 수행했다. 그는 신체 과정을 마치 복잡한 기계의 작동 방식처럼 연구하는 것 자체가 가치 있다는 점을 보여주었다. 예를 들어 그는 빛이 눈을 통해 어떻게 처리되는지를 보여주는 광학 논문을 쓰기도 했다. 전체적으로 볼 때 데카르트는 고대인들의 글을 학습하기보다 실험과 사려 깊은 성찰을 통해 지식을 획득하는 절차가 확립되는 데 기여했다.

유럽 대륙에서 합리주의가 우세했던 시기에 영국의 철학자들은 다른 접근을 시도했다. 합리주의자들은 타고난 지식도 일부 있지만 지식이 의미를 갖게 되는 것은 주로 추론과 성찰을 통해서라고 믿었다. 반면에 토머스 홉스Thomas Hobbes 같은 영국 철학자들은 이런 접근법의 두 측면 모두에 대해 이의를 제기했다. 홉스는 정신이 신체와 분리된 비물질적 실체라는 데카르트의 견해에 동의하지 않았다. 대신에 그는 인간이 우주의 일부이며, 따라서 완전히 물리적인 실체라고 주장했다. 홉스는 정신의 작동 방식도 물리적 법칙의 결과라고 말했다. (우리는 이 견해에 관해 나중에 더 자세히 살펴볼 것이다.)

존 로크John Locke는 한 걸음 더 나아가 타고난 지식 같은 것은 아예 없다고 주장했다. 로크는 우리가 '백지상태tabula rasa'의 마음을 가지고 태어나며, 살면서 경험을 통해 비로소 그런 마음에 지식이 형성된다고 주장했다. 따라서 그에 따르면 우리의 모든 지식은 경험에서 비롯한다. 로크에 따르면 경험에 관한 성찰 자체도 일종의 경험이다. 우리는 어떤 지식이나 깨달음도 물려받지 않았으며, 우리의 마음은 우리가 태어난 후 경험하는 것과 이것을 이해하는 방식에 따라 전적으로 구체화되고 어쩌면 프로그램이 짜인다고 그는 보았다.

영국의 또 다른 철학자인 데이비드 흄David Hume도 지식이 경험을 통해 획득된다고 믿었다. 흄에 따르면 추론만으로 세계를 설명할 수 없는데, 왜냐하면 우리에게는 '동물적 열정animal passion'도 있기 때문이다. 이것은 배고픔이나 고통 회피 같은 기본 감정과 본능적 충동을 가리키는데, 흄은 이런 동물적 열정이 우리의 사고방식에도 영향을 미친다고 믿었다. 우리의 추론은 '순수한' 또는 추상적인 것이 아니라 이런 다른 영향들과 경험들 및 사고 자체에 대한 성찰이라고 그는 주장했다.

홉스, 로크, 흄 등의 접근법은 영국 경험주의라고 불리게 되었다. 이들의 핵심 견해는 경험이 지식을 이해하는 열쇠이며, 인간의 사고방식을 이해하려면 경험을 측정해야 한다는 것이었다. 이들의 견해는 특히 미국과 영국에서 심리학의 발전에 큰 영향을 미쳤다. 이것은 또한 유럽과 미국 심리학 사이에서 관찰되는 깊은 차이의 핵심을 이루기도 하는데, 이에 관해서는 나중에 다시 살펴보기로 하자.

이런 철학적 논쟁은 16세기부터 18세기까지 이어졌는데, 사고의 격변은 이뿐만이 아니었다. 18세기 말에 일어난 프랑스 혁명은 정치와 사회조직뿐만 아니라 그 밖의 분야에서도 많은 새로운 접근법의 단초가 되었다. 특히 프랑스 의사 필리프 피넬Philippe Pinel은 정신질환자의 치료법에 관한 그의 견해를 자유롭게 탐구할 수 있었다. 당시에 그는 정신질환자를 다루던 기관들의 비인도성과 기존 치료법의 부적절성을 절감하고 있었는데, 급진적인 사회관을 표방한 프랑스 공화국이 새로 수립됨에 따라 그는 자신의 견해를 실천할 수 있는 기회를 얻게 되었다.

피넬은 정신질환자로 간주된 사람들을 묶는 데 사용되었던 쇠고랑을 없앤 것으로 유명해졌다. 그는 동료인 장 바티스트 푸생Jean-Baptiste Pussin과 함께 완전히 새로운 시스템을 도입했다. (실제로 쇠고랑을 최초로 제거한 사람은 푸생이었지만, 유명한 그림을 통해 쇠고랑을 제거하는 모습을 보여준 사람은 피넬이었기 때문에 보통 쇠고랑 제거를 그의 공로로 인정한다. 어쨌든 두 사람 모두 제거 필요성에는 이의가 없었다.) 피넬의 직원들은 강압과 제지 대신에 단호하면서도 부드러운 접근법을 채택해 환자들을 합리적이지만 추가 배려가 필요한 사람으로 대우했다. 피넬은 체액 제거나 피 뽑기 같은 불편하고 불쾌한 치료법 대신에 환자와 정기적으로 친밀한 대화를 했다. 또한 피넬은 세심한 관찰과 기록 시스템을 구축해 각 환자의 상태를 정기적으로 점검했으며, 이를 토대로 이런 치료법의 놀라운 효과를 객관적으로 증명할 수 있었다. 또한 그는 다른 의학 발전에도 주목해 그의 병원은 파리에서 최초로 백신 접종을 실시하기도 했다.

피넬의 접근법은 '도덕적 치료법'이라 불리게 되었는데, 이 치료법의 성공률은 (비록 현대인에겐 그리 놀랍지 않지만) 매우 높았다. 그가 치료한 많은 환자가 완치되었으며 다른 환자들은 훨씬 더 협조적이고 관리할 만한 상태로 호전되었다. 피넬은 자신의 접근법을 『광기에 관한 회고록 Memoirs on Madness』이라는 책으로 발표했는데, 이것은 종종 현대 정신의학의 기본이 되는 문서 중 하나로 꼽힌다. 우리의 논의와 관련해 더 중요한 것은 피넬과 그의 동료들을 통해 심리치료 및 정신질환의 대안적 접근법에 대한 관심이 크게 증가했으며, 이들이 현대 임상심리학의 중요한 선구자 역할을 했다는 사실일 것이다.

그럼에도 심리학의 가장 중요한 선구자를 꼽으라면 많은 사람은 찰스 다윈Charles Darwin을 꼽을 것이다. 1831년에 다윈은 로버트 피츠로이Robert FitzRoy 선장(훗날 그는 현대 일기예보의 창시자로 인정받게 되었다)의 민간 동반자 자격으로 영국 군함 비글Beagle 호의 세계 일주 탐사 여행에 합류했다. 다윈은 비록 배의 공식 박물학자는 아니었지만 항해하는 동안 주로 자연계에 관심을 기울이면서 야생 동물을 꼼꼼하게 관찰했다. 또한 그는 수많은 화석을 수집했으며 여러 종이 매우 다양한 환경에 어떻게 적응했는지를 관찰했다. 그리고 5년 후인 1836년에 귀국해 종의 분화와 변화의 여러 측면을 탐구하면서 자신의 견해를 계속 발전시켰다.

여러 학술논문을 발표하면서 이론의 세부 사항을 다듬는 작업을 20년 넘게 이어간 다윈은 마침내 1859년에 그의 획기적인 저서인 『종의 기원On the Origin of Species』을 발표했다. 이 책의 출간으로 인해 19세기 서양 사회에 폭풍우가 휘몰아쳤다. 다윈 자신도 이런 폭풍우를 우려해 한동안 책의 출간을 미루기도 했다. 그러나 봄이 되면 사방에서 꽃이 피듯 진화 사상은 이미 성숙기에 접어들었으며, 다른 박물학자들도 점차 다윈과 비슷한 결론에 도달하기 시작했다. 게다가 영국 박물학자 앨프리드 러셀 월리스Alfred Russel Wallace가 매우 유사한 이론의 논문을 발표할 예정이라는 소식을 듣자 마침내 다윈은 자신의 책을 출간하기로 결심했다. 그러나 출간 후에도 그는 저자세를 유지했기 때문에 후폭풍의 처리는 그의 친구이자 옹호자인 토머스 헨리 헉슬리Thomas Henry Huxley의 몫이 되었다. 헉슬리는 진화론을 대중이 이해하기 쉽게 설명했으며 이를 의심하는 나이 많은 과학자들과 공개 논쟁을 벌였고

1860년에는 영국 국교회에 맞서 옥스퍼드 교구의 주교인 새뮤얼 윌버포스Samuel Wilberforce와 공개 토론을 벌이기도 했다. 그 자신도 존경받는 유명한 과학자였던 헉슬리는 다윈의 이론이 세상에 널리 알려지는 데 결정적인 기여를 했다. 이 때문에 그는 종종 '다윈의 불도그'로 회상된다.

진화론은 인간이 순수한 백지상태의 마음을 가지고 태어난다는 경험주의적 견해와 직접적으로 충돌했다. 다윈은 동물종이 신체 특징뿐만 아니라 행동 특징도 물려받으며 종의 발달 환경에 따라 이런 특징이 구체화된다는 사실을 밝혀냈다. 예를 들어 다윈은 갈라파고스의 여러 섬에 흩어져 사는 되새들이 다양한 먹이 환경에 적응해 서로 다른 행동과 신체 특징을 보인다는 사실을 관찰을 통해 증명했다. 즉 어떤 섬의 되새들은 바위틈을 쪼아서 곤충을 찾아냈으며 이에 적합한 길고 좁은 부리를 가지고 있었던 반면에 또 다른 섬의 되새들은 단단한 씨앗을 찾아다녔고 씨앗을 부수기에 적합한 두껍고 강한 부리를 가지고 있었다. 분명히 이 되새들은 모두 같은 종이었지만 서로 다른 환경에 적응해 서로 다른 부리와 행동 특징을 가지고 있었다.

여기까지는 좋았으나, 문제는 이것이 모두 동물을 관찰한 결과라는 점이었다. 우리가 이미 살펴본 것처럼 기존 철학은 인간을 동물과 완전히 다른 존재로 구별했다. 그러나 다윈의 이론은 인간이 유인원을 닮은 공통 조상에서 진화했다고 주장했으며(이는 당시의 대중적인 많은 글에서 조롱의 대상이 되었다) 인간과 다른 동물종 사이의 공통된 특징을 언급하기도 했다. 『인간과 동물의 감정 표현

 심리학의 역사

The Expression of the Emotions in Man and Animals』에서 다윈은 개와 인간을 예로 들어 비교하면서 포유류의 얼굴 표정에서 나타나는 유사성에 관해 논의했다. 다른 사람들은 동의하지 않을지 몰라도 반려견을 키우는 사람이라면 자신의 개가 다양한 표정을 짓는다는 것을 알고 있으며 자신의 개가 웃는 표정을 지으면 (다른 사람들이 비웃든 말든) 쉽게 알아차릴 것이다. 다윈이 1872년에 출판한 이 책에서 주장한 것도 바로 그것이었다.

다윈의 꼼꼼한 연구는 인간과 동물이 질적으로 다르다는 견해에 심각한 의문을 제기했으며 인간과 동물 사이에 생리적 유사성뿐만 아니라 정신적 유사성도 있다는 견해를 뒷받침했다. 이런 점에서 그의 연구는 과학자들이 인간과 동물에 관해 새롭게 사고할 수 있는 길을 열어주었으며, 훗날 심리학이 과학으로서 등장할 수 있는 초석을 놓았다. 이 초석은 신경과학의 몇몇 핵심적인 발전을 통해 더욱 강화되었는데, 다음 장에서는 이에 관해 살펴보기로 하자.

CHAPTER 3

피니어스 게이지의 전설

신경심리학의 태동

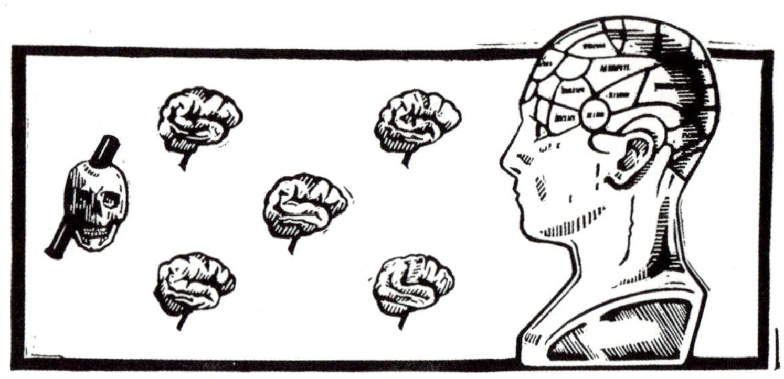

1848년 9월 13일에 허드슨 강 철도건설조의 조장이었던 피니어스 게이지Phineas Gage는 오후 휴식 시간을 앞두고 발파 준비를 하고 있었다. 그러다 뒤에 있는 인부에게 무슨 말을 하려고 돌아서는 순간 폭약이 터지는 바람에 발파용 구멍에 폭약을 재어 넣는 데 사용하는 쇠막대가 날아와 그의 두개골을 관통했다. 쇠막대는 그의 아래턱뼈 바로 위로 들어가 뇌의 왼쪽 전두엽을 지나 두개골 꼭대기로 다시 나왔다. 게이지의 뇌조직에서 나온 피와 기름으로 범벅이 된 쇠막대는 약 25미터 떨어진 지점까지 날아갔다. 게이지는 쓰러졌지만, 금세 다시 일어날 수 있었다. 그는 달구지가 있는 곳까지 제 발로 걸어가 그 위에 똑바로 앉은 채로 인근 마을의 간이 숙소까지 이동했다. 그곳에서 그는 의사가 올 때까지 현관에 걸터앉아 기다리면서 행인들과 수다를 떨었다. 그리고 마침내 의사가 도착하자 그는 "선생님, 일거리가 생겼네요"라고 말했다. 이것은 아마도 역사상 신경외과 수술을 가장 대수롭지 않게 표현한 말이었을 것이다!

의사는 뇌의 일부 조각을 두개골 안으로 밀어 넣는 정도의 간단한 처치를 한 후 무슨 일이 일어났는지 믿지 못하겠다는 표정으로 게이지에게 많은 질문을 던졌다. 그러다 오후 6시에 또 다른 의사인 존 할로John Harlow가 도착했다. 그는 평범한 시골 의사였지만 다행히도 다른 사례들의 기록을 통해 많은 것을 알고 있는 똑똑한 사람이었다. 그는 게이지를 침대에 눕혀 상처를 세척하면서 상처 부위의 양쪽 끝으로 뼈 조각들을 빼냈다. 자정이 얼마 지나지 않아 출혈이 멈추자 할로는 상처를 봉합하면서 상처의 일부는 고름을 빼내기 위해 열어두었다. 그는 정기적으로 붕대를 교체했으며, 며칠이 지나자 게이지는 어머니나 삼촌과도 대화를 하는 등 회복세를 보였다. 그러나 이내 감염이 발생해 그의 뇌가 부어오르기 시작했다. 부종에 따른 뇌압 증가로 사망할 수도 있는 위급한 상황에서 할로는 응급 배농수술을 시행했다. 비록 아슬아슬한 고비가 있었고 한쪽 시력을 잃게 되었지만 마침내 게이지는 병상에서 일어날 수 있었다.

게이지는 운이 좋았다. 그가 맡은 작업에는 발파용 구멍에 폭약을 밀어 넣는 일이 포함되어 있었으며, 이를 위해 그는 발파 준비용 쇠막대를 직접 만들었다. 일반적인 발파 준비용 쇠막대와 달리 그가 만든 쇠막대는 끝이 뾰족한 직선형이었다. 일반적인 쇠막대는 끝에 집게 같은 것이 달려 있는데, 아마도 이런 차이 때문에 게이지는 죽음을 피할 수 있었을 것이다. 덕분에 쇠막대가 비교적 깨끗하게 두개골을 똑바로 관통했으며, 비록 꽤 큰 구멍이 생겼지만 많은 뇌조직이 쏠려 나오지는 않았다.

그러나 뇌과학자들의 주요 관심사는 당연히 그의 대규모 뇌손상에 따른 정신적 결과였다. 게이지의 이야기는 전설이 되었고, 많은 전설이 그렇듯 그의 이야기도 다양하게 변형되었다. 변형된 몇몇 이야기에 따르면 그는 폭력적이고 충동적이고 비합리적인 사람으로 바뀌었으며 그 밖에도 온갖 성격 변화가 나타났다고 한다. 부상 직후와 뇌 감염으로 고생한 며칠 동안은 실제로 그런 증상이 나타났지만, 그런 것들은 모두 그가 회복되자 감쪽같이 사라졌다. 위키피디아에는 그의 기질 변화에 관한 14개의 허위 정보 목록이 있는데, 거기에는 그가 아내와 자식을 학대했다는 이야기(실제로 그는 가족을 학대한 적이 없었다), 그에게 예측 능력이나 미래에 대한 관심이 사라졌다는 이야기(실제로 그는 언제 직장에 복귀할 수 있을지에 대해 늘 걱정했다) 등이 포함되어 있다.

이런 허위 정보는 왜 생겼을까? 그 이유는 무엇보다도 사람들의 고정관념 때문일 것이다. 뇌의 작동 방식, 특히 사고와 의사결정의 중추라는 전두엽에 관해 온갖 이론과 주장이 있었기 때문에 게이지가 이런 사고를 당하고도 극단적인 변화가 없었다는 사실을 사람들은 좀처럼 믿을 수 없었을 것이다.

몇몇 이야기에 따르면 그는 1년쯤 뒤에 결국 이 부상으로 인해 사망했다고 하지만, 이것도 사실이 아니다. 사고를 당한 지 10주 후에 부상에서 상당히 회복된 그는 뉴햄프셔에 있는 부모님 집으로 돌아가 농장 주변에서 가벼운 일을 할 수 있었다. 그는 예전에 했던 철도 작업에 다시 지원했지만 거절당했다. 한동안 그는 뉴욕의 바넘 미국 박물관Barnum's American Museum에서 일종의 인간 전시물로 일했으며, 이따금 버몬트와 뉴햄프셔에서 열린 쇼에 출연했다. 오늘날의 기록에 따르면 그는 이 자리에서 쇠막대로 머리를 통과시키는 쇼를 했다고 한다! 그러나 그는 계속 안정적인 일자리를 찾았다. 그는 뉴햄프셔의 말 훈련소에서 18개월 동안 근무했으며, 그 후에는 칠레에서 장거리 역마차 운전사로 일했다. 이것은 며칠 동안 승객을 요령 있게 상대해야 하는 사교술과 상당한 운전 기술이 필요하고 마차를 끄는 여섯 마리의 말까지 관리해야 하는 숙련직 일자리였다. 만약 그가 정말로 후대의 설명처럼 충동적이고 공격적이었다면 이 일을 결코 제대로 수행하지 못했겠지만, 그는 이 일을 7년간 매우 성공적으로 해냈다.

그러나 그는 건강이 아주 좋지는 않았기 때문에 나중에는 고향으로 돌아가 어머니와 여동생의 돌봄을 받았다. 그는 지역 농장에서 일자리를 얻었지만, 1860년에 간질 발작이 시작되어 결국에는 중첩발작 증상으로 사망하고 말았다. 그의 사망 소식을 들은 의사 할로는 유족에게 연락해 그의 두개골과 (생전에 게이지가 소장하고 싶어 했던) 발파 준비용 쇠막대를 건네받았다. 게이지의 치료에 관한 할로의 기록과 꼼꼼한 일기 덕분에 게이지는 신경학의 역사에서 지울 수 없는 한 페이지를 장식하게 되었다. 그의 두개골과 쇠막대는 하버드의 워렌 해부학 박물관Warren

Anatomical Museum에 보관되어 있으며, 때때로 특별 전시를 위해 외부에 대여된다. 나도 이것을 본 적이 있는데, 그의 이야기를 아는 사람들에게 이것은 매우 놀라운 전시품임에 틀림없다.

피니어스 게이지의 사례는 뇌연구의 전설이 되었다. 이때부터 뇌기능 및 뇌손상의 결과는 뇌과학과 얼마 후 탄생한 심리학의 핵심 주제가 되었다. 다만 게이지가 당한 사고의 정신적 결과를 둘러싼 이런저런 설화로 인해 실제 사태의 진실이 상당히 가려진 건 아쉬운 점으로 남았다. 어쨌든 이렇게 본격적인 막이 올랐다.

게이지의 사례는 이후에도 계속 세간의 주목을 받았는데, 그 이유 중 하나는 당시에 한참 유행하다가 막 쇠퇴기로 접어든 이른바 '능력심리학faculty psychology', 즉 골상학phrenology과 게이지의 사례가 정면으로 충돌했기 때문이다. 19세기 전반에는 양심, 자비심, 성실성 등과 같은 정신적 '능력들'이 뇌 표면의 특정 부위에 자리 잡고 있으며, 이런 부위의 발달 정도에 따라 그 크기도 다르다는 견해가 크게 유행했다. 사람들은 두개골 모양을 통해 해당 부위의 크기를 추정할 수 있다고 믿었다. 그래서 두개골의 돌출된 부위는 그곳의 능력이 잘 발달했음을 시사하며, 전문 골상학자라면 두개골의 융기 형태를 토대로 그 사람의 성격을 읽어낼 수 있을 것이라고 믿었다.

독일 출신 생리학자 프란츠 갈Franz Gall이 1798년에 발표한 이 이론은 대중의 큰 관심을 받았다. 이것은 법정에서 골상학 증거를 받아들일 정도로 광범위한 지지를 받았으며 당시의 문학에서도 자주 언급되었다. 예를 들어 소설 『제인 에어Jane Eyre』에서 제인 에어의 고용주인 로체스터가 자신의 이마를 가리키면서 자신이 똑똑한 사람인지 맞혀보라고 말하는 장면이 나온다. 그러자 제인 에어는 그런 것 같다면서도 자비심 용기가 없으니 자선가는 아닌 것 같다고 말한다. 이에 로체스터는 이를 인정하면서도 양심을 시사하는 다른 융기들을 가리킨다. 당시에 세라믹으로 제작된 많은 머리 모형이 오늘날까지 남아 있는데, 여기에는 다양한 정신적 능력과 관련되어 있다는 두개골 부위들이 표시되어 있다.

그러나 과학자들이 뇌에 관해 더 많이 알게 됨에 따라 골상학의 신빙성은 완전히 붕괴되었다. 19세기 초에 해부학자 마리 장 피에르 플루렌스Marie-Jean-Pierre Flourens는 동물과 새의 뇌 부위를 차례로 제거하는 일련의 연구를 수행했다. 이를 통해 그는 정신의 여러 기본 기능과 관련된 뇌 부위들을 확인할 수 있었는데, 이것은 골상학의 주장과 전혀 맞지 않았다. 피니어스 게이지의 뇌 손상 부위도 골상학자들이 예측한 성격 변화와 전혀 달랐기 때문에 그의 사례도 골상학을 위협했다. 그러나 뇌과학자들에게 가장 큰 위협이 된 것은 뇌의 언어능력 부위에 관한 외과의사 폴 브로카Paul Broca의 연구였다.

이 연구는 브로카의 두 환자가 말을 이해하는 데는 어려움이 없었으나 말하기 위해 단어를 조합하지 못하는 증상을 보이면서 시작되었다. 두 환자가 보인 증상의 유사성에 강한 인상을 받은 브로카는 두 환자가 사망하자 환자의 뇌를 부검했다. 부검 결과, 두 환자 모두 왼쪽 전두엽 아래의 작은 영역에서 손상이 발견되었으며, 뇌의 다른 부위에는 손상이 없었다. '브로카 영역'이라 불리게 된 이 영역은 어쩌면 뇌의 특정 영역이 특정 기능을 수행할 것이며, 이것은 두개골의 융기나 능력심리학의 주장과 아무런 관련이 없음을 시사하는 거의 최초의 증거였다.

브로카는 이 부검 결과를 1861년에 보고했는데, 약 10년 뒤에는 언어와 관련된 또 다른 영역을 발견한 카를 베르니케Carl Wernicke의 유사한 보고가 있었다. 베르니케의 몇몇 환자는 말하는 데 어려움이 없었지만 다른 사람의 말을 잘 이해하지 못했다. 이 환자들의 뇌 부검에서도 국소 손상이 발견되었는데, 이번에는 손상 부위가 측두엽의 뒤쪽과 맨 위쪽이었다. 이 영역은 얼마 지나지 않아 '베르니케 영역'이라 불리게 되었다. 그리고 이 두 영역을 함께 고려할 때 이는 언어를 이해하는 뇌 영역이 언어를 생성하는 뇌 영역과 다름을 시사할 뿐만 아니라 두 영역 모두 프란츠 갈이 주장한 언어능력과는 아무런 관련이 없음을 시사했다.

19세기 말쯤 되자 골상학은 완전히 신뢰를 잃었으며, 신경학자들은 또 다른 영역을 찾아내기 시작했다. 예를 들어 두정엽의 각회는 글을 읽을 줄 아는 성인의 경우 읽기와 관련되어 있고 글을 읽지 못하는 사람의 경우 얼굴 인식과 관련되어 있다는 사실이 밝혀졌다. 이에 따르면 표정 이해는 기본 기능에 해당하며 우리가 읽기를 배움에 따라 이 기능의 일부가 새롭게 적응하는 듯했다. 전체적으로 볼 때 몇몇 기능은 특정 부위에 위치한 반면 뇌 표면에 해당하는 피질의 많은 영역은 특정 기능과 무관해 보였다.

이런 견해를 더욱 강화한 것은 제1차 세계대전 중에 포격으로 뇌에 부상을 입은 군인들을 살펴본 영국계 아일랜드인 신경학자 고든 홈즈Gordon Holmes의 연구였다. 뇌의 뒤쪽 아래, 즉 소뇌에 부상을 입은 군인들은 동작과 균형 잡기에 어려움을 보인 반면 뇌의 가장 뒤쪽 피질에 부상을 입은 군인들은 손상 정도에 따라 시각장애나 심한 경우 실명 증상을 보였다. 홈즈의 저서 『신경학 연구Studies in Neurology』는 이런 주요 연구 결과 및 국소 기능의 여러 측면을 서술했는데, 신경학적으로 매우 정밀하게 수행된 이 연구는 나중에 뇌손상과 종양의 심리적 결과에 대한 임상심리학 연구의 중요한 토대가 되었다.

20세기 초에는 전기와 뇌의 관계에 대한 관심도 증가했다. 생리학자들은 동물의 뇌에서 전기가 연속적으로 방출되는 것을 발견했으며, 의사들은 다양한 신체장애를 치료하는 데 전기 자극을 사용했다. 동물 뇌의 전기 활동, 즉 뇌전도electroencephalogram, EEG에 대한 최초 연구는 1912년경에 이루어졌으며, 1924년에는 한스 베르거Hans Berger가 최초로 인간 뇌전도를 발표했다. 이것은 뇌의 전기 활동이 간질 발작 등과 어떻게 연관될 수 있는지를 보여주었으며 임상심리학의 발전에도 중요한 기여를 했다.

뇌의 작동 방식에 관한 연구의 발전은 심리학이 정식 학문으로 자리 잡는 데 기여한 주요 연구 분야 중 하나였다. 19세기 말경에는 마음의 작동 방식에 관심을 가진 또 다른 연구자 집단이 있었는데, 이들의 철저하게 실험적인 접근법은 심리학의 향후 발전에 큰 영향을 미쳤다.

CHAPTER 4

정신물리학과 초기 심리학

정신 능력의 측정

무엇을 보는 데도 학습이 필요할까? 우리 중에 젖먹이 시절을 기억하는 사람은 없겠지만, 갓난아이가 주변 사물에 제대로 초점을 맞추려면 며칠이 걸리는 듯하다. 이것은 갓난아이가 학습하는 것이거나 아니면 자동적으로, 즉 아기가 자라면서 자연스럽게 발생하는 일종의 선천적 과정일 것이다.

이것이 중요한 문제인가? 우리에겐 그렇지 않을 수도 있지만, 19세기에는 이런 종류의 물음이 뜨거운 화제였다. 이것은 결국 '심신 문제'로 귀결된다. 제2장에서 살펴본 것처럼 데카르트는 신체가 일종의 기계인 반면에 정신(과 영혼)은 물리적으로 존재하지 않는 비물질적 실체라고 굳게 믿었는데, 이것은 정신에 대한 객관적 연구가 불가능함을 의미했다. 데카르트가 광학 연구를 통해 보여준 것처럼, 기계의 작동 방식은 연구할 수 있다. 그러나 마음이 정보를 처리하는 방식은 객관적 연구가 불가능한 형이상학적인 것으로 간주되었다.

그러나 19세기 후반에 접어들어 과학이 자리 잡아감에 따라 과학자들은 과학적으로 연구할 수 없는 것이 있다는 견해에 만족할 수 없었다. 기술자이자 생리학자이며 그 밖의 과학에도 박식했던 헤르만 폰 헬름홀츠 Hermann von Helmholtz 는 이런 새로운 문화 속에서 지각의 작동 방식에 관해 궁리하기 시작했다. 헬름홀츠는 다채로운 경력을 갖고 있었다. 그는 응용공학에 관심이 많았을 뿐만 아니라 외과, 해부학, 물리학, 생리학 분야의 교수로도 활동했다. 그는 근운동기록기, 검안경, 검류계, 전동기와 같은 여러 종류의 과학 장비를 발명했다. 그리고 이런 발명은 수많은 새로운 발견으로 이어졌다. 예를 들어 검류계를 사용한 그의 실험은 신경계의 작동 방식에 관한 사람들의 견해가 바뀌는 계기가 되었는데, 왜냐하면 이제 과학자들은 신경충동의 속도를 정확히 측정할 수 있게 되었기 때문이다.

헬름홀츠는 지각이 신비로운 선천적 특성이라는 견해를 받아들이지 않았다. 그렇다고 지각이 전적으로 기계적인 과정일 것이라고도 생각하지 않았다. 대신에 그는 지각이 감각을 통해 들어온 정보에 기초한다는 중간 입장을 취했다. 그러나 그의 연구는 이런 입장이 불완전하고 어쩌면 왜곡된 것일 수 있다는 것을 보여주었다. 그래서 그는 마음이 감각자료를 능동적으로 해석할 것이라고 생각했다. 그러나 헬름홀츠는 기본적으로 경험주의자였으므로, 지각의 작동 방식을 과학적으로 탐구하고자 했다.

헬름홀츠에게 지각은 학습된 것이었다. 예를 들어 그는 우리가 가깝거나 먼 물체를 볼 때 눈 근육이 다르게 작동하는 방식을 통해 무의식적으로 거리를 해석하는 법을 학습한다고 주장했다. 또한 그는 세 가지 원색에 반응하는 세 유형의 망막세포가 상호작용해 우리가 다양한 색을 지각하게 된다는 색각이론을 제시했는데, 토머스 영Thomas Young의 수정을 거쳐 '영-헬름홀츠 색각이론'이라고 불리게 된 이 견해는 폭넓은 지지를 받았다. 나아가 헬름홀츠는 속귀의 코르티 기관이 부위별로 다양한 파장의 소리에 반응한다는 청각 모델도 제시했다.

헬름홀츠는 심리학자가 아니었지만(당시에는 심리학이라는 분야가 존재하지 않았다) 심리학의 등장에 중요한 토대가 된 많은 발견을 했다. 이런 발견의 일부는 지각에 관한 그의 견해에서 비롯했고 일부는 미묘한 생리적 과정의 측정을 가능케 한 도구의 발명에서 비롯했다. 그는 구스타프 페히너Gustav Fechner나 빌헬름 분트Wilhelm Wundt 같은 심리학의 창시자들과 함께 일하면서 심리학이 경험과학으로 발전하는 데 큰 영향을 미쳤다.

당시에 실험연구를 개척한 또 다른 인물은 역시 지각과 신경계를 연구한 에른스트 베버Ernst Weber였다. 베버와 헬름홀츠는 모두 전기가 신경계에서 어떻게 작용하는지에 관심이 있었지만, 헬름홀츠는 전류의 기본 단위를 '웨버weber'라고 부르자는 제안에 강력히 반대하면서 그 대신에 '암페어ampere'라는 용어를 지지할 정도로 몇몇 문제에서 둘의 의견이 크게 갈렸다. 그러나 베버도 지각의 이해에 중요한 기여를 했는데, 그중 하나는 우리가 차이를 지각하는 방식에 관한 것이었다.

베버는 우리의 지각이 사물의 실제 양과 일치하지 않는다고 지적했다. 그 대신에 지각에서 중요한 것은 비율이었다. 우리는 설탕 1킬로그램 봉투와 2킬로그램 봉투의 차이를 쉽게 느낄 수 있다. 그러나 20킬로그램의 여행 가방과 21킬로그램의 여행 가방의 차이를 구별하기는 훨씬 더 어려울 것이다. 이런 관찰을 토대로 베버는 '변별역just-noticeable difference'이라는 개념을 제시했다. 변별역이란 우리가 차이를 지각하기 위해 필요한 변화의 양을 뜻한다. 변별역은 소리의 세기, 빛의 명암, 무게 또는 기타 유형의 감각 정보를 비교할 때 비교 대상의 양에 따라 달라진다. 따라서 이것은 절대적인 측정값이 아니라 비율적인 것이다.

구스타프 페히너는 베버 및 헬름홀츠와 함께 작업하면서 베버의 이론에 변별역 변화 간의 수학적 관계를 추가했고 헬름홀츠와 함께 지각의 다른 측면도 연구했다. 그가 1860년에 출간한 『정신물리학의 요소Elemente der Psychophysik』는 곧바로 큰 영향을 미쳤는데, 그 주된 이유는 그가 제시한 지각 측정법으로 인해 선천성 주장이 힘을 잃게 되었기 때문이다. 감각경험을 뇌와 감각의 물리적 측정값과 연결한 그의 작업 덕분에 페히너는 종종 정신물리학의 창시자로 간주된다. 정신물리학은 실험심리학의 발전에 크게 기여했다.

빌헬름 분트도 페히너와 마찬가지로 베버 및 헬름홀츠와 함께 연구했다. 또한 그는 1879년에 라이프치히에서 최초의 심리실험실을 설립했다. 그의 실험실에는 심리학이라는 새로운 분야에 관심을 가진 저명한 과학자가 많이 모여들었으며, 그는 150편이 넘는 심리학 박사학위 논문을 지도했을 정도로 많은 제자를 육성했다. 당시에 심리학과 관련된 유명 인사 중 대다수가 분트의 실험실에서 연구했거나 이 실험실을 방문했는데, 그중에는 러시아 생리학자 이반 파블로프Ivan Pavlov도 있었다. 19세기 후반에 심리학은 철학에서 이제 막 분화하기 시작했으며, 이 시기에 분트는 두 분야 모두에서 중요한 저서를 다수 집필했다. 1873년에 출간된 그의 영향력 있는 저서 『생리심리학의 원리Principles of Physiological Psychology』는 오늘날 우리가 실험심리학이라고 부르는 것의 토대가 되었다. 그의 사망 후에 그가 소장했던 전체 장서는 하버드 대학과 예일 대학보다 더 많은 금액을 제시한 일본 도호쿠 대학에 매각되었는데, 해당 금액은 오늘날의 가치로 환산하면 약 100만 달러에 달했다.

분트는 실험심리학의 창시자로 인정받았지만 뒤이어 출간된 여러 심리학 교과서에서 그의 연구는 점차 왜곡되었는데, 그 이유 중 하나는 그가 과학적 객관성이 결여된 것으로 간주된 내성법introspection을 타당한 과학적 방법으로 옹호했기 때문이다. 그러나 이는 그의 접근법이 와전된 것이었다. 분트의 내성법은 엄격한 훈련과 체계적 조사에 기초한 것이었다. 그는 실험실의 모든 연구원에게 높은 수준의 훈련을 요구했으며 구체적인 규칙에 따라 내성법을 적용해야 한다고 주장했다. 예를 들어 연구원은 직접경험만을 고려해야 했으며 모든 초점을 경험 자체에 맞춰야 했다. 또한 분트는 연구 결과가 다양한 상황에 걸쳐 일반화될 수 있도록 실험의 반복 및 다양한 실험 조건의 중요성을 강조했다.

그는 사회심리학에 관한 열 권의 방대한 저서인 『민족심리학 Völkerpsychologie』도 집필했다. 이 책은 비록 영미 심리학계에서 상당 부분 무시되었지만 유럽에서는 사회심리학의 확고한 토대가 되었으며, 나중에 게슈탈트 심리학 Gestalt psychology의 사회적 관점에도 큰 영향을 미쳤다. 심리학에 대한 그의 광범위한 기여는 미국 심리학계에서 종종 오해되었는데, 그 이유 중 하나는 분트와 미국의 영향력 있는 심리학자인 윌리엄 제임스 William James 사이에 근본적인 견해 차이가 있었기 때문이다. 분트는 실험적 접근법을 옹호하면서 경험을 경험의 구성 요소로 쪼갤 수 있고 또 쪼개야만 한다고 주장했다. 이와 동시에 그는 이런 실험적 방법이 고등 정신과정에는 적합하지 않다고 주장했다. 반면에 제임스는 분트의 세분화된 접근법을 뭉뚱그려 환원주의적이라고 비판하면서 이것이 실제 인간을 연구하는 데는 적합하지 않다고 주장했다.

미국 심리학계의 영웅은 윌리엄 제임스였다. 독일이 이 신생 학문의 새로운 연구 방법을 주도적으로 개발하고 있었지만, 모든 사람이 독일을 방문하거나 독일어를 읽을 수는 없었으며 독일어로 된 책이 영어로 번역되는 데도 상당한 시간이 걸렸다. 윌리엄 제임스는 독일을 방문한 적이 있었으며 심리학에 관한 새로운 견해들에 관심을 가졌지만, 많은 부분을 무시하기도 했다. 예를 들어 그는 정신물리학의 정량적 접근법이 사실상 심리학에 무의미하다고 보았으며 분트의 내성법에 과학적 엄밀성이 결여되어 있다고 (내가 보기에는 꽤 부정확하게) 서술했다. 그러나 그는 몇몇 새로운 연구 분야를 개척했으며, 1890년에 출간된 그의 매우 영향력 있는 저서 『심리학의 원리The Principles of Psychology』는 오늘날에도 많이 인용된다.

제임스는 심리학자이자 철학자였다. 그는 일종의 급진 경험주의를 옹호했는데, 이에 따르면 물리적 수준의 실험만으로는 불충분하며 연구를 통해 물리적 과정과 의미, 가치, 지향성 같은 다른 수준의 경험 사이의 관계를 설명할 수 있어야 했다. 미국 심리학의 발전에 기여한 그의 공로는 상당했으며, 그는 오늘닐에도 심리학의 창시자 중 한 명으로 간주된다. 그는 하버드 대학에서 미국 최초의 심리학과를 이끌었으며, 오늘날의 심리학 개론에 해당하는 것을 최초로 강의했다. 그러나 역설적이게도 그의 창시자 이미지와 달리 제임스 자신은 심리학이 독립된 분과 학문이 되어야 한다고 확신하지 못했다. 그는 심리학 교과서를 집필하기도 했지만, 그의 주요 저술은 심리학 자체보다 철학과 관련된 것이었다.

그럼에도 불구하고 현대 심리학에서 제임스의 가장 유명한 이론은 그의 감정이론인데, 이것은 우리가 신체의 생리적 변화를 지각함으로써 감정을 느끼게 된다는 급진적인 입장을 취했다. 제임스는 감정이 계단에서 발을 헛딛거나 매우 화가 난 사람과 마주치는 등의 유발자극에서 비롯하는 일련의 사태라고 보았다. 그래서 이런 자극이 신체 반응을 유발하면 우리의 마음이 이를 특정 상황에 대한 감정 반응으로 해석한다고 보았다. 이와 관련된 그의 매우 유명한 발언은 흔히 다음과 같이 요약된다. '우리는 슬퍼서 우는 것이 아니라 울기 때문에 슬픈 것이다.' 이에 관해서는 제21장에서 감정에 관해 더 자세히 논의할 때 다시 살펴보기로 하자.

제임스는 새로운 실험심리학을 비판한 유일한 사람이 아니었다. 1893년에 빌헬름 딜타이Wilhelm Dilthey는 마음이 너무 복잡해서 사실상 내성법으로만 연구 가능하므로 기술심리학記述心理學, beschreibende Psychologie이 실험보다 더 중요하다고 주장했다. 이에 대해 즉시 이의를 제기한 헤르만 에빙하우스Hermann Ebbinghaus는 자신의 실험적 방법 등을 고려하지 않은 딜타이가 시대에 뒤떨어졌다고 헐뜯는 장문의 글을 게재했다.

에빙하우스는 실험 전통에 따라 기억에 관한 많은 실험을 수행했으며, 이를 집대성해서 1885년에 『기억에 관하여Über das Gedächtnis』를 출간했다. 그의 목표는 연상이나 개인 경험에 오염되지 않은 '순수한' 기억을 연구하는 것이었다. 이를 위해 그는 세 글자로 된 무의미한 음절 목록을 암기해야 하는 실험 과제를 고안했다. 그리고 이를 바탕으로 그는 목록의 첫 번째 음절을 더 잘 기억하는 초두효과primacy effect와 마지막 음절을 더 잘 기억하는 최근효과recency effect 같은 기억 특성을 발견했으며 정보 암기 시간을 보여주는 학습곡선과 기억이 점점 사라지는 과정을 보여주는 망각곡선을 제시했다.

그는 또한 기억 유형을 네 가지로 구분했는데, 유발자극 없이도 머릿속에 다시 떠올리는 회상, 무언가를 다시 볼 때 이를 기억

하는 재인再認, 이전에 학습한 목록을 다시 학습할 경우 학습 시간
이 줄어드는 재학습 절약법, 목록을 기억하지 못해도 나열된 항
목을 '맞을 것 같다'는 느낌만으로 원래 순서대로 배열할 수 있는
복원이 그것이었다.

　19세기 말경에 심리학자들은 마음의 조직 방식에 관심을 가
진 구조주의 진영과 정신과정의 쓰임새에 관심을 가진 기능주의
진영으로 나뉘었다. 이들은 서로 대립하면서 격렬한 논쟁을 벌였
는데, 오늘날의 관점에서 보면 이것은 필요 이상의 극단적인 대
립이었다. 그러나 이런 논쟁은 기초심리학에 국한된 깃이었으며,
심리치료와 같은 응용 분야에서는 이런 학술 논쟁과 무관하게 독
자적인 이론 발전이 이루어졌다.

CHAPTER 5

무의식

프로이트와 정신분석

"싫어, 싫어. 나는 안 나갈 거야"라고 어린 한스는 울면서 외쳤다.

"한스야, 이리 오렴. 산책할 시간이잖아"라며 간호사는 한스를 달랬다.

"그래도 나는 안 나갈 거야. 나는 말이 무서워"라며 한스는 흐느꼈다.

"무서워할 것 없어. 매일 보는 말이잖아"라고 간호사는 답했다.

"하지만 말의 발에서 큰 소리가 나잖아. 나는 안 나갈 거야"라며 이 어린 소년은 계속 울었다.

"무슨 일이에요?" 다투는 소리를 듣고 방으로 들어온 한스의 아버지가 물었다.

"말이 쓰러지는 것을 본 후로 1주일째 이래요"라고 간호사는 답했다. "말이 혼자서 큰 버스를 끌다가 넘어지는 바람에 발에서 털커덕거리는 소리가 났거든요. 그런 일이 일어나지 말았어야 했는데."

"말의 발에서 큰 소리가 났어. 아주 큰 소리가"라고 되뇌면서 어린 한스는 눈물을 흘렸다.

"그 후로는 한스가 산책하러 나가려 들질 않아요, 아버님."

"정신 차려, 한스야. 간호사 누나하고 외출해야지. 무서워할 것 없어."

네 살인 한스는 울음을 참으면서 아버지의 말을 따랐다. 그러나 아버지는 이 일이 계속 마음에 걸렸다. 아들은 무엇이 두려운 것일까? 아버지는 친구이자 직장 동료인 지그문트 프로이트Sigmund Freud에게 편지를 써서 이 문제를 의논했다. 두 사람 사이에 오간 편지에서 프로이트는 어린 한스의 증상을 오이디푸스 콤플렉스에 따른 공포증으로 진단했다. 이 콤플렉스의 이름이 유래한 그리스 신화의 영웅 오이디푸스는 자신도 모르게 아버지를 살해한 후 어머니와 결혼한 인물이었다. 프로이트에 따르면 모든 남자아이는 자신이 어머니의 사랑을 두고 아버지와 경쟁 관계에 있다고 생각하며 이 때문에 더 크고 강력한 아버지가 자신을 거세할지 모른다는 무의식적인 두려움을 가지고 있다고 한다. 프로이트의 진단에 따르면 한스의 사례에서 크고 힘센 말은 한스의 아버지를 상징했고 큰 소리는 거세의 위협을 상징했다. 프로이트가 어린 한스를 실제로 만난 적은 없었다. 그의 진단은 전적으로 이 소년의 아버지와 나눈 편지 대화에 기초한 것이었다. 그런데도 이 사례는 정신분석의 역사에서 오이디푸스 콤플렉스의 증거로 기록되었다. 그 무렵에 프로이트는 정신분석의 창시자로 유명해졌으며 그의 이론은 서양 세계의 전문가들에게 널리 알려졌다.

프로이트의 핵심 주장에 따르면 우리는 기본적으로 '리비도libido'라는 생명력 또는 무의식적 에너지에 따라 좌우된다. 이것은 주로 성적인 특성을 지닌 강력한 충동을 낳는다. 그러나 이런 충동은 특히 19세기의 도덕적으로 엄격한 사회에서 용납되지 않았기 때문에 의식적으로 이를 억압하게 되어서 무의식적인 동기와 충동의 형태를 띠게 된다고 프로이트는 주장했다.

무의식이라는 개념이 현대인에게는 익숙하지만, 프로이트가 마음을 연구하던 시절에는 마음이 의식적이고 본질적으로 합리적인 것으로 간주되었다. 무의식에 대한 그의 관심을 촉발한 것은 최면술이었는데, 당시에는 최면술을 최초로 시연했던 독일 출신 의사 프란츠 메스머Franz Mesmer의 이름을 따서 '메스머리즘'이라고 불렀다. 그 밖에 프로이트의 스승에 해당하는 요제프 브로이어Josef Breuer도 프로이트에게 영향을 미쳤는데, 브로이어는 당시에 신체적 원인을 알 수 없는 증상으로 여성들에게 자주 진단되었던 히스테리를 치료하기 위한 '대화치료법'을 개발한 인물이었다. (당시 사회에서 중산층 여성의 극도로 억압된 삶을 고려하면 히스테리가 전혀 이해되지 못할 것은 아니지만, 당시에는 이것이 난치성 질환으로 간주되었다.)

브로이어가 치료한 가장 유명한 사례는 마비, 언어장애 및 시각장애를 앓았던 안나 오Anna O(본명은 베르다 파펜하임Bertha Pappenheim)의 사례였다. 브로이어는 그녀가 이런 증상에 관해 자신과 이야기를 나눈 후에 증상이 훨씬 완화되었으며, 특히 어린 시절의 감정적 경험을 회상했을 때 큰 도움을 받는 것을 관찰했다. 그리고 이런 치료를 계속하자 마침내 안나 오의 증상은 사라졌다. 프로이트는 이 사례에 큰 관심을 보였으며 브로이어는 다른 히스테리 환자에게도 같은 접근법을 시도해보라고 권유했다. 1895년에 이들이 출간한 『히스테리 연구Studies in Hysteria』는 정신분석이론과 실천의 토대가 되었다. 그러나 안타깝게도 두 사람의 우정은 점점 더 퇴색했는데, 왜냐하면 프로이트는 성적인 문제가 모든 히스테리의 근원이라고 주장한 반면 브로이어는 다른 요인들도 관련되어 있다고 주장했기 때문이다. 이런 견해 차이는 나중에 프로이트가 카를 구스타프 융Carl Gustav Jung이나 그 밖의 몇몇 동료와 결별할 때도 중요한 이유가 되었다.(제12장 참조)

성적 에너지는 프로이트 이론의 핵심이었다. 프로이트가 상대한 거의 모든 히스테리 여성 환자는 어린 시절에 성 학대를 당한 기억을 가지고 있었다. 처음에 그는 이런 이야기를 곧이곧대로 믿었지만, (주로 남성) 동료들의 평가를 접한 후 이런 기억의 빈도가 유난히 높다는 점 때문에 이것이 사실과 다를 수 있다고 의심하게 되었다. 그래서 결국 그는 이런 기억이 환자의 무의식적인 소망이나 욕구를 반영할 것이라고 결론지었다. 아동 성 학대가 만연한 오늘날의 현실 및 18세기에는 이것이 대수롭지 않게 여겨졌다는 점을 고려하면(영국 의회에서 한 의원은 아동 성 학대를 금지하는 법안에 반대하면서 어린 하녀와 성관계를 맺는 것은 모든 신사의 '권리'라고까지 주장했다) 과연 프로이트가 진정한 문제에 다가갔는지 의문이 들 수 있다.

어쨌든 이런 기억이 무의식적 환상에 불과하다는 결론과 그가 접한 대다수의 심리 문제는 억압된 성욕에서 비롯했다는 확신을 토대로 프로이트는 무의식에 관한 이론을 발전시켰다. 이 이론에 따르면 인간의 마음은 원시적이고 충동적인 원초아, 현실 세계에 대처하는 실제적인 자아, 그리고 규칙, 의무, 양심 등을 대표하는 '엄격한 부모'가 내면화된 초자아의 세 부분으로 구성되어 있다. 이때 원초아와 초자아가 자아를 끊임없이 정반대 방향으로 끌어당긴다고 그는 주장했다. 원초아는 행동의 결과와 상관없이 쾌락원칙에 따라 작동하는 반면 초자아는 내면화된 사회적 규칙의 엄격한 준수를 요구한다. 이때 자아는 현실 상황에 따라 이쪽 또는 저쪽으로 기울면서 둘 사이의 균형을 유지하는 역할을 한다.

프로이트는 마음의 이런 부분이, 또는 적어도 이에 상응하는 생리적 과정이 결국 의학을 통해 발견될 것이며 이것이 전적으로 리비도를 통해 활성화된다는 사실도 밝혀질 것이라고 확신했다. 제1차 세계대전의 전운이 감돌던 시기에 그는 인간의 마음에 어두운 에너지도 있을 것이라고 생각하게 되었는데, 그의 추종자들은 이것을 가리켜 '타나토스Thanatos', 즉 자기파괴적인 죽음의 본능이라고 불렀다. 그러나 그의 이론은 주로 이런저런 형태로 표출되는 에너지의 변함없는 원천인 리비도에 관한 것이었다. 프로이트가 보기에 리비도는 행동과 정신적 관심사 모두에 활력을 불어넣고, 특히 성욕이 억압될 때 더욱 강력해지는 모든 심리 활동의 원천이었다. 프로이트는 어린아이가 발달하면서 자연스럽게 성적 감각에 눈을 뜨게 된다고 주장했다. 이 견해에 따르면 아이는 처음에 입을 통해 물건을 맛보고 빠는 구강기, 그다음에는 배변 훈련을 통해 배변에서 성적 쾌감을 느끼기 시작하는 항문기, 그다음에는 5세 전후에 생식기를 만지면서 성적 쾌감을 얻는 남근기를 거친다. 그런 다음 일정 시간의 잠복기를 거쳐 다시 생식기에서 성적 만족을 얻는 사춘기에 이른다고 한다.

프로이트의 이론이 인기를 얻게 되면서 그의 이론은 어머니를 위한 조언으로 발전했다. 이 조언에 따르면 자녀를 부적절하게 양육할 경우 성인이 된 자녀에게 부정적인 결과가 초래될 수 있다. 예를 들어 젖을 너무 일찍 또는 너무 늦게 뗄 경우 구강기 고착이 발생해 성인이 되어서도 구강 자극에 집착하고 과식, 손톱 물어뜯기, 물건 씹기 등의 행동을 보일 수 있다. 또한 배변 훈련을 잘못할 경우 인색하고 이기적인 '대변 보유성' 성인이 되거나 지나치게 관대한 '대변 배출성' 성인이 될 수 있다. 프로이트에 따르면 남자아이(그의 이론은 거의 전적으로 남자아이의 발달에 관한 것이었다)가 오이디푸스 콤플렉스를 해결해야 하는 남근기는 성적 정체성이 확립되는 결정적인 시기이다. 이 시기에 아이는 아버지가 자신을 거세할지 모른다는 두려움을 해소하기 위해 대개 자신과 아버지의 닮은 점을 강조함으로써 아버지가 자신을 경쟁자로 여기지 않도록 노력한다.

프로이트의 이론은 당시 사회에 큰 영향을 미쳤다. 그의 이

　　심리학의 역사

론은 의식과 전혀 다른 내용의 욕구, 욕망, 심상 등이 포함된 무의식이 있다고 주장했다. 나아가 그의 이론은 마음의 본질과 발달에 관해 명확한 구조를 제시했으며 꿈의 상징체계, 자유연상, 의도한 것과 다른 의미를 지닌 듯한 말실수 등을 통해 무의식을 탐지할 수 있다고도 주장했는데, 은연중에 본심을 드러내는 실언을 뜻하는 '프로이트식 실수Freudian slip'라는 오늘날의 표현도 여기에서 유래했다. 프로이트는 집단토론이나 서신 왕래를 통해 자신의 이론에 관심을 가진 많은 사람과 의견을 공유하면서 이론을 더욱 발전시켰으며, 이들은 빈 학파Wiener Kreis라고 불리게 되었다.

정신분석을 명성 있는 학파로 확립한 사람은 프로이트였지만, 그의 이론이 유일한 건 아니었다. 에리히 프롬Erich Fromm, 알프레드 아들러Alfred Adler, 그리고 가장 영향력 있는 인물이었던 카를 융 같은 많은 사람이 빈 학파의 일원으로 활동하면서 독자적인 접근법을 발전시켰다. 다른 많은 사람과 마찬가지로 융도 처음에는 프로이트의 동료였으며 프로이트는 융을 자신의 잠재적인 '후계자'로까지 여겼지만, 몇 년 후에 성욕이 인간 행동의 유일한 동력이 아닐 수 있다는 융의 견해를 프로이트가 거부하면서 두 사람은 쓰라린 결별을 맞이하게 되었다. 융이 발전시킨 접근법은 분석심리학이라고 불리게 되었는데, 이에 관해서는 제12장에서 살펴보기로 하자.

프로이트의 이론에는 본질적으로 성차별적 면이 있었지만, 그의 학파에는 많은 여성이 몰려들었다. 러시아계 유대인 정신과 의사였던 사비나 슈필라인Sabina Spielrein은 노력 끝에 유명한 정신분석가가 되었지만 나치의 유대인 대학살 때 살해되었다. 프로이트의 딸인 안나Anna와 또 다른 동료인 멜라니 클라인Melanie Klein은 정신분석을 아동에게 적용해 유명해졌지만, 두 사람은 가장 적절한 적용 방법에 관해 장기간 논쟁을 벌였다. 안나 프로이트는 아버지의 접근법을 선호해 자아 발달과 방어기제에 초점을 맞춘 전통적인 정신분석 방법을 사용한 반면 멜라니 클라인은 자아 발달보다 유아기의 대상관계를 강조했으며 아동 치료 시 자유로운 놀이를 그러한 정신분석의 대안으로 간주했다.

프로이트의 이론은 성인의 신경증이 아동기에 형성된 콤플렉스에서 비롯한다는 점을 강조했으며, 안나 프로이트와 멜라니 클라인은 모두 아동기의 균형 잡힌 정서발달을 지원해 성인기의 신경증 발생을 예방하는 것을 연구 목표로 삼았다. 안나 프로이트는 이른바 '불도그스 뱅크Bulldogs Bank 아동'에 관한 연구로 특히 유명해졌다. 4세 미만이었던 이 여섯 명의 아이는 나치의 테레지엔슈타트Theresienstadt 강제수용소에서 2년 넘게 지냈다. 그들의 부모는 수용소에 끌려온 지 얼마 지나지 않아 살해되었으며, 아이들은 경비병의 눈을 피해 쓰레기 더미에서 먹을 것을 찾아 나눠 먹으면서 버텼다.[*]

발견 당시 그들은 거의 말을 못했으며 서로 분리되는 것에 극도의 스트레스 반응을 보였다. 그들은 영국 윈더미어Windermere에

---

[*] 이 유대인 고아들은 체코슬로바키아의 테레지엔슈타트 빈민가에서 1945년 5월 소련군에 의해 발견되어 같은 해 10월에 영국 서식스 주의 불도그스 뱅크라는 아동 위탁 시설로 옮겨와 그곳에서 1년간 생활했으며, 이때 안나 프로이트는 아이들의 보육을 감독했다.

있는 재활수용소로 이송되었고, 그곳에서 다른 사람들과 상호 작용하는 법을 점차 배우게 되었다. 이 아이들을 위탁 양육하기 위한 조건은 아이들을 분리하지 않는 것이었으며, 이들 간의 유대는 평생 동안 이어졌다. 이들을 돌보고 관찰한 안나 프로이트와 보육교사 소피 단Sophie Dann의 보고서는 성인 없이도 아이들 간에 강력한 애착이 형성될 수 있다는 점, 매우 어린 아이들에게도 공정성 개념이 발달할 수 있다는 점, 사랑과 자극이 풍부한 환경에서는 아동의 심각한 박탈 경험도 회복될 수 있다는 점을 보여주었다. 이에 따르면 극심한 행동장애는 프로이트가 믿었던 것처럼 반드시 억압된 갈등의 산물만은 아니었다. 때때로 이것은 그저 매우 열악한 환경에 대한 자연스러운 반응일 수 있었다.

멜라니 클라인은 어린 시절의 또 다른 측면인 아기와 어머니 사이의 쌍방 애착에 주목했다. 그녀의 이론은 '대상관계이론object relations theory'이라고 불리게 되었는데, 여기서 '주체'에 반대되는 '대상'이란 아기가 지각한 다른 사람을 의미한다. 그녀의 연구는 제2차 세계대전 후 아동심리학의 발전에 중요한 토대가 되었으며, 특히 그녀가 개발한 놀이치료는 일종의 간접적인 정신분석으로 아동의 갈등과 문제를 이해하는 데 유용한 도구가 되었다.

정신분석이론은 미국에서도 널리 알려졌지만 주로 유럽에서 큰 영향을 미쳤다. 다음 장에서 살펴보듯이 미국에서는 아동발달의 다른 측면이 더 큰 주목을 받았다.

CHAPTER 6

선천성 신념

초기 지능검사와 우생학의 출현

1897년에 한 소녀가 뉴저지의 바인랜드 특수학교에 입학했다. 엠마 울버튼Emma Wolverton이라는 이 여덟 살 소녀는 일상적인 일을 능숙하게 처리했으며 바느질도 했고 신체적으로도 정상이었다. 그녀의 어머니는 결혼을 여러 번 했는데, 최근 남편은 다른 남자의 아이를 받아들이려 하지 않아 엠마는 이 특수학교로 갈 수밖에 없었다. 그녀는 정규교육을 거의 받지 못해서 읽고 쓸 줄도 몰랐기 때문에 입학 기록에는 그녀가 '정신박약아'일 수 있다고 적혀 있었다. 이 한 단어로 인해 그녀는 향후 81년간 '가석방' 기회도 없이 시설에서 생활해야만 하는 운명에 처하고 말았다.

당시에 미국은 사회적 격변기를 맞고 있었다. 도시 인구가 증가했고 극심한 빈곤과 범죄가 만연했다. 바인랜드 특수학교의 교장 헨리 고다드Henry Goddard를 포함한 몇몇 사람에게 이런 문제의 근본 원인은 정신박약에 있었다. 그의 신념에 따르면 정신박약자는 거의 필연적으로 범죄와 매춘의 타락한 삶을 살 수밖에 없는데, 왜냐하면 그것이 그들의 천성일 뿐만 아니라 그들은 머리가 나빠서 범죄의 유혹에 쉽게 빠지고 다른 사람에게 쉽게 조종당하기 때문이었다.

게다가 사람들은 정신박약이 자식과 손자에게까지 유전된다고 믿었다. 실제로 이런 견해는 유전된 특성을 통해 진화가 일어난다는 사실을 찰스 다윈이 증명한 이래로 상당 기간 동안 점점 더 큰 힘을 얻게 되었다. 더욱 많은 작가와 지식인이 이런 이론을 인간에게 적용했으며, 이미 몇몇 가족 연구에서는 정신박약이나 저능이 대를 이어 유전될 것이라고 주장했다. 그리고 헨리 고다드는 이 견해를 받아들여 실행했다.

고다드는 한 가문의 여러 세대를 서술한 책을 출간했다. 이 책에서 (그리스어로 '아름다움'을 뜻하는 칼로스Kallos와 '나쁜'을 뜻하는 카코스Kakos를 결합해) 칼리카크Kallikak라는 가명으로 불린 이 가문에는 매우 다른 두 가계가 있었다. 즉 한 가계는 정직하고 훌륭한 시민들로 구성되어 있었고 다른 가계는 주로 도둑, 매춘부 및 그 밖에 도덕적으로 타락한 사람들로 구성되어 있었다. 점잖은 가계는 마틴 칼리카크Martin Kallikak가 점잖은 퀘이커교도 여성과 결혼해서 낳은 후손들이었다. 반면에 범죄자 가계는 마틴이 젊은 시절에 박약한 술집 여자와 '불장난'을 벌여 생겼다. 이것은 완벽한 자연실험이었다.

고다드가 '도덕 이야기'라고 자평한 이 책은 순식간에 베스트셀러가 되었다. 이 책에는 '과학적 가족 연구'라는 미명 아래 고다드와 그의 조수들이 이 특별한 가문의 여러 세대를 역추적한 과정이 서술되어 있었다. 그러나 이후에 많은 연구자는 이 책의 대부분이 소설이라는 사실을 밝혀냈다. 그럼에도 당시에는 이 책이 미국은 물론 전 세계적으로 큰 주목을 받으면서 엄청난 영향력을 발휘했다. 이 책은 '나쁜' 유전의 폐해에 대해 설득력 있는 '증거'를 제시하는 듯했으며 박약한 사람들이 후손에게 유전자를 물려주지 못하도록 막으면 사회에 이익이 될 것이라는 신념을 부추겼다. 고다드도 이를 통해 사회의 범죄와 빈곤을 상당히 근절할 수 있을 것이라고 믿었다.

엠마 울버튼은 고다드의 책에서 데보라 칼리카크Deborah Kallikak라는 가명의 주인공으로 등장한다. 그녀는 사회 전반의 악과 유혹에 직면할 필요 없이 보호받는 삶을 살면 사회의 골칫거리가 아니라 사회에 유익한 건강하고 유능한 인간이 될 수 있다고 주장하는 고다드 캠페인의 상징적 인물이 되었다. 이 책에는 시설에서 차분하고 평온한 표정을 짓고 있는 데보라의 사진이 실려 있었는데, 이것은 악당처럼 보이거나 가난에 찌든 모습으로 조잡하게 보정된 그녀 쪽 가계의 다른 가족들 사진과 뚜렷한 대조를 이루었다. 고다드는 데보라도 이 시설의 보호를 받지 못했다면 사회에서 악한 사람들의 유혹에 넘어가 칼리카크가의 그녀 쪽 가계에 속한 다른 사람들처럼 되었을 것이라고 주장했다.

그러나 실제로 엠마는 고다드가 책에서 묘사한 데보라와 매우 달랐다. 그녀는 바느질과 목공일을 잘하는 여성으로 성장했으며 어느 교사의 조수로도 일했고 시설에서 질병이 발생했을 때는 간호조무사로도 일했다. 고다드는 데보라가 성인이 되어서도 문맹이었다고 주장했지만, 실제로 엠마는 비록 실무적인 일을 더 좋아했지만 글도 읽고 쓸 줄 알았다. 또한 그녀는 몇몇 친구와 꾸준히 서신 왕래를 할 정도로 편지도 썼다. 그녀는 89세에 사망할 때까지 계속 시설에서 살았다. 그러나 사회의 대다수 사람은 엠마 울버튼을 알지 못했다. 그들이 안 것은 지능이 떨어지는 사람들에 대한 시설 보호의 필요성과 가치를 보여준 인물로 평가받는 데보라 칼리카크뿐이었다.

그런가 하면 엠마의 친척들도 고다드가 묘사한 '나쁜' 칼리카크 가계와는 상당히 달랐던 것으로 밝혀졌다. 그중 많은 사람은 점잖은 농부나 상인이었으며 은행가도 있었다. 기껏해야 그들의 유일한 '범죄'는 몇몇 친척이 매우 가난했다는 것뿐이었다. 엠마를 제외하면 그중에서 어느 누구도 실제로 지능이나 정신박약에 대한 평가를 받은 적이 없었다. 고다드와 그의 조수들은 이런저런 일화와 이야기에서 증거를 수집해 최대한 나쁘게 의도적으로 과장했다. 이것은 모두 근사한 이야기를 위해 꾸며낸 것이었다. 그런데도 '정신박약자의 위협'에 대한 신념이 크게 힘을 얻게 되어 미국의 많은 주에서는 정신박약자로 평가받은 사람에 대한 강제 불임수술을 지원하는 법이 통과되었다.

그러는 사이에 대서양 건너편에서는 알프레드 비네Alfred Binet 가 약간 다른 문제와 씨름하고 있었다. 프랑스 정부는 표준 교육의 혜택을 받기 어려운 '저능아'를 위한 특수기숙학교를 설립했다. 비네가 직면한 문제는 자식이 저능아로 낙인찍히는 것을 원치 않는 부모들이 아니었다. 오히려 부모들은 자식이 이 학교에 입학해 무료 숙식 혜택을 제공받기 위해 '정상적인' 자식에게 저능아처럼 행동하라고 지시했다. 이것을 어떻게 구별할 수 있을까?

비네는 아이가 자라면서 자연스럽게 지능이 발달할 것이라고 추론했다. 예를 들어 요일 이름 말하기, 10까지 세기, 알파벳 철자 인식하기 같은 다양한 과제의 수행 능력은 아동의 연령에 따라 뚜렷이 차이가 난다. 그래서 비네와 그의 동료 테오도르 시몽Theodore Simon은 다양한 연령대의 아동이 정상적으로 수행할 수 있을 일련의 과제를 고안했다. 그들은 많은 아동을 대상으로 이것을 시험하여 과제별 표준 형태를 개발한 후 이것들을 결합해 아동의 정신연령, 즉 대다수 아동이 해당 수준에 도달하기까지 걸리는 햇수를 추정하는 검사를 만들었다. 이것이 바로 최초의 지능검사였다. 비네는 이 검사가 교사들의 아동 교육에 도움이 될 것이라고 말했다. 또한 이 검사를 통해 '정상' 아동과 특수교육이 필요한 아동도 구별할 수 있을 것이었다.

비네의 연구를 토대로 독일 심리학자 빌리암 슈테른William Stern은 정신연령을 실제 연령으로 나누어 단일 수치인 지능지수Intelligence Quotient, IQ를 구하는 방법을 제안했다. 그의 공식인 '정신연령/실제 연령×100'을 적용할 경우 100은 평균적인 아동의 '표준' 점수가 되고, 실제 연령보다 정신연령이 낮은 아동은 100 미만, 또래보다 앞선 아동은 100 이상의 점수를 받게 된다. 비네의 지능

측정은 그저 아동의 발달단계를 서술하기 위한 것이었다. 그러나 비네의 검사와 슈테른의 지능지수 척도가 영어로 번역되자 고다드와 그의 동료 루이스 터먼Lewis Terman은 곧바로 이것에 주목했다. 그들의 손에서 지능지수는 더 이상 진단 지표가 아니라 지능 자체의 고정된 척도가 되었다. 비네는 이것이 일고의 가치도 없는 '잔혹한 비관주의'라고 강력히 반대했다. 그러나 대다수 사람은 그의 견해를 무시했고 정신박약자를 나머지 사람들과 구별하는 이상적인 방법을 마침내 찾았다고 생각했다.

선천적 지능에 관한 신념, 즉 지능이 유전된다는 견해는 영국에서도 인기가 있었다. 이 견해의 주요 대변인은 1869년에 『유전적 천재Hereditary Genius』라는 책을 출간한 프랜시스 골턴Francis Galton이었다. 이 책에서 그는 재능이 가족 내력이며 분명히 유전된다고 주장했다(그는 자신이 찰스 다윈의 사촌이라는 사실을 매우 자랑스러워했다). 1884년 런던에서 열린 국제 의료기기 박람회에서 골턴은 '인체 측정센터' 부스를 차렸다. 그곳에서 방문객들은 3펜스를 내고 다양한 활동을 할 수 있었으며 자신의 팔, 손, 다리 근력, 폐활량, 시력 등의 측정값이 적힌 기념 카드를 받았다. 이를 통해 골턴은 총 9,337명의 방문객 데이터를 수집할 수 있었다. 이 부스가 큰 인기를 끌자 그는 박람회가 끝난 후 부스를 사우스켄싱턴 박물관으로 이전했다.

사람들의 신체 측정 데이터를 그래프로 표시하자 거의 필연적으로 '가우스 곡선'이라 불리는 종 모양의 패턴이 나타났다. 이 패턴의 양끝에는 매우 적은 수의 측정값만 있었고 중앙으로 갈수록 점점 더 많은 점수가 모여 있었다. 골턴의 연구 결과가 보여준 것처럼 이 패턴은 인간의 신체 측정값에서 매우 흔했기 때문에 이것은 '정규분포'라고 불리게 되었다. 또한 골턴은 이것이 신체적 특성뿐만 아니라 지능과 같은 정신적 특성에도 적용될 것이라고 주장했다.

이 견해도 미국에서 즉각적인 호응을 얻었다. 미국 심리학자 루이스 터먼과 로버트 여키스Robert Yerkes는 비네의 견해와 골턴의 정규분포 원리를 결합한 검사를 개발했는데, 이렇게 탄생한 스탠퍼드-비네 검사의 개성판은 오늘날에도 사용된다. 골턴은 평균 이하의 지능을 가진 사람들의 번식을 막는 것이 사회에 유익할 것이라는 견해를 가리켜 '우생학eugenics'이라고 불렀는데, 당시에 새로 개발된 검사들은 우생학자들에게 신의 선물과도 같았다. 그들은 지능지수가 정규분포의 패턴을 보일 것이므로 '열등한' 유전자를 가진 사람들을 가려내는 정확한 방법이 될 수 있다고 주장했다.

터먼과 여키스 등은 평범한 삶을 살아가지만 열등한 유전자를 후손에게 물려줄 '고도 정신장애자'도 지능검사로 찾아낼 수 있다고 믿었다. 사회에는 이런 사람이 수만 명에 달할 것이라고 그들은 주장했다. 그들은 지능검사로 이들을 찾아내어 불임수술을 받게 하면 사회의 범죄와 빈곤이 사라질 것이라고 믿었으며, 스탠퍼드-비네 지능검사의 초판 서문에서도 이런 주장을 노골적으로 펼쳤다.

헨리 고다드도 이런 견해를 적극적으로 전파했다. 1913년에 그는 미국 이민 희망자를 대상으로 광범위한 지능검사를 실시했으며, 이를 바탕으로 수많은 유대인, 헝가리인, 이탈리아인, 러시아인 등이 구제 불능의 '정신박약자'로 판명되어 입국을 거부당했다. 당시에 지능검사 실행을 도운 통역사들은 자신들도 미국에 도착하자마자 검사를 받았다면 점수가 형편없었을 것이라고 항의했지만 소용없었다. 고다드의 이 데이터는 중유럽과 남유럽 출신 군인들이 북유럽 출신 군인들보다 지능검사 점수가 낮게 나온 미 육군 검사 결과와 함께 이런 국가 출신 이민자를 엄격히 제한하는 법률의 '과학적' 근거가 되었다.

이것은 미국만의 현상이 아니었다. 칼리카크 가문의 이야기는 전 세계적으로 인기를 얻었으며, 우생학적 신념은 20세기 전반에 유럽 전역에서 큰 호응을 얻었다. 아돌프 히틀러는 이 '문제'에 대한 미국의 대처 방식에 큰 감동을 받았으며, 총리직에 오르자마자 장애인이나 '정신박약자'에 대한 강제 불임수술을 시행했다. 그리고 그의 권력이 더 강해지자 이들을 위한 '치료'로 안락사가 도입되었다. 이로 인해 약 8만 명의 독일 장애인이 살해되었다.

안락사를 통해 사회를 개선한다는 우생학적 신념은 더 '원시적인' 유전자를 가진 유대인, '집시'(또는 로마니족) 등과 더 '상급'인 아리아 인종 간의 이종교배는 인류 진화의 후퇴를 초래할 것이라는 잘못된 진화론과 결합되었다. 이 이론은 과학적으로 터무니없는 것이었지만 우생학과 결합해 '열등한' 인종과 '열등한' 사람들을 제거해 더 우월한 인류를 만들겠다는 나치의 대학살을 정당화하는 이데올로기가 되었다. 게다가 이런 위험에 처한 많은 사람은 고다드의 지능검사에 기초한 엄격한 이민법 때문에 더 이상 미국으로 망명할 수도 없었다.

우생운동이 큰 타격을 입은 것은 강제수용소의 문이 열리고 우생학이 초래한 참혹한 현실이 만천하에 드러났을 때였다. 우생운동으로 인해 조직적인 살인과 대량 학살이 벌어졌는데 600만 명의 유대인과 수천 명의 로마니족, 그리고 '열등한' 유전자를 가졌다는 그 밖의 사람들이 살해되었다. 그러나 안타깝게도 우생학적 신념은 아직도 완전히 사라지지 않았다. 여전히 심리학계와 사회 전반에는 덜 극단적인 유전학적 신념이 널리 퍼져 있으며, 이를 바탕으로 수많은 '유전-환경' 논쟁이 계속되고 있다. 지능검사는 이후에도 계속 발전해 직업심리학의 확립에 크게 기여했으며 여러 편향을 바로잡는 개정판도 이어졌다. 그러나 제36장에서 살펴보는 것처럼, 지능검사는 오늘날에도 논란이 되고 있다.

CHAPTER 7

행동주의의 도전

자극-반응 학습과 선천설에 대한 도전

슬프게 야옹거리는 어린 고양이가 작은 우리 안을 왔다 갔다 하면서 바닥과 지붕을 발로 긁고 창살을 통해 발을 뻗치려고 애를 쓰고 있었다. 굶주린 고양이는 발이 닿지 않는 곳에 있는 음식을 보자 점점 더 흥분했다. 그때 갑자기 우리 문이 열리자 고양이는 잽싸게 뛰어나와 음식 접시를 향해 달려갔다.

다음 날에도 똑같은 일이 벌어졌다. 고양이가 우리에서 탈출하려고 발버둥칠 때 갑자기 문이 열렸다. 3일째도 그랬고 그다음에도 계속 그랬다. 다만 고양이는 매번 조금 더 일찍 우리를 탈출했다. 그러다 결국에는 고양이를 우리에 넣자마자 고양이가 다시 우리를 탈출할 수 있게 되었다. 고양이가 줄에 달린 추를 밟으면 걸쇠가 당겨져 문이 열렸다.

고양이는 자신의 행동을 알고 했을까? 거의 확실히 그렇지 않을 것이라고 고양이의 탈출 시간을 주의 깊게 측정한 E. L. 손다이크E. L. Thorndike는 추론했다. 당시의 일반적인 심리학적 견해에 따르면 고양이는 어느 순간 '통찰'을 통해, 즉 문제에 대한 해결책이 문득 머릿속에 떠올라 문 여는 법을 학습하게 되었을 것이다. 손다이크의 측정 결과는 이와 달랐다. 만약 고양이에게 통찰이 생겼다면 고양이의 탈출 시간이 갑자기 줄어들었을 것이다. 그러나 손다이크의 도표는 완만한 곡선을 보였다. 즉 고양이는 매번 소금 더 일찍 탈출했다. 고양이는 틀림없이 학습하고 있었지만, 갑자기 인지적 통찰이 생겼다기보다는 행동의 점진적인 변화가 일어났다.

그렇다면 이것은 어떻게 가능했을까? 손다이크는 고양이의 행동이 긍정적인 효과를 낳았기 때문이라고 생각했다. 고양이의 학습은 시행착오를 통해 점진적으로 일어났지만, 이때 손다이크가 동물에 대한 '만족요인'이라고 부른 것을 낳는 행동은 더욱 강화되었을 것이다. 이런 관찰을 바탕으로 손다이크는 '효과의 법칙'을 확립했는데, 이것은 그가 제시한 세 가지 '학습 법칙' 중 첫 번째였다.

그가 관찰을 바탕으로 도출한 두 번째 법칙은 '연습의 법칙'이었다. 이것의 핵심은 자극과 반응의 연결이 자주 이루어질수록 다시 발생할 확률이 높아진다는 것이었다. 이 법칙은 교육과 학습에서 반복과 연습의 효과를 정당화하는 것처럼 보였기 때문에 교육계의 환영을 받았다. 그러나 손다이크는 이 법칙이 항상 적용되는 것이 아니라 가끔씩만 적용되는 약한 법칙이라고 생각했다. 이것도 학습의 한 요인이지만 대체로 효과의 법칙만큼 중요하게 간주되지 않았으며, 그래서 결국 이 법칙은 연구에서 빠지거나 대체로 무시되었다.

그러나 이 두 요인만으로는 학습 과정의 설명이 불충분할 때가 있다는 것을 손다이크는 깨닫게 되었다. 예를 들어 고양이가 배고픈 상태가 아니라면 탈출을 시도하는 대신에 몸을 웅크리고 잠을 청할 수도 있을 것이다. 그래서 손다이크는 학습의 세 번째 법칙으로 '준비성의 법칙'을 도입했는데, 이것은 별다른 호응을 얻지 못했다. 그 이유는 동물이 처한 상황에서 '결과의 특정 자극'에 주의를 기울여야 한다는 그의 설명 방식 때문이었을 것이다. 문제는 어떤 자극이 중요하고 어떤 자극이 중요하지 않은지를 동물이 어떻게 알 수 있는지에 관해 순수하게 행동적인 정의를 내리기가 쉽지 않았다. 결국 이 법칙도 조용히 사라졌다.

그래서 오늘날 손다이크는 주로 효과의 법칙을 제시한 인물로 기억된다. 그러나 학습에 대한 행동적 설명을 시도한 그의 연구는 동물심리학의 발전에 기여했을 뿐만 아니라 심리학 전반에 극적인 변화를 가져온 이론적 흐름의 단초가 되었다.

변화의 바람은 유럽 전역에서도 불고 있었다. 과학기술의 발전으로 20세기 초는 사회적·신체적·정치적 측면에서 19세기 초와 완전히 달랐다. 사람들이 농촌에서 도시의 공장으로 이동함에 따라 사회의 도시화가 진행되었고, 보건의료의 발전으로 천연두나 콜레라 같은 질병은 더 이상 일상적인 위협이 되지 않았으며,

도처에서 공화주의자들의 외침이 옛 왕실과 특권 세습에 이의를 제기하고 있었다.

선각자들에게 이것은 새로운 시대, 즉 효용이 다한 낡은 전통이 새롭고 혁신적인 제도로 대체되는 현대의 시작이었다. 이런 모더니즘 운동은 예술, 건축, 패션, 음악은 물론 사회조직의 실험까지 포함해 사회 전반으로 확장되었다. 이 모든 것의 목표는 진보와 현대적인 지식의 적용을 통해 더 나은 사회를 만드는 것이었다. 물론 이 모든 것이 긍정적인 결과를 낳지는 않았는데, 앞 장에서 살펴본 우생운동이 그 대표적인 예였다. 또한 모든 사람이 변화에 동의한 것도 아니었다. 그러나 대다수 사람은 진보라는 이념을 받아들였을 뿐만 아니라 이를 적극적으로 환영했다. 사회는 과거보다 더 나은 사회를 향해 분명히 변화하고 있었다. 그리고 많은 사람이 보기에 이런 변화의 열쇠는 과학이었다.

심리학도 이런 변화의 바람을 피해 갈 수 없었다. 분트와 에드워드 티치너Edward Titchener 등은 심리학이 과학이 되어야 한다는 견해를 확립했다. 이들에게 과학적 심리학이란 내성법과 실험을 통해 또는 다른 사람들의 기억과 보고를 수집해 인간의 경험을 체계적으로 연구하는 것을 의미했다. 그러나 손다이크 같은 모더니스트들은 이런 빅토리아 시대의 방법을 거부했다. 그들은 사고나 통찰 같은 개념을 사용하는 대신에 행동의 측정 가능한 변화에, 즉 사람이나 동물이 실제로 무엇을 하는지에 연구의 초점을 맞추었다. 그리고 이런 관점이 발전함에 따라 심리학 내에서 점차 분열이 생겼는데, 이를 주도한 인물은 향후 반세기 이상 심리

 심리학의 역사

학의 방향을 바꿔놓은 존 브로더스 왓슨 John Broadus Watson 이었다.

왓슨이 보기에 경험과 정신 활동을 탐구하는 구식 심리학의 미래는 없었다. 그 대신에 현대 과학은 현실 세계에 관한 경험적이고 관찰 가능한 사실을 탐구해야 한다고 그는 믿었다. 그에 따르면 마음의 작동 방식은 직접 관찰할 수 없으므로 과학적 연구의 '진정한' 대상이 될 수 없었다. 왓슨이 보기에 현대 과학자에게 정말로 중요한 것은 직접 관찰할 수 있는 행동뿐이며, 그 밖의 모든 것은 중요하지 않았다.

왓슨은 실험심리학에 관해 잘 알고 있었지만 이보다는 전적으로 행동에 초점을 맞춘 손다이크나 파블로프 같은 심리학자의 연구에 더 끌렸다. 그래서 손다이크의 연구에 매료된 그는 의식과 마음의 이론화에 반대하는 진영에 합류했다. 그의 박사학위 논문은 어린 실험용 쥐의 행동과 뇌 발달의 상관관계에 관한 것이었으며, 손다이크와 마찬가지로 그도 학습이 심리학의 핵심 연구 주제라고 확신했다.

러시아 생리학자 이반 파블로프의 유명한 조건반사 실험도 왓슨에게 큰 영감을 주었다. 파블로프의 연구는 완전히 자동적인 것으로 간주되던 생리적 과정도 학습될 수 있음을 보여주었다. 이와 관련된 그의 통찰은 그가 개의 소화 과정을 연구하기 위해 개가 음식을 먹는 동안 흘리는 침의 양을 측정하는 중에 생겼다. 파블로프는 개가 음식을 받기도 전에, 때로는 조교가 음식 접시를 들고 오는 모습이 보이기만 해도 침을 흘리기 시작하는 것을 관찰했다. 파블로프를 의아하게 만든 점은 타액 분비가 반사작용이라는 사실이었다. 즉 타액 분비는 사고와 아무 관계 없이 음식을 먹을 때 관찰되는 신체의 자동 반응에 불과했다. 따라서 파블로프는 개가 실험실 조교를 보기만 해도 침을 흘리는 것을 설명할 수 없었다. 이 현상을 더 자세히 살펴보기 위해 그는 개에게 음식을 제공하기 전에 버저를 울리는 등 다양한 조건에서 실험을 계속했다. 그러자 얼마 후 개는 버저 소리를 듣기만 해도 침을 흘리기 시작했다. 이를 통해 파블로프는 학습이 생물의 필수적인 일부임을 깨닫게 되었다. 즉 그가 보기에 학습은 의식 없이도 가능하고 가장 기초적인 기능에도 적용되는 과정이었다.

손다이크는 통찰이 아니라 시행착오를 통해 학습이 일어나는 과정을 보여주었고, 파블로프는 반사를 포함한 모든 종류의 행동이 학습될 수 있음을 보여주었다. 왓슨이 보기에는 이것이야말로 진정한 객관적 과학이었으며 과학적 진보의 열쇠였다. 1913년에 발표한 논문 「행동주의자가 바라본 심리학Psychology as the Behaviorist Views It」에서 그는 행동이 심리학에 적합한 유일한 연구 주제라는 신념을 천명했다.

당시는 더 건강하고 부유하며 전체적으로 더 나은 사회를 향한 '진보'라는 용어가 대다수의 표어로 통용되는 시대였다. 그리고 앞서 살펴본 것처럼 과학은 진보의 주요 도구로 간주되었다. 그렇다면 과학은 어떻게 정의되었을까? 대략 지난 한 세기 동안 모든 자연과학은 각자의 근본 '구성 요소'를 찾는 과정을 거쳤다. 예를 들어 물리학에서는 모든 물질의 기초가 되는 원자의 발견이 이루어졌다. 화학에서는 드미트리 멘델레예프Dmitri Mendeleev가

원소들의 상호 관계를 보여주는 주기율표를 발표했다. 생물학에서는 모든 생물이 세포로 구성되어 있다는 사실이 발견되었으며, 생물학의 신흥 분야인 유전학에서는 유전 단위인 유전자를 통해 발달할 세포의 종류가 결정되는 과정이 밝혀졌다.

이런 발견을 통해 해당 분야의 이해가 확장되었고 완전히 새로운 가능성이 열렸다. 이처럼 해당 분야의 기본 단위가 밝혀져야만 진정으로 유용한 과학이 가능하다고 왓슨은 믿었다. 그리고 진정으로 과학적인 심리학에 필요한 것도 바로 이것이라고 그는 생각했다. 심리학은 인간과 동물의 행동을 구성하는 기본 구성 요소를, 즉 원자, 원소, 세포, 유전자 등에 해당하는 심리학의 기본 구성 요소를 찾아야 했다.

그렇다면 진정으로 과학적인 심리학의 구성 요소는 무엇일까? 앞서 살펴본 것처럼 왓슨이 보기에는 학습이 심리적인 모든 것의 핵심이었다. 그는 경험을 통해 형성되는 자극과 반응 사이의 학습된 연결이 물리학의 원자나 생물학의 세포 같은 심리학의 핵심 단위라고 주장했다. 이런 학습 과정을 이해하면 모든 것을 설명할 수 있는 진정으로 과학적인 심리학이 탄생할 것이라고 그는 믿었다.

손다이크와 달리 왓슨은 연습의 법칙이 학습에서 가장 중요한 요인이라고 믿었다. 즉 자극과 반응의 연결이 자주 이루어질수록 학습은 더 강력해진다는 것이었다. 그는 특정 반응을 일으키는 것으로 이미 알려진 자극과 중립자극을 반복해서 연관시키면 학습이 일어나는 것을 보여준 파블로프의 학습 모형을 받아들였다. 이런 연관을 통해 무조건반사가 조건반사로, 즉 학습된 반사로 변할 수 있었다. (엄밀히 말해 조건반사라는 용어는 'conditional reflex'가 적절하지만, 파블로프의 책이 번역되는 과정에서 생긴 사소한 오류로 인해 'conditioned reflex'라는 표현으로 굳어졌다.)

1913년에 발표된 왓슨의 「행동주의자 선언서Behaviorist Manifesto」는 심리학계에 당연히 큰 파장을 불러일으켰다.* 이것은 당시에 확립된 심리학 체계에 대한 정면 도전이었으며 유전론자, 정신분석가 및 그 밖의 전통적인 연구자들을 포함한 거의 모든 진영에서 이를 맹렬히 비판했다. 그러나 왓슨은 쉽게 물러서지 않았다. 그는 이 논문과 비슷한 성격의 글을 계속 발표하면서 자신의 견해를 더욱 발전시켰고 학습이 모든 심리학의 핵심이라고 거듭 주장했다. 이런 비타협적인 태도로 인해 왓슨은 논란의 중심에 서게 되었으며, 게다가 그가 이혼 절차 중에 조교였던 로잘리 레이너Rosalie Rayner와 불륜 관계를 맺은 사실이 드러났다(둘은 이혼 절차가 마무리된 후 결혼했다). 언론은 이를 대단한 스캔들로 보도했고, 그는 존스홉킨스 대학의 교수직에서 물러나야 했다.

그 후 왓슨은 광고 분야에서 일하게 되었는데, 이에 관해서는 다음 장에서 살펴보기로 하자. 말년에 그는 자녀 양육에 집중했는데, 그의 네 자녀 중 셋이 자살을 시도했고 그중 한 명은 실제로 자살한 것을 고려하면 그의 양육 방식이 훌륭했다고 말할 수

---

* '행동주의자 선언서'는 앞서 언급한 논문 「행동주의자가 바라본 심리학」의 별칭이다.

는 없을 것이다. 그는 우생운동의 강력한 반대자였으며, 실제로 그의 가장 유명한 인용문에서 주장하길 자신이 고안한 세계에서 열두 명의 아기를 키운다면 아기의 유전적 특성과 상관없이 의사든 변호사든 거지든 도둑이든 모든 종류의 전문가로 키울 수 있을 것이라고 했다.

왓슨이 심리학에 미친 영향은 엄청났다. 행동주의 원칙은 소수집단의 운동으로 시작해 점차 인정을 받게 되었으며, 1970년대에는 특히 미국과 영국을 중심으로 행동주의가 심리학의 지배적인 접근법으로 자리 잡게 되었다.

CHAPTER 8

작업장의 심리학

초기 응용심리학, 호손 실험 및 인간관계 모형

반복, 반복, 반복!

주변에서 똑같은 구호나 광고 노래가 반복해서 울려 퍼질 때
가 있다. 이 모든 것은 왓슨이 말한 연습의 법칙에 따른 것이다.
(실제로 이것은 앞 장에서 살펴본 것처럼 원래 손다이크의 법칙
이지만, 이를 학습의 근본 원리로 주창한 사람은 왓슨이기 때문
에 오늘날에는 보통 왓슨의 법칙으로 불린다.) 왓슨은 1920년에
존스홉킨스 대학을 떠나 광고 분야에 뛰어든 후 2년 만에 방문판
매원에서 회사 부사장으로 승진할 만큼 큰 성공을 거두었다.

물론 이런 성공의 이유 중 하나는 그가 파블로프의 조건정서
반응을 비롯한 '과학적 행동주의'의 원리를 광고에 적용한 데 있
었다. 그는 공포, 분노, 애정 등의 반응을 불러일으키는 소재를 사

용해 소비자의 감정을 고의로 자극하라고 권고했다. 그는 유명인을 특정 제품과 연관 짓는 등의 다른 학습 원리도 적용했다. 이런 기법은 이전에도 있었지만, 왓슨이 행동주의 원리를 적용하면서 대중적인 광고 기법으로 자리 잡게 되었다. 그는 특히 노화에 대한 감성적 메시지와 크림 사용법에 관한 명확한 삽화 및 추천 글을 결합한 일련의 폰즈 콜드크림 광고로 명성을 얻었다. 이 광고는 그의 치약 광고와 마찬가지로 대성공을 거두었는데, 둘 다 이성에게 매력적으로 보이고 싶은 사용자의 마음을 자극하는 내용이었다. 그의 조언에 따르면 제품 이름과 구매 행동이 연결되도록 광고에서 제품 이름을 반복하는 것이 중요했다. 심리학계에서는 왓슨이 행동주의의 아버지로 간주되지만, 소비재 업계에서는 현대 마케팅의 창시자 중 한 명으로 평가받는다.

그러나 산업계에 종사한 심리학자는 왓슨만이 아니었다. 20세기 초부터 심리학은 작업장에 적용되기 시작했다. 1911년에 F. W. 테일러F. W. Taylor는 아마도 서양 심리학자 중에서 최초로 작업장의 실제 과정을 관찰해 더 효율적인 작업 방식을 찾으려 했는데, 이런 시도는 당시에 일본과 중국에서도 있었다. 테일러의 첫 번째 실험은 무개화차에 선철을 싣는 노동자를 대상으로 한 것이었다. 관찰 결과, 노동자당 하루 평균 약 12.5톤의 선철을 실었다. 테일러는 한 인부에게 다가가 정확히 지시대로만 작업하면, 즉 들어 올리라면 들어 올리고 쉬라면 쉬는 식으로 작업하면 더 많은 임금을 주겠다고 약속했다. 그 결과, 하루가 끝날 무렵에 이 인부는 47.5톤의 선철을 실었다. 이렇게 가장 효율적인 작업 방식을 찾아서 노동자가

이를 유지하도록 하는 것이 바로 과학적 관리법이라고 테일러는 뒷
주장했다.

테일러는 '시간 동작 연구 time and motion study'의 아버지로 불리
는데, 이것은 과제별로 필요한 동작과 그것을 수행하는 데 걸리
는 시간을 분석하는 접근법이다. 생산량 증가에 기여한 이 접근
법은 당연히 고용주들 사이에서 큰 인기를 끌었지만, 공장 노동
자들에게는 불신의 유산으로 남게 되었다. 인간을 기계처럼 취급
하는 이 접근법은 분노와 소외감을 촉발했으며, 이것은 다시 노
조 결성과 사회주의 또는 공산주의 사상에 대한 관심 증가 같은
급진적 운동의 계기가 되었다.

처음에는 진보적이고 계몽된 경영을 통해 이런 운동에 대처
할 수 있을 것이라고 생각했다. 그러나 실제로는 그렇지 않았다.
예를 들어 시카고에 있는 웨스턴 일렉트릭 컴퍼니의 호손 Hawthorne
사업장 경영진은 직원들의 높은 불만족도를 이해할 수 없었다.
경영진은 직원들에게 오락 시설, 연금, 질병 관리 체계 및 그 밖의
복리후생을 제공했다. 그런데도 왜 직원들은 불만족할까?

이제 심리학자를 불러야 할 때가 되었다. 프리츠 뢰슬리스버
거 Fritz Roethlisberger와 윌리엄 딕슨 William Dickson은 문제의 원인으로
추정된 작업장의 조명 수준부터 조사했다. 그들은 일부 작업장의
직원을 두 집단으로 나누었다. 한 집단에는 개선된 조명 환경을
제공했고, 대조군인 다른 집단에는 종전과 동일한 작업 환경을
제공했다. 그러자 첫 번째 집단의 작업량이 증가했는데, 이것은
해당 층 노동자의 효율성을 저해한 요인이 조명이라는 추측을 뒷

받침하는 듯했다. 그러나 전혀 뜻밖에도 대조군의 작업량도 증가했다. 이것은 이상한 일이었다. 그러자 실험자들은 조명 수준을 밝은 달빛에 해당하는 수준까지 낮춰보았다. 그래도 작업량은 증가했다. 마지막으로 조명 수준을 원래대로 되돌리자 이번에도 작업장의 작업량이 이전보다 높게 나타났다.

작업량이 조명 수준과 아무 관련도 없음이 분명했다. 실험자들은 또 다른 실험을 했는데, 이번에는 전화계전기의 작고 복잡한 부품을 조립하는 여성 집단을 대상으로 했다. 먼저 그들은 여성 노동자들에게 조립한 단위 수에 따라 임금을 지급하는 단가 작업을 요청했다. 이번에도 작업량이 증가했다. 그다음에는 오전과 오후에 5분씩 휴식 시간을 도입했다. 이번에도 작업량이 증가했다. 휴식 시간을 10분으로 연장하자, 또다시 작업량이 증가했다. 여성 노동자들을 30분 일찍 퇴근시키자, 또다시 작업량이 증가했다. 작업 조건을 어떻게 바꾸든 생산성이 향상되는 것처럼 보였지만, 한 가지 예외가 있었는데, 하루에 5분씩 여섯 번의 휴식 시간을 제공하자 여성 노동자들은 휴식을 위해 너무 자주 일을 중단해서 집중할 수가 없다고 불평했다. 실험이 시작되었을 때는 여성 노동자당 1주일에 평균 2,400개의 계전기를 생산한 반면에 실험이 끝날 즈음에는 1주일에 평균 약 3,000개의 계전기를 생산했다.

도대체 어떤 신비한 요인이 작용한 것일까? 분명히 물리적 환경이나 교대제와는 상관이 없었다. 심리학자들이 주목한 것은 오히려 타인에게 가치를 인정받는 느낌이었다. 이 모든 실험 동안에는 누군가가 여성 노동자들의 옆에 앉아 그들의 작업을 주시했고 그들의 제안에 귀를 기울였다. 이 덕분에 여성 노동자들은 ⓐ누군 가가 자신들에게 관심을 보였고 자신들의 작업이 연구할 가치가 있는 것이며, ⓑ자신들의 말을 누군가가 들어주고, ⓒ특히 작업 중에 자신들이 상당한 자유를 누리면서도 이런 자유를 남용하지 않는 책임감 있는 성인으로 대우받았다고 느꼈다. 그래서 여성 노 동자들은 더욱 책임감 있고 성실하게 일했다. 그리고 다시 원래 의 작업 조건으로 돌아가자 그들의 작업량은 역대 최고치를 기록 했다.

뢰슬리스버거와 딕슨은 모든 직원을 대상으로 면담을 진행 해 그들의 작업과 공장에 관한 의견을 물었다. 한 노동자는 면담 시간 내내 공장 구내식당에 대해 불평을 늘어놓았는데, 그는 1주 일 후 연구자들을 찾아와 구내식당의 음식이 개선되어 고맙다고 말했다. 그러나 연구자들은 그의 불평에 대해 아무런 조치도 취 하지 않았다. 불평을 들어준 것만으로도 이 노동자는 마음이 편 안해졌으며 불만이 사라진 셈이었다. 공장의 전체 사기가 올라갔 으며, 특히 경영진이 만족할 만큼 생산량도 증가했다.

그러나 예외적인 부서가 있었다. 즉 배전기 권선 작업실은 연 구자들의 개입에도 불구하고 아무런 차이가 나타나지 않았다. 이 작업실에서는 장치 부품에 전선 감는 일을 했다. 직원 열네 명 중 아홉 명은 전선을 감았고 세 명은 납땜을 했으며 두 명은 검사원 이었다. 이들은 연구자들의 조치에 상관없이 일정한 작업량을 유 지했다.

        심리학의 역사

이 부서는 소속감이 강하다는 평가를 받고 있었으며, 심리학자들은 이 부서의 직원들 사이에 명확한 '행동 규범'이 있음을 발견했다. 이 규범은 ⓐ게으름을 피우지 말고 각자의 작업량을 완수하기, ⓑ너무 열심히 일하거나 '속도전'을 벌여 다른 사람에게 부담을 주지 않기, ⓒ동료에게 악영향을 끼칠 수 있는 말을 감독관에게 하지 않기, ⓓ책임자 지위에 있는 경우 위세를 부리지 않기 등이었다. 이 부서의 모든 직원이 준수한 이 강력한 집단규범 때문에 이들은 외부에서 도입된 변화에 흔들리지 않은 셈이었다.

호손 실험은 1928년에 뢰슬리스버거 및 딕슨과 함께 공동 연구를 수행한 엘튼 메이요_{Elton Mayo}의 책을 통해 세상에 널리 알려지게 되었다. 『산업문명의 인간 문제_{The Human Problems of an Industrial Civilization}』라는 책에서 그는 테일러의 꽤 잔혹한 모더니즘적 접근법과 매우 다른 관점의 경영법을 제시했다. 즉 이 책은 노동자를 인간이 아니라 신체적 효율성 측면에서만 바라보는 대신에 작업의 사회적 측면이 노동자의 동기부여에 필수 요인임을 보여주었다.

같은 연구진은 캘리포니아 남부의 항공기 공장에 근무하는 직원들의 직무 만족도도 조사했는데, 여기서는 또 다른 요인이 발견되었다. 이 공장에서는 주로 군대를 제대하고 산업계로 진출한 직원들의 이직률이 매우 높았다. 이들은 보통 단기간만 근무하고 회사를 떠나곤 했다. 그러나 이 공장의 한 작업장은 유독 이직률이 낮았고 생산량은 매우 많았다. 그래서 심리학자들은 그 이유를 찾기 위해 이 작업장의 사회적 관계를 조사했다.

조사 결과, 이 집단에는 직원들의 모든 문제를 발생 즉시 처리하거나 직접 해결할 수 없는 경우에는 상급 기관에 문제 해결을 요청하는 대표가 자연 발생적으로 존재한다는 사실이 밝혀졌다. 공식 부서장은 이 집단이 신뢰할 만하다고 생각해 이 집단을 거의 찾아가지 않았으며, 해당 층의 감독관도 똑같은 이유로 하루에 한두 번만 이 부서에 들렀다. 이 집단의 자연 발생적 대표는 공장에서 공식 직책이 없었기 때문에 집단의 문제에 집중할 수 있었던 반면에 실제 부서장은 너무 바빠서 따로 시간을 낼 수 없었다. 이 비공식 대표 덕분에 이 집단의 작업은 원활하게 돌아갔고 감독관도 이 집단을 신뢰했으며, 이런 신뢰는 다시 직원들의 성실성을 강화하는 요인으로 작용했다.

메이요와 그의 연구팀은 이 대표가 신입 직원에게 작업을 맡길 때도 명확한 절차가 있다는 것을 발견했다. 즉 대표는 먼저 신입 직원을 부서의 다른 직원들에게 소개한 후 사이좋게 지낼 만한 직원과 조를 이루도록 조치했다. 그런 다음 신입 직원이 해당 작업에 익숙해지면 조립 라인의 끝으로 자리를 옮겨 작업장에서 생산된 부품들이 완성된 항공기에 어떻게 들어가는지 확인할 수 있도록 했다. 이런 절차를 통해 신입 직원은 최대한 빨리 집단 소속감을 갖게 되었고 자신의 작업을 그저 무의미하고 반복적인 활동으로 보는 대신에 전체 맥락에서 이해할 수 있게 되었다.

작업반에는 종종 공식 직책 없이도 상급 기관에 질문하거나 문제를 제기할 때 가장 적절한 사람으로 꼽히는 비공식 대표가 있다. 이런 대표는 동료들의 일상적인 상호작용을 통해 자연스럽게 생기기 때문에 이런 역할에 어울리지 않는 사람은 애당초 이런 자리에 오르지 못한다. 반면에 공식 대표로 임명되는 사람의 경우 이런 과정을 반드시 거치는 것은 아니다. 그렇기 때문에 메이요의 관찰은 효과적인 대표의 요건이 무엇인지에 대한 관심을 불러일으켰다.

메이요 등의 조사에 따르면 가장 생산적인 부서의 감독관은 생산 결과보다 직원들에게 더 많은 관심을 기울이는 경향이 있었다. 이런 사람은 자신의 감독관 역할에 대한 자신감도 큰 편이었다. 무엇보다도 생산을 중시한 감독관들은 원활한 인간관계에 초점을 맞춘 감독관들보다 덜 효과적이었다. 특히 감독관이 바로 코앞에서 지켜보면서 열심히 일하도록 강요하는 상황에서는 어느 누구도 제대로 일을 못했다.

이런 모든 관찰은 '인간관계 경영이론'의 토대가 되었다. 심리학자들은 관심이나 동료애 같은 인간적 요인이 물리적 조건이나 금전적 이익보다 더 강력한 동기요인이 될 수 있다는 사실을 보여주었다. 또한 작업반의 집단규범과 응집력 및 전체 기업에 대한 소속감이 얼마나 중요한지를 보여주었다. 이런 연구는 작업장의 사회적 측면에 대한 관심 증가와 맞물려 있었으며, 이런 측면은 그 후로 사회심리학과 조직심리학의 주요 관심사로 자리 잡게 되었다.

CHAPTER 9

심리검사의 시대

심리측정의 산업화와 다양한 성격검사

진흙탕과 추위, 시체와 생명을 위협하는 폭발은 제1차 세계대전에 참전한 최전방 군인들에게 매우 충격적인 경험이었다. '포탄 충격'에 시달린 다수의 군인은 불안과 조절장애 증상을 보였으며 이상한 행동을 했고 환각과 악몽까지 경험했다. 이런 증후군을 가리켜 오늘날에는 '외상 후 스트레스 장애Post-Traumatic Stress Disorder, PTSD'라고 부르지만, 당시에는 이에 대한 이해가 전혀 없었다. 그런데도 포탄 충격이 워낙 만연해서 1917년에는 군인들의 정신 건강이 심각한 문제로 대두되었다.

그래서 미국이 참전할 무렵인 1917년에 미군 사령부는 심리학 교수 로버트 우드워스Robert Woodworth에게 정서장애가 있는 신병을 식별하도록 2주의 기간을 주었다. 우드워스는 재빨리 질문지를 만들었는데, 거기에는 '높은 곳에 있으면 뛰어내리고 싶은 기분이 듭니까?', '잠결에 걸어본 적이 있습니까?'와 같은 질문이 포함되었다. 특별히 섬세하지는 않았지만 이것이 아마도 최초의 성격검사였을 것이다.

우드워스의 '개인정보지'는 신경증만 다루었지만, 사람들에게 자신에 관한 질문을 던져 성격 특성을 측정하는 방법은 이렇게 시작되었다. 다른 심리학자들도 우드워스의 검사와 같은 방식으로 성격평가 질문지를 개발했는데, 이는 모두 사람들의 성격과 직관적으로 관련되어 있어 보이는 질문을 직접 던지는 방식을 취했다. 정신분석 검사와 달리 이런 질문에 대한 답변은 액면 그대로 받아들여졌다. 즉 자신의 느낌에 관한 참된 보고로 간주되었다.

당연히 문제는 사람들의 말과 실제 행동이 항상 일치하지는 않는다는 점이다. 이를 증명하는 연구가 여럿 있었지만, 당시에 가장 영향력 있던 것들 중 하나는 휴 하츠혼Hugh Hartshorne과 마크 메이Mark May가 1928년에 발표한 연구였다. 이 연구에서는 절도 및 정직에 대해 아동이 진술한 태도와, 아무도 모르게 부정직한 행동을 할 수 있는 상황에서 해당 아동이 실제로 어떻게 행동하는지를 비교했다. 이 비교의 결과는 전반적인 비일관성을 보여주었다. 즉 아동의 말과 행동 사이에 일관성이 없었을 뿐만 아니라 다양한 상황 사이에도 일관성이 없었다. 그래서 연구자들은 당시의 행동주의적 시각에 따라 성격 특성이라는 것이 아예 존재하지 않는다는 결론을 내렸다. 대신에 그들은 사람들이 전적으로 자신이 처한 상황에 따라 행동하며, 이런 행동은 내면의 안정된 성향과 아무런 관련이 없다고 주장했다.

그러나 고든 올포트Gordon Allport의 생각은 달랐다. 그는 개인 간의 일관된 차이를 드러내는 성격 특성이 실제로 존재하며, 이를 식별하는 방법도 개발할 수 있다고 믿었다. 그는 형인 플로이드Floyd와 함께 일련의 연구를 시작했는데, 이것은 그 후 그의 평생 연구의 핵심 주제가 되었다. 형제는 우선 초기 설문지들보다 좀 더 객관적인 검사를 개발하려고 노력했다. 그래서 사람들에게 자신의 성격에 관한 질문을 직접 던지기보다 특정 상황에서 어떻게 행동할지를 물었다. 이들의 초기 논문에서는 외향성/내향성, 지배/복종, 사회적 자극에 대한 민감성 등 여러 성격 특성을 열거한 후 다양한 간접 방법을 사용해 이를 측정했다. 예를 들어 지배/복종을 측정하기 위한 질문에서는 노인이 윗사람 행세를 하려 들면 어떻게 반응하겠느냐고 물었다(이 연구의 대상자는 모두 남성이었다). 사회적 자극에 대한 민감성을 측정하기 위한 또 다른 검사에서는 배우의 얼굴 표정에 드러난 감정을 말해보라고 했다. 이 형제는 자신들의 측정법이 꽤 기초적인 것이라고 했지만, 그들의 주요 관심은 첫째로 다양한 성격 특성의 일관성을 탐색하고, 둘째로 이런 특성들의 조합을 바탕으로 개인의 성격에 관한 전반적인 이해가 가능한지를 탐색하는 것이었다.

이와 같은 시기에 정신분석에 기초한 성격검사도 개발되었다. 당시의 다른 유럽 심리학자들과 마찬가지로 정신분석가들도 포탄 충격에 시달리는 퇴역 군인들을 상대해야만 했다. 프로이트는 베를린의 진료소 외에 나중에 빈에서도 진료소를 운영했는데,

이곳에서는 주로 이런 퇴역 군인들을 상대하면서 정신분석에 기초한 많은 검사법을 개발했다.

앞서 살펴본 것처럼 프로이트의 이론에 따르면 인간의 마음은 빙산처럼 대부분 수면 아래 잠겨 있는 채로, 즉 무의식 상태에서 행동에 큰 영향력을 행사한다. 무의식은 말 그대로 무의식적으로 작동하므로 우리는 이것을 직접 의식할 수 없다. 무의식은 꿈속의 상징, 말실수, 애매하거나 중립적인 자극에 무의식적으로 투사된 걱정이나 집착 등을 통해 간접적으로만 모습을 드러낸다.

이런 접근법에 따르면 애매한 그림과 같은 자극은 분석가에게 이런 자극을 접하는 사람의 무의식을 알아낼 수 있는 기회를 제공한다. 다양한 형태의 잉크 얼룩을 해석해야 하는 유명한 로르샤흐 검사도 바로 이런 접근법을 따른다. 헤르만 로르샤흐Hermann Rorschach는 1921년에 이 검사법의 초판을 발표했는데, 여기에는 당시에 이미 널리 사용되던 기법으로 제작된 애매모호한 잉크 얼룩들이 포함되어 있었다. 그리고 이 얼룩들에 대한 피험자의 해석은 정신분석이론에 따라 그 사람의 내밀한 걱정과 갈등을 드러내는 것으로 간주되었다.

로르샤흐 검사처럼 큰 주목을 받았고 오늘날에도 가끔 사용되는 또 다른 투사검사는 1930년대에 개발된 주제통각검사Thematic Apperception Test인데, 이것은 다양한 해석이 가능한 그림들을 이용한다. 예를 들어 여러 남성이 나무 아래에 누워 있는 그림은 남성들이 자고 있다거나 술에 취했다거나 휴식 중이라거나 죽었다는 식으로 다양하게 해석될 수 있다. 이 검사는 피험자에게 이런 그림이 무슨 상황을 묘사하는지를 물은 다음, 이에 대한 답변을 그 사람의 숨겨진 갈등이나 동기를 드러내는 단서로 취급한다.

올포트는 극단적 행동주의자들과 달리 성격이 일관되고 측정 가능한 실체라고 주장하면서도 정신분석가들처럼 마음의 심층을 파고들지는 않았다. 젊은 시절에 그는 유럽을 방문했을 때 빈에서 프로이트를 만날 기회가 있었다. 당시에 스물두 살이었던 올포트는 이 위인 앞에서 너무 긴장해서 입이 떨어지질 않았다. 프로이트는 의자에 않은 채로 아무 말도 하지 않았다. 대화할 거리를 필사적으로 궁리하던 올포트는 마침내 그곳으로 오는 중에 목격한 한 어머니와 어린 소년의 이야기를 꺼냈다. 그러자 이야기를 듣던 프로이트는 무덤덤하게 "그 어린 소년이 당신인가요?"라고 물었다. 이런 반응을 접한 올포트는 늘 숨겨진 동기를 찾으려 하기보다 현재의 실제 상황에(이 경우에는 대화를 해야 했던 사회적 상황에) 주목하는 것이 더 좋을 때도 있다고 확신하게 되었다.

고든 올포트의 주요 관심사는 성격 특성이 특정 상황에서 사람들의 행동 방식에 어떤 영향을 미치는지였다. 그는 성격 특성을 탐구하는 다양한 방법을 개발했는데, 이런 노력의 일환으로 그는 한 동료와 함께 사전에서 정신적인 또는 심리적인 특성을 묘사하는 (약 1만 8,000개의) 모든 단어를 수집한 후에 이것들을 성격 특성, 일시적 상태, 은유, 다른 사람에 대한 반응의 네 범주로 분류했다. 그런 다음 마지막 세 범주의 단어들을 제외하고 성격 특성을 묘사하는 약 41개의 단어 집합을 얻었는데, 여기에는 총 4,000개가 넘는 단어가 포함되어 있었다.

     심리학의 역사

그렇다면 이제 이것들을 어떻게 이해해야 할까? 올포트는 성격 특성들이 위계적으로 조직되어 있다고 생각했다. 예를 들어 야망이나 정직 같은 특성은 개인 성격의 가장 중요한 특징을 나타내는 상위 또는 기본 특성이라고 보았다. 그리고 좀 더 평이하면서도 개인별로 전형적인 대략 5~10개의 중심 특성과 상황에 따라 달라지는 더 많은 수의 2차 특성이 있다고 보았다. 올포트는 이 모형을 사용해 하츠혼과 메이의 연구에서 아동의 말과 행동이 그렇게 달랐던 이유를 설명할 수 있을 것이라고 믿었다. 즉 아동들의 행동은 2차 특성에서 비롯한 반면에 그들의 말은 중심 특성을 반영할 것이라고 생각했다.

올포트는 다양한 척도를 사용해 일련의 비교 가능한 성격 특성에 대한 사람들의 점수를 도표로 표시한 성격 프로필을 개발할 수 있었다. 그러나 이것은 여전히 서술적인 성격이 강했으며, 성격검사가 진정한 '과학적' 작업으로 확립되기까지는 또 다른 심리학자인 레이몬드 카텔Raymond Cattell의 연구가 필요했다.

제6장에서 이미 살펴본 것처럼 지능검사는 처음에 특수교육이 필요한 사람들을 도우려는 의도로 시작되었으나, 나중에는 지능의 유전에 대한 확고한 신념과 열등한 유전자를 가진 사람들의 번식을 막으면 사회에 직접적인 도움이 될 것이라는 우생학적 견해의 토대로 발달했다. 그리고 이제 지능검사와 성격검사를 결합해 심리적 특성을 측정하는 도구를 개발하는 거대한 심리측정산업이 발달하게 되었다.

이 산업의 핵심에는 두 가지의 기본 개념이 있었다. 첫 번째는 1883년에 골턴이 인체측정 실험실에서 어떤 신체 특징을 측정하든 거의 항상 나타났던 종 모양의 곡선과 같은 정규분포의 개념이었다. 이런 정규분포가 신체 특징뿐만 아니라 심리적 특성에서도 나타날 것이라는 골턴의 가정은 거의 도그마처럼 받아들여졌다. 그 후로 심리학자들은 조사하는 정신적 특성이 무엇이든 정규분포의 형태를 띨 것이라고 가정한 채 온갖 심리측정 검사법을 설계했다. 그래서 이런 결과가 나오지 않은 새로운 검사법은 모두 타당하지 않은 것으로 간주했다.

두 번째 개념은 '요인분석'이라는 통계 기법의 발진에 기초한 것이었다. 요인분석은 다양한 측정값 간의 상관관계와 공통성을 탐색하는 기법이다. 예를 들어 두 개 이상의 성격 특성이 서로 잘 어울릴 경우 이것들에 공통적으로 영향을 미치는 배후 요인(이 경우에는 상위 특성)이 있을 것이라고 가정하는 것이다. 요인분석은 1904년에 주로 지능 측정에 관심을 가졌던 찰스 스피어먼Charles Spearman이 최초로 개발했으나 다른 정신적 특성에도 빠르게 적용되기 시작했다.

이를 주도적으로 추진한 사람은 레이몬드 카텔이었다. 그는 우선 학교 성적이나 결근 같은 생활 기록, 자기평가 및 객관적 검사 등의 데이터를 토대로 성격 모형을 개발했다. 그런 다음 이를 바탕으로 다양한 질문을 고안해 많은 사람을 대상으로 시험했다. 그리고 요인분석 결과, 이런 질문에 대한 답변이 서로 모여서 16개의 주요 집단을 이루는 것이 발견되었다. 이것들이 별개의 성격 특성이라고 믿은 카텔은 이것을 '16요인 성격이론'으로 발표했다.

이 이론에 기초한 16PF 검사Sixteen Personality Factor Questionnaire는 널리 판매되었으며, 이 16개 요인은 나중에 미네소타 다면적 인성검사Minnesota Multiphasic Personality Inventory, MMPI의 기초가 되기도 했다. 이 검사들은 임상·직업·교육심리학 분야에서 수십 년간 널리 사용되다가 20세기 말에야 다른 검사들로 대체되었는데, 그 이유는 당시에 자주 사용된 검사 요소들에 대한 정교한 요인분석을 통해 다른 성격구조 모형이 등장했기 때문이다. 즉 폴 코스타Paul Costa와 로버트 맥크레Robert McCrae가 제시한 '5요인 이론'에서는 외향성, 우호성, 신경성, 성실성, 경험에 대한 개방성 등 5개 기본 성격요인이 있다고 주장했다.

카텔의 성격 모형은 당시에 요인분석에 기초한 유일한 모형이 아니었다. 1940년대에 영국 심리학자 한스 아이젠크도 요인분석 기법을 사용해 사람들이 다양한 상황에서 어떻게 행동하는지를, 또는 적어도 자신의 행동에 대한 설문지에 어떻게 응답하는지를 탐구했다. 아이젠크는 성격에 내향성/외향성과 안정성/신경증 성향의 두 개 주요 차원이 있으며 이것들은 서로 독립적이라고 주장했다. 흥미롭게도 이것은 제1장에서 살펴본 갈레노스의 4개 '체액'과 실제로 일치하지는 않지만 상당히 유사한 면이 있다. 즉 아이젠크의 모형에서 안정된 내향성은 점액질에 해당하고, 신경성 내향성은 우울질, 안정된 외향성은 다혈질, 불안정한 외향성은 담즙질에 해당할 것이다.

아이젠크의 검사에는 '거짓말 척도'도 있었는데, 이것은 '무슨 일로든 지각한 적이 있습니까?' 또는 '거짓말을 한 적이 있습니까?'와 같은 질문으로 구성되었다. 이런 질문은 매우 극단적인 형태를 띠기 때문에 이에 대해 '아니요'라고 답하는 사람은 (실제로 그렇게 완벽한 사람은 없을 터이므로) 거짓말을 하는 것으로 간주되었다. 나중에 그는 세 번째 성격 차원으로 정상성/정신병 성향을 도입했는데, 이것은 조건화에 대한 반응 강도 및 사회 규칙을 따르는 성실도를 나타낸다고 그는 믿었다.

이렇게 요인분석을 통해 성격검사는 단순히 직관적인 판단의 집합이 아니라 행동과 자기보고를 평가하는 좀 더 객관적인 체계로 발전했다. 요인분석은 일련의 과세나 질문을 통해 배후 요인의 강도를 점수화하는 방법을 제시함으로써 각종 심리검사의 표준이 되었다. 그리고 이런 검사들은 당시에 심리학계를 지배했던 과학적 객관성 추구와 잘 들어맞았다. 또한 이런 검사들 덕분에 성격 측정은 이 책의 뒷부분에서 살펴볼 사회심리학의 행동연구와 같은 다른 실험들과도 통합될 수 있었다.

CHAPTER 10

사회생활에 대한 이해

사회심리학의 아버지인 올포트와 분트

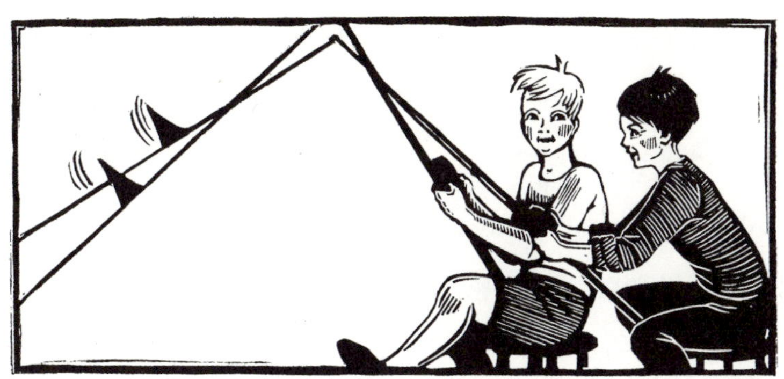

1897년에 두 아이가 이상한 장치 위에 앉아 있었다. 그들 앞에는 작은 깃발이 달린 비단 줄이 늘어져 있었다. 아이들이 낚시 릴을 돌리면 이 줄은 2미터쯤 떨어진 도르래를 돌아 아이들 바로 앞에 있는 크랭크로 다시 돌아왔다. 이때 아이들 앞에 있던 깃발이 멀리 있는 도르래를 돌아 다시 아이들에게 돌아오면 한 바퀴를 돈 셈이었다.

신호가 떨어지면 아이들은 각자 릴의 손잡이를 돌려 깃발을 최대한 빨리 움직여야 했다. 실험자는 아이들의 깃발이 네 바퀴를 도는 데 걸리는 시간을 주의 깊게 각각 측정했다. 장치에는 한 아이만 앉아 있을 때도 있었고, 지금처럼 두 명이 앉아 있을 때도 있었다. 실험 결과, 아이들은 혼자 앉아 있을 때보다 둘이 나란히 앉아 있을 때 과제를 더 열심히 수행하는 것처럼 보였다. 그래서 실험자는 다른 아이가 곁에 있는 것이 아이들의 수행을 촉진한다고 결론지었다.

1898년에 노먼 트리플렛Norman Triplett이 보고한 이 연구는 흔히 최초의 사회심리학 실험으로 언급된다. 그러나 사회과정에 관한 연구는 그 전에도 주로 유럽에서 몇 차례 수행된 적이 있었다. 이에 관해서는 나중에 다시 살펴보도록 하겠다. 어쨌든 이로부터 26년 후에 플로이드 올포트는 당시의 주요 심리학 지식을 정리해 『사회심리학Social Psychology』이라는 교과서를 출간했다. 플로이드는 사회적 영향, 동조행동, 태도 측정과 같은 사회심리학의 여러 측면을 연구했으며 동생인 고든 올포트와 함께 성격에 관한 연구를 수행하기도 했다. 플로이드는 자신의 교과서에서 트리플렛의 연구가 최초의 사회심리학 실험이라고 주장했는데, 그 후로 여러 사회심리학 교과서에서 이 주장을 되풀이하게 되었다.

『사회심리학』에서는 독특하게도 사회심리학과 실험심리학의 다른 분야를 따로 구분하지 않았다. 이 책에서 올포트는 사회심리학이 문화나 사회 같은 '몽실몽실'하고 실체가 없는 개념을 다루어서는 안 된다고 주장했다. 이보다는 사회심리학이 객관적이고 점점 더 행동적 접근법을 취하는 심리과학의 일부가 되어야 한다고 그는 주장했다.

올포트의 책은 미국 심리학에 깊고도 지속적인 영향을 미쳤다. 그는 사회심리학의 기존 연구를 소개하는 데 그치지 않고 자신의 개인주의적 관점을 심리학 전반에 적용해 욕구, 감정, 태도,

심지어 문화까지도 개인 심리의 관점에서 해석했다. 나아가 그는 정신분석을 개인의 행동과 학습으로 완전히 설명할 수 있으며 '무의식적인' 정신과정은 아무런 상관도 없다고 강력히 주장했다. 나중에 또 다른 책에서 올포트는 똑같은 관점을 적용해 제도화된 종교, 정치, 사회제도를 설명하려 했다. 심리학은 순전히 개인의 행동만 다뤄야 한다는 그의 주장 탓에 더 폭넓은 형태의 분석이 배제되었고 심리학과 사회학, 그리고 인류학 사이의 틈은 더욱 벌어지게 되었다.

또한 그가 정신분석적 개념을 배척한 것은 정신분석학파와 주류 심리학 사이의 틈을 더욱 벌어지게 만드는 주요 요인으로 작용했다. 무엇을 데이터로 받아들일 수 있는지에 관해 근본적인 차이가 있음이 점점 더 분명해졌다. 정신분석가에게는 환자의 자기보고뿐만 아니라 꿈의 상징체계, 말실수, 특정 주제의 회피 등에 기초한 간접 추론도 모두 무의식의 증거가 될 수 있었다. 그러나 점점 더 물질주의적 경향을 띠게 된 주류 실험심리학자에게는 이런 것들이 비과학적인 일화에 불과했다. 모든 실험심리학자가 행동주의자는 아니었지만, 행동주의적 객관성을 추구하는 태도가 미국 실험심리학계 전반에 스며들기 시작했다.

올포트는 자신의 책에서 더 엄밀한 연구설계와 실제 조사 대상의 명확한 정의가 필요하다고 줄기차게 주장했다. 또한 이미 확립된 심리학 지식과 진행 중인 연구를 종합해 사회심리학 연구에 필요한 몇 가지 개념을 제안함으로써 태도, 타인의 존재, 습관, 반사, 사회적 동조행동과 같은 것들이 어떻게 객관적인 또는 행동적인 실험의 대상이 될 수 있는지를 보여주었다. 그의 『사회심리학』은 큰 영향력을 발휘해 그는 실험사회심리학의 아버지로 불리게 되었으며, 이 책은 적어도 미국의 경우 향후 60년간 전개될 사회심리학의 청사진이 되었다.

올포트의 사회심리학은 개인에 모든 초점을 맞추고 공동체와 사회의 광범위한 영향력을 그저 개인 심리 과정의 결과로 해석했다는 점에서 뚜렷이 미국적인 것이었다. 올포트에게 문화, 사회, 종교 등의 고차원적 개념은 『사회심리학』에서 제도적 행동을 다루었던 그의 방식처럼 개인 수준에서 설명 기능할 때만 심리학의 일부가 될 수 있었다. 그 밖의 경우에는 이런 개념이 충분히 '과학적'이지 않으므로 심리학의 대상이 될 수 없다고 그는 보았다.

유럽의 전통은 이와 매우 달랐다. 정신분석은 유럽에서 발생한 심리학이었으며 유럽 심리학은 미국 행동주의의 영향을 거의 받지 않았다. 정신분석은 심리학의 주요 부분으로 계속 영향력을 발휘했으며, 유럽 심리학자들은 사회적 상호작용과 이해를 계속 무의식의 작용이라는 관점에서 해석했다. 그러나 정신분석에 대한 도전은 유럽에서도 있었다. 당시에 또 다른 형태의 사회심리학이 유럽 심리학의 중심에 있었는데, 그것은 주로 빌헬름 분트의 영향을 받은 것이었다.

제4장에서 살펴본 것처럼 분트는 보통 실험심리학의 창시자 중 한 명으로 간주되지만, 그가 사회심리학에 기여한 공적은 미국과 영국에서 크게 간과되는 면이 있다. 그의 라이프치히 실험실에서 확립된 실험 표준과 절차는 미국까지 포함해 심리학의 발

전에 엄청난 영향을 미쳤다. 그러나 이미 살펴본 것처럼 그는 사회심리학 연구에도 많은 시간을 썼으며, 그의 대작『민족심리학』은 일상의 사회적 상호작용을 지탱하는 심리 과정을 탐구했다.

분트는 실험심리학의 가치를 확신했지만 그것만으로는 결코 충분하지 않다고 생각했다. 그에 따르면 실험심리학은 마음의 일부 측면을 다룰 뿐이며 인간 정신과정의 사회적 측면을 탐구하는 다른 심리학 연구로 보완되어야만 했다. 이를 위해 사회심리학은 사회생활의 더 넓은 측면을 다룰 필요가 있었다. 올포트와 달리 분트는 개인들의 상호작용만으로 사회심리 현상을 완전히 설명할 수 없다고 확신했다. 심리학이 현실에 맞는 연구가 되려면 관습과 문화, 언어, 신화, 예술, 종교와 같은 일상생활의 더 넓은 측면이 사람들에게 어떤 영향을 미치는지를 설명할 수 있어야 한다고 그는 주장했다. 그러면서도 그는 실험실 기반 연구와 동일한 과학적 엄밀성으로 심리학의 이런 측면을 탐구해야 한다고 주장했다.

분트의『민족심리학』은 1900년부터 1920년까지 총 10권으로 출간되었고 1926년에는 4판이 나왔다. 이 책의 주제는 언어, 예술, 신화, 종교, 사회, 법률, 문화, 역사 등을 포괄했다. 그는 이런 주제와 사회심리학의 연관성을 설명했을 뿐만 아니라 이에 관한 연구 방법도 상세히 논의했다. 사회심리학의 몇몇 분야에서는 실험이 불가능하겠지만 엄밀한 질적 연구 접근법을 통해 심리과학에 필요한 객관적 데이터를 얻을 수 있을 것이라고 분트는 주장했다.

『민족심리학』은 유럽에서 사회심리학은 물론 사회학과 인류학의 기초 문헌으로 널리 인정받으면서 사회과학 전반에 막대한 영향을 미쳤다. 분트는 많은 학생과 추종자에게 사회심리학 연구를 독려했으며 사회학의 창시자 에밀 뒤르켐Émile Durkheim에게도 중요한 영향을 미쳤다. 그러나 미국에서는 이 책이 전혀 주목받지 못했다. 그 이유 중 하나는 열 권 중 두 권만 영어로 번역되어 전체 이론이 널리 알려지지 않았기 때문이다. 또 다른 이유는 분트가 워낙 광범위한 주제에 관해 수많은 연구를 발표하다 보니 심리학자로 이름을 날리게 된 그의 제자들은 그의 수많은 연구 중에서 자신의 관점과 어울리는 부분만 논의하는 경향이 있었기 때문이다.

에드워드 티치너도 그의 제자였다. 티치너는 학업을 마친 후 코넬 대학에 심리학과를 개설했다. 인간의 마음을 분석하기 위한 실험의 중요성을 굳게 믿었던 그는 미국에서 심리학의 과학적 지위를 확립하는 데 기여했다. 그는 미국에 분트의 견해를 전파한 대표적 인물이었지만, 분트와 달리 엄밀한 분석적 내성법을 적절한 연구 방법으로 간주하지 않았기 때문에 민족심리학을 무시하는 경향이 있었다.

티치너의 주요 관심사는 정신적 경험의 구성 요소와 구조를 분석하는 것이었다. 이 점에서도 그의 견해는 분트와 달랐다. 분트는 정신 활동이 대체로 목표 지향적이고 의도적인 활동이므로 사람들의 정신 활동을 이해하려면 그들의 목표를 이해할 필요가 있다고 주장했다. 반면에 티치너는 마음의 구조적 요소들만 알아도 완전한 설명이 가능할 것이라고 생각했다. 이런 구조주의 관점은 같은 시기에 윌리엄 제임스가 제시한 기능주의 관점과 정면으로 충돌했고, 나중에 구조주의 관점이 영향력을 잃게 됨에 따라 분트의 많은 견해도 덩달아 자취를 감추게 되었다.

분트는 언제나 민족심리학을 실험심리학과 함께 나란히 탐구해야 한다고 말했다. 그러나 그의 저작이 오역되고 잘못 전달됨에 따라 이 두 심리학 분야의 관계는 상당한 왜곡을 겪게 되었다. 한 가지 중요한 오역은 '민족심리학 Völkerpsychologie'을 '사회심리학 social psychology'이 아니라 '문화심리학 cultural psychology'으로 번역한 것이었다. 이로 인해 문화가 인류학이나 사회학의 영역이므로 항상 개인의 연구가 되어야 하는 사회심리학과는 무관하다는 플로이드 올포트의 비난에 직면해야만 했다.

올포트의 또 다른 비판은 민족심리학이 애매모호한 비과학적 연구 방법을 옹호한다는 것이었다. 그러나 이것도 분트의 실제 발언이 잘못 전달된 탓이었다. 분트는 사회생활의 역사적 측면을 탐구할 때는 종종 측정이 부적절하고 이야기, 역사 및 기타 의미 있는 설명이 더 유용하므로 질적 접근법이 더 적절하다고 주장했을 뿐이다. 이것은 사회심리학의 실험적 방법 자체를 배척한 것이 전혀 아니었다. 그의 주장은 실험의 실제 과정에 관한 것이 아니라 인위적인 실험실 환경에서 이루어지는 실험이 부적절할 때가 있다는 것이었다. 게다가 그는 다른 심리학 연구와 마찬가지로 사회과정을 연구할 때도 주의 깊고 엄밀한 방법을 적용해야 한다고 늘 주장했다.

유럽에서 분트의 영향력은 결코 시들지 않았으며 게슈탈트 심리학을 비롯한 사회심리학의 다양한 관점이 탄생하는 데 크게 기여했는데, 이에 관해서는 다음 장에서 살펴보기로 하자. 그러나 그는 독일 민족주의와 제1차 세계대전의 적대행위를 지지했기 때문에 미국과 영국의 많은 사람은 그의 저작을 의심하게 되었다. 게다가 올포트의 비난, 티치너의 잘못된 전달, 원전에 대한 접근의 어려움, 행동주의와의 충돌 등이 더해져 민족심리학은 영어권에서 거의 알려지지 않았다. 분트는 실험심리학의 아버지로 불리지만, 사회심리학에 대한 그의 기여는 대부분 유럽으로 제한되었다. 유럽과 미국 사회심리학 사이의 균열은 간과되었으며 많은 심리학자는 이를 전혀 느끼지도 못했다. 그러나 뒤에서 살펴보는 바와 같이 이것은 결코 쉽게 치유되지 않았다.

CHAPTER 11

게슈탈트 학파

전체는 부분의 합과 다르다

술탄이라는 이름의 침팬지가 침울한 표정으로 우리 안에 앉아 있었다. 우리에는 다양한 상자가 여기저기 흩어져 있고 술탄의 머리 위 천장의 철삿줄에는 바나나가 매달려 있었다. 그러나 술탄의 손은 바나나에 닿지 않았다. 껑충껑충 뛰어봤지만 소용없었다. 상자 하나를 끌어와 그 위에 올라가 뛰어도 소용없었다. 몇 번의 시도가 실패하자 술탄은 화가 나서 비명을 지르면서 우리 주변을 뛰어다녔고 물건을 마구 던졌다. 결국 술탄은 단념한 채 우울한 표정으로 상자 위에 털썩 주저앉았다. 그러다 갑자기 술탄은 행동에 나섰다. 술탄은 상자를 차곡차곡 쌓기 시작했다. 그러고는 높게 쌓은 더미 위로 기어 올라갔다. 드디어 성공이다! 이제 바나나는 술탄의 것이 되었다.

술탄의 성공 사례는 다른 유인원들의 사례와 함께 1917년에 볼프강 쾰러Wolfgang Köhler가 출간한 『유인원의 지능검사Intelligenzprüfungen an Anthropoiden』에 실렸다. 쾰러는 1913년 카나리아 제도에 있던 프로이센 학술원의 유인원 연구센터 소장이었는데, 전쟁이 발발하는 바람에 이후 6년간 그곳에 머물러야 했다. 유인원이 어떻게 통찰을 사용해 문제를 해결하는지에 특히 관심이 많았던 그는 다양한 실험을 통해 유인원에게 어려운 과제를 준 후 유인원이 이를 해결하는 과정을 관찰했다.

1920년에 독일로 돌아온 그는 동료인 막스 베르트하이머Max Wertheimer, 쿠르트 코프카Kurt Koffka와 함께 연구를 계속했다. 이 세 사람은 1930년대에 독일 심리학계에서 막강한 소집단을 이루어 행동주의에 강력히 맞서면서 게슈탈트 학파의 창시자로 불리게 되었다.

이 세 심리학자가 합심하게 된 것은 시각과 운동에 대한 베르트하이머의 관심에서 비롯했다. 1910년에 기차를 타고 가던 베르트하이머는 창밖으로 멀리 보이는 물체의 가현운동apparent movement*을 지켜보면서 (작은 구멍을 통해 들여다본 이미지가 움직이는 것 같은 착각을 불러일으키는 인기 있는 장난감인) 조이트로프zoetrope와 같은 또 다른 운동 착시를 머릿속에 떠올렸다. 그러다 그는 지각이 당시의 지배적인 설명처럼 망막에 맺힌 이미지의 물리적 처리 과정이 아니라 들어오는 정보를 마음이 어떻게

---

* 가현운동이란 실제로는 움직이지 않는 물체가 특정 조건에서 움직이는 것처럼 보이는 착시현상을 말한다.

해석하느냐의 문제라는 것을 문득 깨달았다. 이 통찰에 크게 흥분한 그는 예정된 휴가를 포기하고 프랑크푸르트 역에서 내려 저명한 심리학 교수인 프리드리히 슈만Friedrich Schumann을 찾아갔다.

슈만은 베르트하이머에게 이 통찰을 계속 파헤쳐보라고 격려하면서 연구조교였던 코프카와 쾰러에게 베르트하이머를 도우라고 지시했다. 이렇게 만난 세 사람은 여러 실험을 통해 마음의 작동 방식에 관한 이론을 점차 확립했는데, 이것은 당시의 지배적인 신념에 정면으로 반하는 것이었다. 당시에 대다수 심리학자는 시각, 청각 등의 작은 감각 단위가 결합해 정신적 경험이 생긴다고 보았다. '통일된 마음'이라는 개념은 이미 한물간 것이었지만, 베르트하이머와 코프카와 쾰러의 생각은 달랐다. 그들은 인지와 같은 정신과정이 그들이 '게슈탈트Gestalt'라고 부른 어떤 전반적인 관념에서부터 시작되며, 이런 게슈탈트의 전반적인 심상을 바탕으로 뇌가 감각적 인상을 해석한다고 주장했다.

베르트하이머 자신의 연구는 운동 지각에 관한 것이었다. 그는 일련의 불빛이 깜박여 움직이는 듯한 인상을 만들어내는 '파이 현상phi phenomenon'을 설명했다. 이것은 오늘날 조명 광고판과 축제 때 쓰는 조명 디스플레이의 기초가 되는 현상으로 우리 모두에게 잘 알려진 것이다. 당시에 베르트하이머의 요점은 이런 운동이 실제로는 존재하지 않는다는 것이었다. 이런 운동은 감각을 통해 들어오는 물리적 정보와 전혀 다른 경험을 만들어내는 뇌가 추가한 것이었다. 예전에 베르트하이머는 철학자 크리스티안 폰 에렌펠스Christian von Ehrenfels의 제자였는데, 그도 의식적 경험이 감각적 인상의 결합 이상이라고 생각했다. 에렌펠스가 자주 예로 든 것은 음악의 선율이었다. 어떤 선율 전체를 다른 조로 옮기면 모든 음이 달라지지만 우리는 여전히 똑같은 선율을 듣는다. 경험을 특정 감각자극에 대한 반응의 집합으로만 보면 이것을 설명할 수 없다.

베르트하이머와 코프카는 뇌가 감각 정보를 해석하는 다양한 방식을 계속 탐구했다. 그들은 지각의 많은 조직 원리를 밝혀냈는데, 오늘날 우리는 이것을 '게슈탈트 법칙'이라고 부른다. 예를 들어 우리는 전경과 배경을 자동으로 구별해 지각하는데, 이때 배경이 또 다른 전경에 해당할 경우 한 전경에 초점을 맞추면 다른 전경은 사라지게 된다. 다시 말해 우리는 한 번에 하나의 전경만 볼 수 있다. 게슈탈트 심리학자들과 가깝게 지낸 화가 M. C. 에서M. C. Escher는 게슈탈트 심리학의 많은 개념을 자신의 작품에 적용했다. 그의 유명한 도판인 「천사와 악마Angels and Demons」나 그밖의 여러 그림은 이런 '전경-배경 원리'에 따른 것이다.

또 다른 게슈탈트 지각 원리로는 암시된 윤곽을 바탕으로 '빠진' 도형 추론하기, 근접성과 유사성을 바탕으로 형태나 물체를 자동으로 조합하기 등이 있다. 이런 발견은 당시에 큰 주목을 받았으며 오늘날에도 심리학 수업에서 가르치고 있다. 당시에 이런 것들은 무엇보다도 시각 이미지에 대한 사람들의 지속적인 호기심을 충족해주었기 때문에 큰 인기를 끌었다. 이미 19세기부터 착시를 이용한 장난감이 유행했으며 '움직이는 그림', 즉 영화 촬영은 주요 산업으로 자리 잡아가고 있었다.

게슈탈트 심리학의 영향력은 지각에 한정되지 않았다. 쾰러가 보기에 행동주의에 대한 게슈탈트 심리학의 도전은 강력하고 타협할 수 없는 것이었다. 그는 직접 관찰 가능한 행동만이 심리학의 연구 대상이며 자극-반응Stimulus-Response, S-R 연결의 학습을 통해서만 행동 변화가 일어난다는 행동주의의 주장을 잘 알고 있었다. 그러나 쾰러는 이런 견해에 절대로 동의할 수 없었다. 인간이든 동물이든 심리 과정은 기초적인 '조각들'의 집합을 통해 생기는 것이 아니라고 그는 주장했다. 그에게 대다수의 심리 과정은 구성 요소들의 조합으로 설명될 수 없는 총체적 경험이었다.

게슈탈트 심리학자들이 실제로 반대했던 것은 오늘날 우리가 '환원주의'라고 부르는 것, 즉 경험을 그 구성 요소들로 쪼개는 방법을 통해 경험을 충분히 설명할 수 있다는 견해였다. 이런 견해에 반대하면서 게슈탈트 심리학자들은 이보다 훨씬 많은 것이 경험에 담겨 있으며 그저 감각 또는 자극-반응 연결로 환원되지 않는 무언가가 있다고 주장했다. 어떤 경우든 서로 다른 요소들이 조합되면 완전히 새로운 무언가가 생길 때가 많다고 그들은 주장했다. 그들의 핵심 주장은 전체가 부분의 합과 '다르다'는 것이었는데, 이 구절은 종종 '전체가 부분의 합보다 크다'로 잘못 인용되었다. 이에 대해 쾰러는 큰 불만을 제기했는데, 왜냐하면 그가 보기에 이것은 요점을 완전히 놓친 표현이었기 때문이다. '~보다 크다'는 표현은 크기나 양의 양적 차이를 가리키는 듯한 인상을 주지만, 그들이 말하려 한 것은 완전히 다르다는 것이었다. 부분들을 결합하면 그저 더 크거나 많아지는 것이 아니라 완전히 새로운 무언가가 생긴다는 것이었다.

쾰러는 관찰 가능한 행동에만 초점을 맞추는 행동주의의 입장에 대해서도 이의를 제기했다. 술탄이나 다른 유인원의 통찰은 행동주의에서 모든 학습의 기초로 가정한 평범한 시행착오 과정과는 매우 달랐다. 오히려 술탄은 관찰 불가능한 정신 활동을 통해 바나나 문제에 대한 해결책을 갑자기 깨달은 것처럼 보였다. 술탄뿐이 아니었다. 쾰러는 광범위한 관찰을 통해 통찰이 특별히 영리한 한 마리의 예외적인 현상이 아니라 유인원의 문제 해결 과정에 전형석인 현상이라는 사실을 밝혀냈다.

다른 게슈탈트 심리학자들은 관심 분야가 달랐다. 예를 들어 발달심리학에 큰 관심을 보인 쿠르트 코프카는 어린아이의 마음이 어떻게 발달하는지를 집중적으로 연구했다. 당시에 J. B. 왓슨은 아동이 조건화conditioning, 즉 시행착오 학습을 통해 세계에 관한 지식을 점진적으로 얻게 된다고 주장했다. 반면에 선천론자들은 경험과 무관하게 유전적 성숙을 통해 마음이 형성된다고 믿었다. 코프카는 이 두 견해에 모두 반대하면서 아동이 처음에는 환경에 대한 전반적인 인상을 얻게 되고 점차 환경의 구성 요소들을 구별하게 된다고 주장했다. 나아가 그는 행동주의자들과 달리 모방이 아동의 인지발달에 필수적이라고 주장했다. 그의 이런 견해는 정신분석이론과 장 피아제Jean Piaget의 후기 저작에 상당한 영향을 미쳤다.

이 세 명의 독일 과학자는 심리학의 다양한 연구 분야를 통합하는 데 기여했다. 당시에는 특히 유럽과 미국을 중심으로 새롭게 형성된 심리학계의 교류가 활발했다. 베르트하이머는 아이디어가 풍부한 사람이었다. 그는 자신의 이론에 관해 이야기하길 좋아했으며 수차례 강연 여행을 다녔지만, 글쓰기는 좋아하지 않았고 광범위한 연구를 수행한 것에 비해 학술논문은 거의 발표하지 않았다. 코프카와 쾰러는 이를 보완하는 역할을 했다. 두 사람은 학술지 기고, 강연, 저서 등을 통해 새로운 게슈탈트 심리학의 발전과 홍보에 기여했다. 쾰러는 심리학 연구에 관한 새 학술지를 창간했으며 1929년에는 특별히 미국 시장을 겨냥한 영어 교과서 『게슈탈트 심리학Gestalt Psychology』을 출간했다. 이보다 앞서 쿠르트 코프카는 1922년에 그의 첫 번째 영어 논문 「지각 : 게슈탈트 이론 입문」을 미국 학술지에 기고했으며, 그 밖에도 세 사람은 그들의 이론이 성숙함에 따라 광범위한 강연 활동을 펼쳤다. 이런 노력 덕분에 게슈탈트 심리학은 독일뿐 아니라 영어권에서도 큰 영향력을 발휘하게 되었다.

1930년대 초반에 독일 대학에 대한 규제가 심해지면서 특히 유대인 지식인들의 학술 활동은 점점 더 어려워졌다. 베르트하이머는 유대인이었고 코프카는 반半유대인이었기 때문에 1930년대 초엽에 독일에서 더 이상 학술 활동을 못 할 위험에 처했다. 쾰러는 유대인이 아니었지만 나치 정권을 노골적으로 비판했으며 강의를 시작할 때마다 히틀러 경례를 하라는 식의 많은 포고령을 공개적으로 거부했다. 그리하여 당국의 지속적인 괴롭힘 때문에 결국 독일을 떠나야 했고, 전쟁 기간에 그는 다른 사람들처럼 미국으로 이주했다. 그때부터 그는 계속 미국에 머물렀지만 독일

학계와 긴밀한 관계를 유지했으며 전후에는 베를린 자유대학에서 많은 강의를 했다.

미국에서도 이 세 사람의 활동은 계속되었다. 울릭 나이서Ulric Neisser, 솔로몬 애시Solomon Asch, 레온 페스팅거Leon Festinger 같은 저명한 심리학자들은 전후에 게슈탈트 심리학자들의 수업을 들은 미국 제자들이었다. 게슈탈트 심리학은 비록 주류가 아니었지만 널리 알려졌고 많은 논의의 주제가 되었으며 수십 년간 심리학의 여러 분야에 큰 영향을 미쳤다. 특히 게슈탈트 심리학자들의 독일 출신 제자였던 쿠르트 레빈Kurt Lewin은 사회심리학의 창시자로까지 불리게 되었다. 그의 주요 관심사는 사회심리학과 조직심리학이었으며, 특히 개인의 고유한 '생활공간'에서 경험이 어떻게 형성되는지를 연구했다.

레빈은 발달이 본성에 기초한, 즉 선천적인 것인지 아니면 양육에 기초한, 즉 학습된 것인지를 둘러싼 당시의 본성 대 양육 논쟁nature/nurture debate에 별 관심이 없었다. 대신에 그는 인간의 발달을 선천적 성향과 생활 경험의 상호작용으로 보는 현대적 관점을 앞서 개척했다. 그는 이것을 당시의 유행에 맞게 수학 공식으로 표현했는데, 이에 따르면 $B=f(P, E)$, 즉 행동Behaviour, B은 성격Personality, P과 환경Environment, E의 함수였다. 레빈의 이른바 '장이론field theory'에 따르면 우리의 삶은 심리적 장 안에서 전개되며, 이런 장은 우리가 점점 더 많은 경험을 쌓으면서 성장함에 따라 점점 더 정교하게 발달한다.

레빈은 실험연구의 필요성을 부정하지 않았지만 실험실에서

 심리학의 역사

만 인간을 연구할 경우 인위적이고 제한된 결과를 얻을 것이라고 생각했다. 대신에 그는 실제 맥락 또는 생활공간에서 인간의 경험을 분석하는 현장 연구action research를 제안했다. 그에 따르면 현장 연구는 상황을 조사 및 평가하는 진단 단계에서 시작해 계획한 변화 전략을 실행한 후 그 결과를 다시 평가해 또 다른 변화가 필요한지를 진단하는 순환 작업의 반복으로 이루어진다. 당시에는 이런 견해가 대체로 무시되었지만, 현대 조직심리학에서는 이런 방법을 많이 사용하고 있다. 게슈탈트 학파가 심리학의 발전에 미친 미묘한 영향들은 대체로 이런 양상을 보였다. 20세기 말엽의 인본주의 운동과 연구 방법의 혁명 같은 발전은 모두 게슈탈트 심리학의 견해와 연구에서부터 출발했다.

CHAPTER 12

프로이트 이론의 비판적 계승

카를 융의 집단무의식과 아들러의 개인심리학

청년 시절의 카를 융은 다니엘 던글라스 홈 Daniel Dunglas Home 이 공중으로 떠오르자 넋을 잃고 말았다. 탁자가 뒤집히고 신비하게 두드리는 소리가 들리거나 느껴지는 강령회 시연으로 유명했던 영매 홈은 자신의 공중 부양 능력을 자주 증명해 보였다. 융에게 이것은 영적 세계의 존재를 증명하는 확실한 증거였으며, 초자연적 현상에 대한 그의 믿음은 더욱 굳어졌다.

이런 믿음은 새로운 것이 아니었다. 융의 어머니도 영매였고 외할아버지도 영적 세계를 굳게 믿었다. 의사 수련을 받은 융은 정신의학에 관심이 많았지만 물질적으로 설명되지 않는 듯한 인간 경험의 측면에 늘 관심을 가지고 있었다. 그는 주로 단어연상법을 사용해 정신병 환자를 연구했는데, 이를 통해 그는 환자의 망상이 완전히 허구가 아닐 때가 있다는 확신을 갖게 되었다. 이런 환자는 물질세계와 정확히 일치하지 않는 의식 수준에 연결된 듯했다. 이런 환자의 행동과 반응은 초자연적 현상을 반영하는 듯했으며, 그가 수집한 데이터는 초심리학에 대한 그의 관심을 더욱 증폭시켰다.

융은 아마도 프로이트 추종자 중에서 가장 중요한 인물일 것이다. 프로이트의 저작을 잘 알고 있었던 융은 1907년에 처음으로 프로이트를 만났다. 두 사람은 급속히 가까워졌으며, 한동안 프로이트는 융을 자신의 후계자로 여겼다. 1910년에는 융을 새로 결성된 국제정신분석학회의 종신 회장으로 지명하기까지 했는데, 다만 회원들의 반대로 실제 회장직은 2년 임기로 제한되었다. 그러나 두 사람의 우정은 오래가지 않았다. 1914년경에는 이론적·개인적 불일치로 인해 두 사람의 관계가 완전히 틀어졌으며, 융과 그의 추종자들은 결국 빈 학파와 공식적으로 결별하게 되었다. 융보다 훨씬 더 나이가 많았던 프로이트는 남은 생애 동안 융에 대한 격렬한 증오심을 풀지 않았으며 기회가 있을 때마다 그의 작업을 폄하했다. 관계의 단절로 인해 고통스러워한 융은 3년간 우울증에 시달렸지만, 나중에는 이 시기가 자신의 인생에서 가장 창의적으로 이론을 발전시킨 시기였다고 회고하기도 했다.

불일치의 핵심에는 꿈과 행동을 포함한 모든 것을 성욕의 관점에서 해석할 수 있다는 프로이트의 '범성욕설'이 있었다. 프로이트는 행동에 활력을 불어넣는 생명력인 리비도를 전적으로 성적인 것으로 보았으며 삶의 경험과 때로는 트라우마를 통해 다른 에너지로 승화될 뿐이라고 주장했다. 반면에 융은 리비도를 개인의 영적이고 창의적인 욕구도 포함하는 창조적 생명력으로 보았다. 그도 성적 에너지의 중요성을 인정했지만 그것이 전부라고는 결코 생각하지 않았다. 융이 보기에 꿈과 무의식적 행동은 성욕뿐만 아니라 영적이고 비물질적인 주제를 반영할 수도 있었다.

두 사람 사이의 불일치에는 또 다른 원인도 있었다. 프로이트는 자신의 이론이 신경학에 기초한다고 믿었던 확고한 유물론자였다. 그는 융에게 초자연적 현상에 대한 관심 탓에 과학자의 명성이 망가질 수 있다고 경고했다. 이에 대해 융은 자신이 인간의 정신에 관한 중요한 데이터를 수집 중이며 상당히 회의적인 태도를 견지하고 있다고 답했다. 결국 융은 자신의 연구를 토대로 모든 사람에게 공통된 무의식의 또 다른 층이 있다는 확신에 도달했으며, 이것을 그는 '집단무의식'이라고 불렀다. 이런 과정을 통해 그는 프로이트와 완전히 다른 마음 모형을 주장하게 되었다. 프로이트는 무의식을 원초아, 자아, 초자아의 세 부분으로 나눈 반면에 융은 자아를 의식의 일부로 보았고 그 밑에 개인의 경험에 기초한 개인무의식의 층이 있고 다시 그 밑에 집단무의식의 더 깊은 층이 있다고 보았다. 두 모형 모두 개인의 마음을 빙산에 비유했지만, 프로이트에게 의식은 수면 위에 있었고 원초아, 자아, 초자아는 빙산의 5분의 4가 물속에 잠겨 있는 것처럼 수면 아래에 있었던 반면에 융의 모형에서 의식은 수면 위에 드러난 조각이었고 개인무의식은 물속에 잠겨 있는 빙산 부분에 해당했으며 이 모든 것은 인류 전체가 공유하는 집단무의식의 바다에 떠 있었다.

이 집단무의식에는 신화와 전설에서 변함없이 등장하는 원형과 같은 다수의 강력한 상징이 담겨 있다고 융은 믿었다. 그는 이런 상징이 보편적인 원형 또는 심상에 해당하기 때문에 이런 상징이 문학이나 예술로 표현되면 우리에게 특별한 의미를 지니게 된다고 생각했다. 융은 대지의 어머니, 전능한 아버지, 생명과 환생, 트릭스터trickster*, 창조자, 마법사 등 다양한 원형을 언급했다. 우리가 이런 원형을 접할 때 매우 강력한 공명이 일어나는 까닭은 '동시성', 즉 우리가 집단무의식과 직접 연결되어 있기 때문이라고 융은 주장했다. 융이 보기에 이런 원형의 강력한 심리적 효과와 이런 원형이 다양한 문화권의 민속, 신화, 문학 등에서 되풀이해서 등장한 사실(융은 이런 원형이 인류의 모든 문화권에서 발견된다고 믿었다)은 프로이트의 견해와 달리 원형이 그저 개인적 경험의 산물이 아님을 보여주는 증거였다.

융에게 가장 중요한 원형 중 하나는 페르소나persona, 즉 타인의 눈에 비친 자신의 모습이었다. 그에 따르면 이것은 우리가 타인에게 주고 싶은 인상을 관리하고 우리의 다른 측면들은 숨기는 가면과도 같다. 예를 들어 성별 정체성은 사회화 과정을 통해 형성되는데, 페르소나로 인해 우리 모두에게 있는 양성의 측면 중에서 여성의 아니무스animus(남성적 측면)와 남성의 아니마anima(여성적 측면)가 가려진다고 그는 주장했다.

---

* 트릭스터란 도덕과 관습을 무시하고 사회질서를 어지럽히는 신화 속의 인물이나 동물 따위를 가리킨다.

페르소나에는 긍정적이거나 부정적인 정반대의 그림자가 따라다닌다. 자신감이 낮은 사람의 마음속에는 자신감 있는 그림자가 숨어 있을 것이며, 침착하고 균형 잡힌 페르소나를 가진 사람에게는 사납고 쉽게 화를 내는 그림자가 따라다닐 것이다. 융에 따르면 그림자는 누구에게나 있으며 억압되고 무의식 깊이 파묻힌 그림자일수록 더욱 어두울 것이다. 그는 사람들이 자신의 그림자를 알고 받아들이는 것이 치료의 중요한 요인일 뿐만 아니라 치료사가 환자를 이해하는 데도 도움이 된다고 주장했다. 자신의 그림자를 억압하거나 질식시키는 대신에 이를 알고 받아들여야만 심리적 성장이 가능하다고 그는 말했다.

우리에게 친숙한 내향성과 외향성의 개념을 발전시킨 사람도 융이었다. 그의 모형에 따르면 성격의 다른 측면과 마찬가지로 이 두 측면도 우리 모두가 가지고 있다. 즉 겉으로 드러난 페르소나가 외향적인 사람은 내면에 내향적인 자기를 가지고 있는 반면에 내향적인 사람은 외향적인 그림자 자기를 가지고 있다. 내향성과 외향성은 행동 방식을 서술하는 개념으로 성격 측정에 도입된 반면 사람들의 내면에 균형 잡힌 정반대 측면이 있다는 견해는 대체로 융의 이론 너머로 확산되지 않았다.

융의 이론은 대체로 주류 심리학의 주변에 머물렀지만 영향력은 결코 작지 않았다. 삶의 영적인 측면을 명시적으로 다룬 그의 이론은 문학예술계에 엄청난 영향을 미쳤다. 또한 그의 이론은 종교적 믿음뿐만 아니라 오늘날에는 초심리학자들이 연구하는 몇몇 기이한 인간 경험까지 취급함으로써 심리학의 지식 공백을 메우는 데 기여했다. 이것은 분트의 민족심리학이 메우려 했던 것과 동일한 공백이었지만 융이 제시한 증거는 너무나 이질적이어서 주류 심리학계에 수용되지 못했으며, 그의 분석심리학은 정신분석 또는 심층심리학의 활기찬 별개 분파로 남게 되었다.[*] 그러나 그의 이론은 무엇보다도 실험주의[**]를 거부함으로써 주류 심리학계에서는 거의 인정받지 못했다.

다른 의견을 용인하지 않은 것으로 악명 높았던 프로이트에게 이의를 제기한 정신분석가는 융뿐이 아니었다. 알프레드 아들러는 프로이트의 제자라기보다 동료였으며, 두 사람은 이따금 공개적인 논쟁을 벌이면서도 한동안 사이좋게 지냈다. 경험 많은 의사였던 아들러는 프로이트의 이론에 매료되었으며 나중에는 빈 학파의 공동 창시자로까지 인정받게 되었다. 그러나 그는 여러 면에서 프로이트의 견해에 대해 공개적으로 이의를 제기했다. 처음에 두 사람은 공격성의 본질에 관해 논쟁을 벌였는데, 이때 아들러는 공격성이 성욕과 다른 충동이라고 주장했다. 나중에는 아들러가 인간 경험의 사회적 영역을 갈등과 콤플렉스의 내면세계만큼이나 정신 건강과 행복을 위해 중요한 것으로 간주하게 되면서 논쟁이 붙었다. 앞서 살펴본 것처럼 프로이트는 내면세계, 특히 성적 차원을 모든 심리 문제의 근원으로 간주했다.

---

[*] 융은 처음에 프로이트의 정신분석을 가리켜 '분석심리학analytische Psychologie'이라고 불렀으나, 프로이트와 절교한 후에는 자신의 이론을 가리켜 '분석심리학'이라고 불렀다. 오늘날 '심층심리학Tiefenpsychologie'이라는 용어는 대개 무의식에 초점을 맞추는 모든 심리학적 접근법을 포괄하는 의미로 사용되며, 여기에는 특히 프로이트의 정신분석, 융의 분석심리학, 아들러의 개인심리학 등이 포함된다.
[**] 실험과 경험주의를 통해서만 진리에 이를 수 있다는 이론.

1911년경에는 두 사람의 접근법이 화해될 수 없을 만큼 너무 다르다는 것이 분명해졌다. 그래서 아들러는 몇몇 지지자와 함께 프로이트의 빈 학파와 공식적으로 결별하고 새로운 접근법을 모색하게 되었다. 그는 자신의 접근법을 '개인심리학'이라고 불렀는데, 왜냐하면 그는 개인을 그저 무의식적 갈등과 신경증의 집합으로 간주하는 대신에 주위 세계와 완전히 연결된 전체로서 바라보려 했기 때문이다.

아들러 이론의 핵심 견해 중 하나는 보상compensation에 관한 것이었다. 어린 시설에 구루병을 앓아 정상적으로 걷지 못했던 그는 임상의가 된 후 서커스 공연자들을 상대하면서 특히 그들이 어떻게 신체적 약점을 보완하는지에 주목했다. 프로이트나 다른 정신분석가들과 토론을 벌이면서 신체적 결함의 보상에 대한 그의 관심은 심리적 약점의 보상에 대한 관심으로 확장되었다. 이런 과정을 통해 그는 열등감의 극복 또는 보상이 종종 개인행동의 동기가 될 수 있다는 견해를 갖게 되었다.

아들러는 열등 콤플렉스라는 개념으로 유명한데, 이에 따르면 어린 시절에 개인적 열등감을 갖게 된 사람은 종종 성인이 된 후 이를 다른 방식으로 보상하려 한다. 스스로도 어린 시절에 형과 치열한 경쟁 관계였던 그는 내담자들을 분석하는 과정에서 어린 시절에 가족과 주고받은 상호작용이 성인이 된 후 열등감이나 우월감이 형성되는 원인이 될 수 있다고 확신하게 되었다. 나아가 그는 맏이, 둘째, 막내 등의 가족 내 지위에 따라 개인이 매우 다른 경험을 하게 되고 이것이 다양한 문제로 이어질 수 있다고 생각했다.

예를 들어 맏이는 흔히 부모의 큰 관심을 받다가 둘째가 태어나면 모든 것이 달라지는 경험을 하게 된다. 그러면 아들러가 '폐위'라고 일컫은 느낌을 받을 수 있다. 즉 모든 것의 중심이었다가 갑자기 2인자로 밀려난 느낌이 든다. 게다가 동생까지 챙겨야 하는 처지에 놓이면 더 큰 압박을 받게 된다. 아들러에 따르면 맏이가 성인이 되어 신경증이나 중독에 유독 취약한 이유는 이런 사정 때문이다. 반면에 막내는 응석받이로 자라는 경향이 있어서 공감 능력과 사회적 책임감이 덜 발달할 수 있다. 폐위 경험을 하지도 않았고 응석받이로 자라지도 않은 둘째 등은 자신의 잠재력을 발휘해 성공할 가능성이 높지만, 소외감을 느끼면서 반항심이 커질 수도 있다.

아들러는 보상이 열등감에 대한 자연스럽고 건강한 반응이라고 보았다. 분석가의 역할은 내담자가 자신의 열등감을 깨달아 긍정적인 보상 전략을 개발하도록 돕는 것이었다. 그는 분석가 중에서 최초로 상담 시 소파 대신에 두 개의 의자만 사용했는데, 이것은 치료사와 내담자 간의 동등한 관계를 나타내는 상징과도 같았으며 사회적 맥락을 중시한 그의 태도를 반영했다. 아들러는 내담자의 사회적 상호작용과 공동체에 대한 소속감 여부를 이해하는 것이 효과적인 치료를 위해 반드시 필요하다고 믿었다. 이 때문에 아들러는 다음 세기에야 주류 심리학의 일부로 인정받은 흐름을 앞서 개척한 최초의 '공동체심리학자'였다고 평가받는다.

알프레드 아들러가 심리학에 미친 영향은 제대로 평가받지 못한 면이 있다. 그의 연구는 교실 수업, 양육법, 조직 리더십 등 다양한 분야에 영향을 미쳤으며, 그의 이론적 접근법은 상담과 심리치료의 발전에 막대한 영향을 미쳤다. 인지치료cognitive therapy 와 합리정서행동치료rational-emotive behaviour therapy 분야의 대가인 앨버트 엘리스Albert Ellis와 에런 벡Aaron Beck은 아들러가 그들 연구의 이론적 토대가 되었다고 말했으며, 그의 연구는 인본주의 심리학의 창시자 중 한 명인 에이브러햄 매슬로Abraham Maslow에게도 큰 영향을 미쳤다. 이에 관해서는 나중에 다시 살펴보도록 하겠다. 그 전에 특히 미국에서 세력을 얻고 있던 매우 다른 유형의 심리학에 관해 살펴보자.

CHAPTER 13

행동주의의 지배

어린 앨버트, 조작적 조건화, 스키너의 '멋진 신세계'

생후 11개월인 앨버트는 매트리스에 평화롭게 앉아 있었다. 앨버트는 이전에 함께 놀며 길들여진 흰쥐를 쓰다듬으려고 손을 뻗었다. 아이는 정말로 이 쥐를 좋아했다. 그러나 아이의 손이 쥐에게 닿자마자 아이의 바로 뒤에서 망치로 쇠막대를 두드리는 듯한 큰 소리가 났다. 깜짝 놀란 앨버트는 앞으로 넘어지고 말았다. 아이가 몸을 일으켜 쥐를 다시 만지려고 손을 뻗자 또다시 큰 소리가 났다. 아이는 넘어져 훌쩍이기 시작했다.

1주일 후에 이 흰쥐가 다시 나타났다. 앨버트는 물끄러미 쥐를 바라보았지만 손을 뻗지는 않았다. 쥐가 다가와 아이의 손에 코를 들이대자 앨버트는 다시 머뭇거리면서 쥐를 향해 손가락을 뻗었다. 그러나 손가락이 닿자마자 다시 불쾌한 소리가 들렸고 앨버트는 다시 넘어졌다. 이런 일이 몇 차례 반복되자 마침내 앨버트는 이 쥐를 보면 울면서 쥐를 피해 기어가기 시작했다.

본명이 더글러스 메리트Douglas Merritte인 앨버트는 어떤 일이 일어나도 울지 않을 정도로 둔감하고 감정 표현이 없는 아기였기 때문에 앨버트의 감정 반응을 이끌어낸 연구진은 환호성을 질렀다. J. B. 왓슨과 로잘리 레이너는 보고서에서 이것이 완전히 조건화된 공포 반응이라고 말했다. 5일 후에도 이 반응은 계속 남아 있었으며 흰토끼와 모피 코트에까지 일반화되어 나타났다. 추가 실험에서 앨버트는 흰 수염이 달린 산타클로스 가면을 포함해 더 많은 것에 공포 반응을 보였다. 그에게 공포증이 생긴 셈이었다. 어린 앨버트 실험은 아기가 생후 1년 21일이 된 날에 어머니와 함께 병원에서 퇴원할 때까지 계속되었다.

연구진은 불쾌한 경험이 아기의 공포 반응을 유발했을 뿐만 아니라 이런 공포가 본격적인 공포증으로 일반화될 수 있음을 증명했다며 자랑스러워했다. 실험 전에 앨버트는 거의 울지도 않고 놀라지도 않는 차분하고 냉담한 아이였다. 그러나 이제 그는 흰 쥐 공포증이 생겼을 뿐만 아니라 희고 털이 있는 것만 봐도 일반화된 공포 반응을 보였다. 왓슨과 레이너는 매우 기뻤다. 그들은 만약 프로이트 추종자들이 성인이 된 앨버트를 본다면 꿈이나 무의식적 갈등 때문에 공포증이 생긴 것처럼 말할 것이라고 주장했다. 앨버트의 어머니가 이 실험에 대해 어떻게 생각했는지는 알려지지 않았지만, 아마도 보고서에 싣기 곤란한 반응을 보였을 것이다.

왓슨과 레이너의 연구는 1920년에 발표되었는데, 당시에는 1913년에 왓슨이 최초로 제안한 행동주의 견해가 물론 모두의 동의를 얻지는 못했어도 이미 심리학계에서 널리 알려진 상태였다. 이 연구 덕분에 이전에는 프로이트나 그 밖의 정신분석가들만 다루었던 심리학의 한 영역이 새롭게 열리게 되었다. 왓슨은 정신장애를 심리사회적 갈등 대신에 자극-반응 학습으로도 설명할 수 있음을 보여주었다. 이 연구로 인해 신경증과 공포증의 원인을 둘러싸고 정신분석가들과 행동주의자들 사이에 열띤 논쟁이 벌어졌으며, 이는 1930년대와 1940년대까지 계속되었다.

행동주의의 새로운 접근법인 조건화 원리는 각종 장애에 적용되었다. 조건화 원리를 사용해 확립된 최초의 치료법 중 하나는 혐오요법이었다. 이것은 앨버트와 쥐의 경우처럼 특정 사물이나 행동 유형이 불쾌 자극과 짝을 이루도록 학습하면 반사회적 충동이나 바람직하지 않은 행동 특성을 극복하는 데 도움이 될 것이라는 가정에 기초했다.

혐오요법은 다양한 맥락에서 사용되었는데, 여기에는 남자 동성애자가 매력적인 남자 이미지를 보고 약간만 흥분해도 전기 충격을 가해 동성애를 '치유'하려는 시도도 포함되었다. 혐오요법으로 알코올 중독을 치료하려는 시도도 있었는데, 예를 들어 알코올 섭취 시 구토를 유발하는 약물 안타부스 Antabuse 의 사용이 그런 것이었다. 이것은 술을 마시는 행동이 메스꺼움과 연관되도록 조건화가 이루어지면 알코올 중독자가 술을 피하게 될 것이라는 가정에 기초했다. (그러나 이것은 청소년에게 효과가 없는 듯하다!)

학습 원리를 사용해 공포증을 유발하기보다 이를 치료하려는 기법들도 있었다. 예를 들어 체계적 둔감법은 공포 반응을 양립하지 않는 이완 반응 등으로 대체하려 했다. 물론 이것은 금방 되는 일이 아니었다. 그 대신에 공포증이 있는 사람에게 우선 가장 약한 자극을 주어 이런 자극이 있을 때도 긴장을 푸는 법을 학습하도록 하는 점진적인 과정을 거쳤다. 예를 들어 거미에 대한 공포가 있는 사람에게 처음에는 거미줄 사진만 보여주었다. 그래서 이 학습에 성공하면 그다음에는 두려워하는 물체나 상황의 약간 더 강력한 형태를 자극으로 제시해, 이런 자극이 있을 때도 긴장을 풀 수 있을 때까지 이완 훈련을 반복했다. 이렇게 자극이 실제 사물과 점점 더 비슷해지는 단계를 거치면 결국에는 공포증의 대상이 되는 물체를 마주해도 긴장을 풀고 공포를 조절할 수 있게 될 것이다.

또 다른 형태의 행동치료들도 개발되었는데, 이것들은 적어도 정신분석적 방법만큼이나 효과가 있었다. 접근법마다 일부 사람에게는 효과가 있었지만 어떤 접근법도 모든 사람에게 효과가 있지는 않았다. 정신분석가들은 행동주의가 근본적인 원인 대신에 표면적인 증상만 치료한다고 비난했고, 행동주의자들은 표면적인 증상이야말로 문제의 핵심이며 사람들의 행동을 변화시키는 것이 문제 해결의 첩경이라고 주장했다. 어쨌든 심리치료 분야에서는 비교적 신속히 진행되는 행동치료가 대개 몇 달 또는 심지어 몇 년이 걸리는 정신분석보다 확실히 더 저렴했기 때문에 몇몇 정신장애를 치료하기 위한 대안적 접근법으로 확고히 자리 잡았다.

시야를 더 넓혀도 행동주의의 영향력은 계속 증가했는데, 이 것은 주로 행동주의의 3대 창시자 중 세 번째 인물로 꼽히는 B. F. 스키너B. F. Skinner 덕분이었다. 스키너는 조건반사에 관한 파블로 프의 연구와 효과의 법칙에 관한 손다이크의 연구를 종합해 학습 이론의 많은 기본 원리를 명확히 했다. 스키너는 파블로프가 연 구한 반사처럼 자극에 대한 반응에 해당하는 반응행동과 제7장 에서 설명한 손다이크의 문제 상자 속 고양이의 행동처럼 동물(또 는 사람)이 자발적으로 하는 행동에 해당하는 조작행동을 구별했 다. 이때 반응행동은 반복을 통해 조건화되는 반면에 조작행동은 보상이나 결과를 통해 조건화된다고 그는 주장했다.

스키너는 이내 조작적 조건화의 권위자로 인정받게 되었다. 그는 보상을 통해 특정 행동을 긍정적으로 강화하는 방법, 불쾌 한 상황의 탈출 또는 회피 기회를 제공해 부정적으로 강화하는 방법 등의 다양한 측면에 관해 철저한 연구를 수행했다. 그는 행 동을 통제하는 수단으로 처벌을 사용하는 것에 대해 강력한 반대 의사를 표시했는데, 왜냐하면 처벌은 잘못된 행동을 억제할 뿐 긍정적 행동을 장려하지는 않기 때문이라고 했다. 잘못된 행동으 로 처벌을 받아도 똑같이 잘못된 다른 행동을 하지 말라는 법은 없다고 그는 주장했다. 그 대신에 교육학자와 교도관이 보상과 유인책을 현명하게 사용해 행동을 조성해야 한다고 했다.

그의 주장에 따르면 교실에서 학생들은 뭔가를 잘못했을 때보다 잘했을 때 더 많은 것을 학습하므로 보상과 성취감을 극대화하는 방향으로 학습 경험을 조직할 필요가 있다. 학습은 자극-반응 연결에서 비롯하므로 단순한 사실에서 복잡한 지식으로 나아가도록 세심하게 프로그래밍된 교육용 기계가 있다면 인간 교사만큼이나 효과적일 것이다. 스키너의 이런 견해는 사회심리학에서 개인을 강조한 올포트의 입장과도 잘 맞았기 때문에 큰 호응을 얻었다. 이런 관점에서 몇몇 교육실험이 시도되었는데, 성공의 정도는 제각각이었다.

스키너의 주요 관심은 보상으로 수렴되었다. 그는 다양한 보상 계획에 따라 다양한 효과가 나타날 수 있으며, 이른바 '행동조성법behaviour shaping'을 통해 복잡한 행동을 한 번에 조금씩 학습할 수 있음을 보여주었다. 행동조성법을 적용하려면 우선 최종 목표와 대강 비슷한 조작행동을 선정해 이것이 안정적으로 학습될 때까지 보상 훈련을 계속해야 한다. 그런 다음 최종 목표와 더 비슷한 행동만 보상하는 식으로 훈련을 계속하면 결국에는 매우 복잡한 행동도 학습할 수 있을 것이다. 전해지는 이야기에 따르면 그는 강의 시간에 행동조성법을 사용해 교탁 위에 있던 비둘기 한 쌍에게 변형된 형태의 탁구를 가르쳤다고 한다.

독자들도 짐작했겠듯이 스키너는 유토피아를 꿈꾸는 이상주의자였다. 그는 조건화 원리를 적용한 사회공학을 통해 사회를 개선할 수 있다고 굳게 믿었다. 그는 이런 방식으로 돌아가는 사회를 묘사한 소설 『월든 투Walden Two』를 썼으며, 1972년에 발표한 『자유와 존엄을 넘어서Beyond Freedom and Dignity』에서는 사회가 자유와 존엄이라는 가공의 개념을 받아들이고 선의의 조건화 기법을 광범위하게 사용해 사람들을 책임감 있는 시민으로 양성하면 더 나은 사회가 될 것이라고 주장했다. 이로 인해 정신분석 대 행동 치료의 논쟁보다도 뜨거운 논쟁이 촉발되었는데, 이것은 어찌 보면 당연한 것이었다.

반대 진영의 주요 대변인은 언어학자 노엄 촘스키Noam Chomsky 였다. 촘스키를 정말로 화나게 한 것은 스키너가 1957년에 출간 한 『언어 행동Verbal Behavior』이었다. 이 책에서 스키너는 아동이 다 른 사람과 상호 작용하면서 주의 깊게(그러나 무의식적으로) 조성되는 과정을 통해 언어를 습득한다고 주장했다. 아기가 온갖 소리를 내며 옹알이를 하다가 해당 언어의 단어와 비슷한 소리를 내면 부모는 아주 긍정적으로 반응한다. 그러면 아기는 그 소리를 더 자주 내도록 강화되는데, 그 소리는 실제 단어일 수도 있고 그것 에 가까운 잡음일 수도 있다. 아기 주위 사람들의 긍정적인 반응 을 통해 아기의 특정 행동이 반복되도록 강화된다. 이렇게 아이 는 단어들을 배우고 해당 언어의 문법 규칙에 맞게 단어 사용법 을 점차 익히게 된다.

언어학자인 촘스키는 이 견해에 이의를 제기했다. 그에 따 르면 인간에게는 언어를 습득하는 선천적 능력이 있다. 이것은 그저 시행착오가 아니다. 왜냐하면 인간은 타고난 '언어 습득 장 치language acquisition device' 덕분에 해당 문화권에서 중요한 단어들을 특히 잘 알아챌 수 있기 때문이다. 나아가 이런 언어 습득 장치 덕 분에 의미 있는 단어들과 문법 규칙에 민감하게 반응하는 것이라고 그는 주장했다. 그는 모든 언어에 존재하는 선천적 문법구조를 '심층구조'라고 불렀는데, 예를 들어 '아빠 공', '우유 없어'와 같은 어린아이의 간단한 문법이 이에 해당했다. 촘스키에 따르면 이것은 보편적인 것이며 특정 언어의 더 복잡한 문법 규칙인 '표층구조'의 타고난 기초가 된다.

촘스키와 스키너의 이 논쟁은 이른바 '본성 대 양육 논쟁'의 한 예에 불과했다. '본성 진영'에서는 인간의 행동과 학습 방식이 선천적 성향을 통해 좌우된다고 주장했다. 다시 말해 이런 성향은 유전되며, 이것이 인간 발달의 가상 중요한 측면이라고 주장했다. 우리는 이미 제6장에서 지능이 유전된다는 강한 신념에 대해 다룬 바 있다. 그러나 논쟁은 이 영역에만 한정되지 않았다. 이것은 예를 들어 아동심리학에서도 지배적인 견해였다. 아놀드 게젤Arnold Gesell과 같은 유명한 심리학자는 어머니가 자녀의 발달에 영향을 미칠 수 있다는 생각을 포기해야 하며 그저 자녀의 선천적 능력이 발달할 수 있는 양육 환경을 제공하는 역할에 만족해야 한다고 주장했다. 선천적 요인이 발달을 결정한다는 견해는 이후로도 대중적인 지지를 받았으며 1960년대까지 몇몇 사회정책의 토대를 이루었다.

반면에 이 논쟁의 '양육 진영'에서는 유전된 능력보다 학습이 더 중요하다고 믿었다. 물론 J. B. 왓슨도 이런 주장을 펼쳤지만, 바통을 넘겨받아 달리기 시작한 스키너는 거의 모든 전선에서 유전론자들과 전투를 벌였다. 그는 복잡하고 추상적인 행동까지도 조건화 원리를 이용해 설명할 수 있다고 공개적으로 일관되게 주장했다. 과학을 통한 진보를 믿었던 많은 사람에게 이런 견해는 어느 정도의 낙관론과 결부되었다. 아마도 인간은 바뀔 수 있을 것이며, 그러면 전쟁도 사라질 것이다.

이 두 진영 간의 열띤 논쟁은 수십 년간 계속되었다. 그러나 극단적인 이 두 진영 사이에는 중용을 외치는 심리학자들이 늘 있었다. 이에 관해서는 제36장에서 지능에 관한 본성 대 양육 논쟁이 20세기 후반에 어떻게 계속되었는지를 살펴보면서 다시 언급할 것이다.

CHAPTER 14

마음의 발달

피아제, 게젤, 비고츠키의 발달심리학

- 자녀의 발달은 부모의 교육에 따라 달라진다.

- 아동은 본성이 결정하는 대로 발달하며 부모는 이에 영향을 미칠 수 없다.

- 유아 수유 시 엄격한 시간표를 지키는 것이 중요하다.

- 무슨 일이 있어도 아기에게 스트레스를 주지 말아야 하며, 아기가 배고프다는 신호를 보낼 때 먹을 것을 줘라.

- 배변 훈련에 유의하라. 너무 엄격하거나 너무 관대하면 성인이 되어 항문기 고착 현상이 생길 수 있다.

- 엄격한 배변 훈련이 반드시 필요하며 이를 일찍 시작해야 한다.

1920년대의 부모들 앞에는 자식을 어떻게 키울지에 관해 어지러울 만큼 많은 대안이 놓여 있었다. 물론 집안 전통을 그대로 따른 사람도 많았지만, 그것이 시대에 뒤떨어졌다고 느낀 사람들은 '최선'의 방법에 관한 과학과 전문가의 조언에 귀를 기울였다. 그러나 전문가들의 견해는 위의 예처럼 천차만별이었다.

발달심리학의 패권을 두고 다투는 세 개의 주요 관점이 있었다. 정신분석적 관점은 유아기와 아동기의 세심한 지도 여부에 따라 성인기의 정서 균형이 전적으로 좌우된다고 주장했고, 선천주의적 관점은 성숙에 대한 유전적 영향을 통해 아동발달이 이루어진다고 주장했으며, 행동주의적 관점은 전적으로 조건화를 통해 아동발달이 이루어진다고 주장했다.

제5장에서 우리는 아동발달에 대한 정신분석적 관점이 안나 프로이트와 멜라니 클라인의 연구를 통해 형성된 과정을 살펴보았다. 이들은 다른 정신분석가들처럼 적절한 양육이 건강한 정서발달을 위해 중요하다고 보았는데, 이런 견해는 유전이 발달의 결정적 요인이고 부모의 역할은 크지 않다는 견해와 정면으로 충돌했다. 후자의 견해를 주장한 대표적 인물인 아놀드 게젤은 아동진료소와 연구소를 성공적으로 운영하면서 부모들에게 큰 호응을 얻었다. 게젤에 따르면 부모의 책임은 자녀가 성숙할 수 있는 환경을 제공하는 데 그치며 부모가 자녀의 발달에 실질적인 영향을 미칠 수 있다는 생각은 버려야 했다.

게젤의 이런 견해는 당시에 인기 있던 유전론자들의 가정을 반영한 것이었다. 그의 연구소에서는 젊은 부모 등을 위한 안내서를 많이 펴냈다. 그러나 신흥 학파인 행동주의의 메시지는 달랐다. 행동주의의 권위자 J. B. 왓슨도 부모들을 대상으로 아동발달에 관한 안내서와 지침서를 펴냈는데, 그의 메시지는 완전히 딴판이었다. 조건화가 모든 아동발달의 핵심이라고 믿었던 왓슨은 자신이 고안한 세계에서 열두 명의 건강한 아기를 키운다면 어떤 종류의 인간도 만들어낼 수 있다고 주장해 큰 화젯거리가 되었다. 그에게 타고난 능력은 전혀 중요하지 않았고 학습이 전부였다.

행동주의자들이 보기에 아기는 다른 동물 또는 그들의 표현을 따르자면 '유기체'의 새끼와 본질적으로 다르지 않았다. 아기든 새끼든 자극과 반응의 연결을 통해 학습할 것이며, 이런 학습은 보상이나 불쾌한 결과를 통해 강화될 것이다. 행동주의자들은 아기의 마음이 백지상태라고 보았으며 아기의 행동, 기억 및 언어까지도 모두 학습의 결과라고 믿었다.

대다수 심리학자는 그렇게 극단적이지 않았다. 그 대신에 아이가 경험한 감각과 운동의 작은 조각들을 결합해 물체나 사람을 알아보게 되는 식으로 마음이 발달한다는 것이 일반적인 가정이었다. 그러나 모두가 그렇게 생각한 건 아니었다. 제11장에서 살펴본 것처럼 게슈탈트 심리학자 코프카는 마음에 전반적인 인상이 먼저 생기고 이것이 점차 구체적인 경험으로 세분화된다고 주장했다. 반면에 대다수 심리학자는 언어 등과 관련된 소수의 선천적 성향과 경험의 결합을 통해 마음이 발달한다고 믿었다.

열정적인 생물학자였던 장 피아제는 연체동물에 관심이 많았고 생리적·심리적 능력을 포함해 모든 것을 설명할 때 진화를 빼놓을 수 없다는 굳은 신념을 가지고 있었다. 그는 심리학자가 아니었지만 심리학, 특히 형식논리나 수학과 같은 고등 정신기능에 관심이 많았다. 과연 이런 기능은 어떻게 진화했을까? 생물학자인 피아제는 어떤 인지발달이론이든 진화에 기초해야 한다고 믿었다. 그러나 인간의 추상적 분석, 문제 해결 및 그 밖의 복잡한 사고 형태는 어떻게 진화했을까?

당시에는 자궁 내 태아의 발달 과정 관찰에 기초한 이른바 '반복설 recapitulation theory'이 인기를 끌고 있었다. 인간의 태아는 폐가 발달하기 전인 첫 몇 주 동안 산소를 얻기 위한 아가미를 가지고 있으나 나중에는 다른 포유류와 같은 모습으로 변하며 시간이 더 지나면 유인원을 닮은 모습으로 변하고 결국에는 뚜렷한 인간의 모습을 띠게 된다. 이런 관찰을 토대로 일각에서는 태아가 종의 진화 단계를 반복한다는 주장이 제기되었다. 즉 개체발생(개체의 발달)이 계통발생(종의 발달)을 반복한다는 것이었다.

이 이론은 피아제에게 영감을 주었다. 개체발생이 신체 발달의 측면에서 계통발생을 반복한다면 인지능력도 그렇지 않을까? 고등 수준의 인지가 어떻게 진화했는지를 이해하기 위한 열쇠는 아동의 사고를 다양한 성숙 단계에 걸쳐 연구하는 데 있지 않을까?

피아제는 코프카의 입장을 출발점으로 삼았다. 즉 갓난아이에게는 모든 것이 감각 덩어리에 불과할 것이라고 그는 생각했다. 이 시점의 아기는 완전히 자기중심적일 것이며 아기의 개인적 경험이 세계 전체를 구성할 것이다. 그러다 아기는 서서히 '나'와 '내가 아닌 것'의 차이를 깨닫기 시작할 것이며, 어떤 경험은 나머지 경험과 다르고 때때로 사라진다는 것을 깨닫게 될 것이다. 그리고 이럴 때 비로소 인지가 시작될 것이라고 피아제는 생각했다. 즉 이때부터 인지발달은 자기중심성이 줄어들면서 점점 더 정교해지는 과정을 거칠 것이라고 생각했다.

피아제가 보기에 '나'와 '내가 아닌 것'은 아기의 인지적·개인적 경험이 조직되고 저장되는 최초의 정신적 도식mental schema이다. 그에 따르면 도식은 새로운 정보를 동화해 더욱 확장되거나 복잡한 지식에 맞게 조절 또는 분화되는 식으로 경험을 통해 점점 더 정교해진다. 예를 들어 처음에는 아기의 '나' 도식에 어머니(또는 양육자)도 포함될 것이다. 그러다 점차 아이는 양육자가 늘 곁에 있지는 않다는 것을 깨닫게 되고, 그러면서 도식은 '나'와 '내가 아닌 것'으로 분화될 것이다. 그리고 '내가 아닌 것'은 다시 다른 사람, 장소, 다른 종류의 경험 등으로 점차 분화될 것이다. 예를 들어 어린아이는 처음에 모든 털북숭이 동물을 가리켜 '강아지'라고 부르다가 점차 개, 고양이, 양 등을 구별하는 법을 배울 것이다.

피아제에 따르면 모든 인지발달은 기존 도식의 수정이다. 그러나 도식의 수정은 환경에 작용을 가하는 조작operation 경험을 통해서만 일어난다. 아이가 다양한 조작을 수행할 수 있게 됨에 따라 자기중심성은 꾸준히 감소한다. 아기의 조작은 딸랑이를 쳐서 소리 내기, 곰 인형을 침대 밖으로 던지면 아빠가 가져오기 등과 같이 대개 단순하고 반복적인 형태를 띤다. 그러다 아이가 자라면서 도식도 정교해진다. 간단한 조작만을 수행하는 어린아이는 아직 자기중심적이어서 다른 사람의 관점에서 사물을 보지 못한다. 예를 들어 손으로 자신의 눈을 가린 아주 어린 아이는 자신이 아빠를 볼 수 없으므로 아빠가 자신을 볼 수 없을 것이라고 생각한다.

현대 발달심리학에서는 타인의 마음을 이해하는 능력을 가리켜 '마음이론theory of mind'이라고 부르며 이런 능력이 보통 세 살 반쯤에 발달한다고 보는 반면 피아제는 이것이 훨씬 늦게 발달한다고 보았다. 피아제가 보기에 어린아이의 발달은 감각운동 기능에 집중되어 있으며, 나이가 더 들어야 비로소 현실 세계에 기초한 꽤 복잡한 문제들을 해결할 수 있는 단계에 들어선다. 그리고 더 성숙해야 비로소 복잡하고 추상적인 문제들도 다룰 수 있는데, 피아제에게 이것은 인지의 최종 단계에 해당했다.

피아제는 이런 단계들이 생물학적 성숙에 기초하며 생물학적 성숙이 특정 수준에 도달해야만 특정 조작이 가능하다고 믿었다. 이것은 그의 이론에서 매우 사소한 부분에 불과했지만 교육학자들은 이를 지나치게 강조했는데, 아마도 이것이 일부 아동의 학습 부진을 설명한다고 보았기 때문일 것이다. 피아제의 이론은 수십 년간 서구의 초등교육을 지배했다.

그의 이론에는 서구의 개인주의적 사고방식이 반영되어 있었다. 반면에 소련에서는 매우 다른 접근법이 발전하고 있었다. '신소비에트인'의 형성은 공산주의 사회의 명시적인 목표였으며, 이것이 교육에도 스며들어 협동심과 사회의식이 아동 학습의 필수 요소로 간주되었다. 교실은 보통 조원들이 서로의 학습을 돕는 여러 조로 구성되었다. 평가는 주로 조 단위로 이루어졌으며,

다른 조원을 돕는 행동이 적극적으로 장려되고 칭찬을 받았다.

이런 사회적 분위기는 학자들의 사고에도 영향을 미쳤다. 소련 심리학자들은 서구의 이론을 알고 있었지만 대체로 서구의 개인주의적 접근법에 동의하지 않았으며 사회적 영향력을 더 중시하는 경향이 있었다. 피아제가 스위스에서 인지발달이론을 발전시키고 있을 무렵에 소련에서는 매우 다른 관점이 등장하고 있었다. 레프 비고츠키Lev Vygotsky에 따르면 피아제의 이론은 다른 사람, 특히 성인이 아동의 인지발달에 미치는 영향을 간과했다.

비고츠키는 인지발달이 두 가지 방식으로 일어난다고 생각했다. 일반적인 물리적 지식은 피아제의 설명처럼 환경과 주고받는 실제적인 상호작용을 통해 습득되는데, 비고츠키는 아동의 이런 학습 기회를 가리켜 '개인발달영역'이라고 불렀다. 그런가 하면 아동의 주위 사람들은 아동에게 확장된 학습 기회를 제공하는데, 이에는 다른 사람들의 직접적인 가르침뿐만 아니라 대화, 모범이 되는 역할 모델의 제공, 더 나아가 독서, 연극 및 기타 사회제도 등도 포함된다.

비고츠키는 이것을 '근접발달영역zone of proximal development'이라고 불렀으며, 이 영역이 아동의 고등 인지기술 습득을 이해하는 열쇠라고 보았다. 예를 들어 목수 집안에서 자란 아이는 단순히 도구와 목재를 가지고 놀면서도 많은 것을 배울 것이다. 그러나 이 아이가 정말로 숙련된 기술을 익히려면 이런 도구를 효과적으로 사용하는 법을 가르쳐줄 성인이 필요하다. 마찬가지로 아이가 기초적인 문제 해결은 스스로 학습할지 몰라도 정말로 정교한 사고를 배우려면 교사나 부모와 같은 성인의 도움이 필요할 것이다. 비고츠키는 성인과의 상호작용이 아동의 복잡한 인지기술 습득을 포함한 향후 학습과 발달을 지원하는 '비계scaffolding' 역할을 한다고 보았다. 물론 이런 역할은 성인만 할 수 있는 것이 아니다. 나이 많은 형제자매, 또래 아이 또는 그 밖의 누구든지 이런 역할을 할 수 있다. 비고츠키의 요점은 인지발달을 개인의 추상적 과정이 아니라 사회적 과정으로 보아야 한다는 것이었다.

소련에서 상당한 명성을 얻은 비고츠키의 연구가 서구에 알려진 것은 1962년에 그의 저작이 영어로 번역되면서부터였다. 특히 1970년대 후반과 1980년대 초반에 피아제의 견해가 여러모로 도전받았고 그가 사회적 차원을 간과한 사실이 명백해지면서 비고츠키의 연구는 점차 인기를 얻게 되었다. 비고츠키의 이론은 사회적 차원을 해석할 수 있는 대안적 관점을 제시했다. 그의 이론은 양차 대전 사이의 기간에 러시아에서 한창 발전 중일 때는 서구 사회의 주목을 받지 못했다가 20세기 후반에야 진가를 발휘하게 되었다.

양차 대전 사이의 기간은 발달심리학 이론이 활발히 전개된 시기였지만, 몇몇 이론은 제2차 세계대전이 끝난 후에야 제대로 평가받을 수 있었다. 이제 바야흐로 모더니즘 시대가 도래했고, 사람들은 과학적 진보를 통해 낡은 사회문제의 유산을 청산하고 '멋진 신세계'를 창조할 수 있을 것이라는 꿈에 부풀어 있었다. 사람들은 생물학에서 백신 개발로 질병을 예방한 것처럼 과학기술의 발전을 통해 모든 사회문제의 해답을 찾을 수 있을 것이라고 믿었다.

미국에서는 인간을 백지상태로 묘사한 행동주의가 인간을 이해하는 새로운 방법을 제시했고, 소련에서는 비고츠키의 예에서 본 것처럼 사회적 영향력을 중시했지만, 이것들은 모두 낡은 것을 거부하고 '멋진 신세계'를 꿈꾸는 새로운 접근법이었다. 그러나 이런 이론들은 모두 제2차 세계대전 후에야 본격적으로 인정받기 시작했다. 패러다임의 변화에는 시간이 걸리게 마련이지만, 1939년부터 1945년까지의 제2차 세계대전으로 인한 격변과 도전은 여러 면에서 심리학의 발전을 가속화하는 작용을 했다.

CHAPTER 15

빠진 연결고리

욕구와 추동에 기초한 동기 설명과 매슬로의 도전

애거서 크리스티_{Agatha Christie}가 애용한 '수단, 동기, 기회' 공식은 수십 년간 살인 추리소설 작가들이 외우는 주문과도 같았다. 수단과 기회는 꽤 명쾌하다. 범죄를 저지르기 위한 수단이 있고 범죄를 저지를 기회까지 있다면 결과는 꽤 빤하지 않은가? 그러나 동기는 어떤가? 사람들이 살인과 같은 범죄를 저지르는 동기는 무엇인가? 심리학은 이를 이해하는 데 도움을 줄 수 있는가?

20세기 중반에 이 질문을 던졌다면 답변은 '아니요'였을 것이다. 심리학이 인간 동기의 복잡한 측면을 이해하기까지는 오랜 시간이 걸렸다. 물론 이에 대한 나름의 견해를 가지고 있었던 프로이트는 예외였다. 제5장에서 살펴본 것처럼 프로이트는 인간 동기의 상당 부분을 숨겨진 초기 트라우마와 무의식적인 소망 충족의 관점에서 설명했다. 그는 인간에게 쾌락을 추구하는 행동을 부추기는 '리비도'라는 생명력과 때때로 어둡고 사악한 행동을 부추기는 '타나토스'라는 어두운 에너지가 있다고 했다.

이것도 이론이긴 하지만, 이것이 정말로 설명이라고 할 수 있을까? 프로이트는 제1차 세계대전의 대학살을 설명하기 위해 타나토스 개념을 발전시켰으며, 그 후로 이것은 스릴러 작가들에게 큰 호응을 얻었다. 그런데 만약 정말로 우리 모두에게 이 어두운 에너지가 있다면 어째서 살인은 그렇게 드물게 발생하는가? 그리고 군인은 실제로 다른 사람을 죽이기 전에 어째서 그렇게 많은 훈련이 필요한가? 대다수 또는 거의 모든 사람은 갈등을 피하고 다른 사람들과 사이좋게 지내는 평화로운 삶을 원한다. 일상생활에서 우리는 가끔 짜증을 내지만, 실제 증오와 공격은 드라마에서처럼 그렇게 흔하지 않다. 평화롭고 협력적인 행동은 재미있는 이야기의 소재가 되기 어려울 뿐이다.

1890년에 출간된 영향력 있는 교과서 『심리학의 원리』에서 윌리엄 제임스는 다윈을 좇아 본능이 인간의 주요 동기라고 썼다. 배고프면 음식을 찾고 자식을 사랑하고 안전한 집을 원하는 것은 본능이라고 그는 믿었다. 이런 것이 위협받으면 공격적으로 반응하는 것도 본능이다. 이런 설명은 언뜻 보기에 매우 그럴듯하다. 그러나 어떤 것이 '본능'이라고 말하는 것은 그것을 타고났으므로 배울 필요가 없음을 뜻할 뿐이며 우리의 실제 행동에 관해서는 아무것도 설명해주지 않는다. 우리에게 안전에 대한 본능이 있다고 하더라도, 이것이 누구에게는 범죄자로부터 집을 보호

　심리학의 역사

하는 행동으로 이어질 수도 있고 다른 누구에게는 많은 돈을 벌기 위한 행동으로 이어질 수도 있다. 또 누구는 집의 구조를 튼튼히 하는 데 집중할 수도 있고 다른 누구는 화목하고 협동적인 공동체에서 안전을 찾으려 할 수도 있다. 따라서 어떤 것이 본능이라고 말하는 것은 사람들의 동기 또는 행동의 이유를 이해하는데 별 도움이 되지 않는다.

이 모든 것은 초기 심리학자들이 큰 관심을 가졌던 동기가 그리 대단한 것이 아님을 의미한다. 당시에 당연시되던 분위기가 크게 바뀐 것은 행동주의 때문이었다. 인간의 '마음'에 관한 모든 것을 거부한 행동주의자들은 무의식적 동기에 관한 프로이트의 견해뿐만 아니라 제임스의 본능이론도 거부했다. 그들에게는 '마음'이라는 개념 자체가 너무 애매했고 비과학적이었다. 그들의 새로운 심리학은 전통에 얽매이지 않은 현대적인 것이었다. 그것은 객관적이고 경험적이며 무엇보다도 엄밀하게 과학적인 것이어야 했다. 동기도 인간 경험의 다른 측면과 다르지 않았다.

행동주의자들에게 동기는 다른 모든 것과 마찬가지로 자극-반응 학습으로 귀결되었다. 배고픈 아기는 젖을 먹으면 만족감을 느끼므로 어머니가 곁에 있는 것이 수유 및 편안함과 연결된다. 이런 연결이 어머니에 대한 학습된 애착을 낳고, 이것이 나중에 다른 가까운 사람들에 대한 따뜻한 느낌으로 일반화된다. 이런 식으로 모든 인간(과 동물)의 동기를 학습된 자극-반응 연결로 설명할 수 있으므로 본능은 잊어버리라고 행동주의자들은 주장했다.

이것은 학교에 거의 다니지 않은 뉴욕 주 출신의 시골 소년으로 성장해 나중에 독학으로 글을 배우고 대학에서 수학까지 전공한 클라크 헐Clark Hull의 상황이기도 했다. 그는 처음에 적성검사에 관심을 가졌다가 점차 최면과 암시에 관심을 갖게 되었다. 이로 인해 그는 다시 심리학과 윌리엄 제임스, 왓슨, 파블로프 등의 연구에 관심을 갖게 되었다. 독학의 길을 걸어온 헐은 특히 학습과 학습을 촉진하는 행동에 관심이 많은 확고한 행동주의자가 되었다. 그의 궁극적 목표는 학습에 관한 수학적 이론을 만드는 것이었다.

헐은 당시의 학습이론에 무언가가 빠져 있다고 생각했나. 그가 보기에 파블로프와 왓슨은 마치 자극과 반응이 직접 연결된 것처럼 학습에 관해 이야기했다. 이것은 멋지고 깔끔하지만 약간 문제가 있다고 그는 생각했다. 왜냐하면 우리는 똑같은 자극에 항상 똑같이 반응하지는 않기 때문이다. 부엌에서 빵 덩어리를 보면 샌드위치를 만들 수도 있지만 그렇지 않을 수도 있다. 그러나 빵 덩어리라는 자극은 똑같다. 차이는 배고픔을 느끼는지 여부에 있을 것이다. 그러나 배고픔은 자극도 아니고 반응도 아니다. 이것은 신체 상태이고, 이것에 따라 자극에 대한 반응이 달라진다.

당시의 많은 연구자는 실험에 사용된 동물이 배가 고파야 음식 보상이 효과가 있다는 것을 당연시했다. 그러나 헐 이전에 이것이 실제로 무엇을 의미하는지에 주목한 사람은 없었다. 반면에 헐은 이것의 중요성을 간파했다. 즉 '유기체'의 기본 상태에 따라 학습 여부가 좌우된다. 자극과 반응이 있고 그 사이에는 유기체의 상태가 있다. 그리고 이 상태에 따라 학습된 연결의 형성 여부

 심리학의 역사

가 결정된다.

헐은 학습된 연결이 신체적 욕구need와 심리적 추동drive을 통해 이루어진다고 믿었다. 욕구는 일종의 결핍이다. 예를 들어 몸속에 수분이 결핍되면 탈수 상태가 된다. 이런 욕구가 긴장 상태인 추동(갈증)을 낳고, 그러면 우리는 이런 긴장을 줄이기 위한 행동(차 끓이기, 수돗물 받기, 개울물을 살짝 마시기 등)을 하게 된다. 이런 식으로 자극(수분 결핍)과 반응(물 마시기) 사이의 연결이 형성된다고 헐은 보았으며, 이것이 그의 추동이론의 핵심이었다.

이처럼 헐의 모형에서는 자극-반응S-R 학습 대신에 자극-유기체-반응S-O-R 학습을 제시했는데, 여기서 O(Organism)는 '유기체의 상태'를 의미했다. (덧붙이자면 '유기체'는 행동주의자들이 동물, 인간 또는 기타 생물을 가리킬 때 사용한 용어였다. 그들이 이런 용어를 사용한 까닭은 학습 능력이 있는 '모든 것'에 적용되는 학습의 기본 단위, 말하자면 심리학의 '원자'를 찾고자 했기 때문이다. 그리고 이것은 당연히 훨씬 더 과학적인 듯한 인상을 풍겼다.)

헐의 연구 결과는 1930년대 후반에 출간되었다. 당시에 과학자들은 신체 항상성의 유지 시 시상하부의 역할에 대해서도 탐구하고 있었다. 항상성은 체온, 체액 수준, 산소 수준 등을 조절하는 신체 내부의 균형 작용을 의미하는데, 시상하부는 이런 균형을 통제하는 뇌 부위에 해당한다. 그래서 혈당이 너무 낮아지면 시상하부가 공복감을 일으켜 우리가 음식을 찾게 되고, 너무 더우면 시상하부가 발한을 일으켜 체온을 낮추며, 너무 추우면 오한을 일으켜 근육이 움직이게 만들고, 격렬한 운동으로 산소 수준이 떨어지면 더 깊이 숨을 쉬게 된다. 이 모든 것은 필요시 신체가 스스로 균형을 회복하는 항상성 과정이다.

시상하부를 통한 항상성 조절 과정의 발견이 자신의 견해를 뒷받침하는 신경학적 증거라고 생각한 헐은 이를 토대로 학습과 동기를 객관적이고 '과학적인' 방식으로 서술하는 복잡한 수학 공식을 개발했다. 그리고 이 연구 덕분에 그는 명문 예일 대학의 심리학 교수가 될 수 있었다. 나아가 그의 추동이론은 동물과 인간의 행동 이유를, 다시 말해 동기를 설명하는 심리학 이론으로 널리 인정받게 되었다.

그러나 과연 이것으로 충분했을까? 이것은 우리가 목이 마를 때 물을 마시는 이유를 설명할 수는 있겠지만, 인간의 대다수 행동과 그 이유는 좀 더 복잡하다. 그래서 이 이론은 더 복잡한 종류의 동기를 고려하기 위해 빠르게 조정되었는데, 한 가지 핵심 조정은 1차 추동과 2차 추동의 구별이었다. 당시의 다른 행동주의자들과 마찬가지로 헐은 신체적 욕구가 그대로 반영된 1차 추동에서 모든 동기가 비롯하며 더 복잡한 추동은 연합을 통해 학습된다고 믿었다. 예를 들어 애착과 같은 2차 추동은 음식과 편안함이 양육자와 연합되어 발달한다고 보았다.

헐은 배고픈 동물에게 제시된 음식처럼 추동을 충족할 기회를 제공하는 것을 유인이라고 불렀다. 그는 음식과 같은 직접 유인과 욕구를 직접 충족하지 않는 행동의 동기가 되는 간접 유인을 구별했는데, 예를 들어 돈이나 좋은 음악 등이 간접 유인이 될 수 있다고 했다. 2차 추동과 간접 유인이라는 두 개념을 도입한

     심리학의 역사

헐의 이론은 원칙적으로 인간 행동의 모든 측면을 설명할 수 있을 정도로 신축적인 이론이 되었다. 그 과정에서 설명이 다소 번잡해질 때도 있었지만, 이런 정교화 과정은 심리학계에서 빠르게 받아들여졌다. 그래서 심리학자들은 이내 성취욕구, 권력욕구, 소속욕구와 같은 더 복잡한 욕구에 관해 이야기하기 시작했고, 이런 욕구의 심리측정법이 연구자들과 응용심리학자들 사이에서 빠르게 확산되었다.

그러나 모든 욕구이론이 행동주의에서 나온 것은 아니었다. 가장 유명한 욕구이론은 1954년에 에이브러햄 매슬로가 발표한 이론이었다. 그의 박사학위 지도교수는 해리 할로Harry Harlow였는데, 할로는 어미 원숭이와 분리된 새끼 원숭이의 실험으로 얼마 후 유명해진 인물이었다. 이 실험에서는 어미와 분리된 새끼 원숭이에게 두 개의 어미 모형을 제공했는데, 철사로 만든 모형에는 젖병이 달려 있었고 다른 모형에는 수건처럼 부드러운 천이 덮여 있었다. 그러자 새끼 원숭이는 천 모형에 매달린 채 대부분의 시간을 보내면서 우유를 먹을 때만 철사 모형으로 이동했다. 새끼 원숭이에게 주변을 탐색할 기회를 주었을 때 천 모형은 새끼 원숭이의 마음을 안심시키는 역할을 했다. 즉 천 모형이 곁에 없을 때는 새끼 원숭이가 소심해져서 탐색을 하지 않은 반면 천 모형이 곁에 있을 때는 더 용감해졌고 더 많은 호기심을 보였다. 매슬로는 이 실험이 애착의 핵심에 1차 추동이 있다는 가정에 의문을 제기한다고 보았다. 만약 애착의 핵심에 1차 추동이 있다면 우유를 제공하는 철사 모형도 새끼 원숭이의 마음을 똑같이 안심시켰을 것이기 때문이다.

매슬로는 특정한 결핍 또는 부족을 충족하는 '결핍욕구'와 삶의 더 높은 측면과 관련된 '존재욕구'를 구별했다. 그는 하위 단계의 결핍욕구가 충족되어야만 상위 욕구가 활성화되는 위계 모형을 제시했다. 이에 따르면 가장 기초적인 생리적 욕구가 충족되지 못할 경우 이 욕구가 다른 어떤 욕구보다 중요해진다. 그러다 이것이 충족되면 다음 단계가 중요해지고, 다시 이것이 충족되면 그다음 단계가 중요해진다. 매슬로가 제시한 욕구의 가장 낮은 단계부터 가장 높은 단계까지는 다음과 같다. ①생리적 욕구, ②안전욕구(주거지와 보호), ③사랑·소속욕구, ④존경욕구(존경과 자존감), ⑤인지적 욕구(호기심과 의미 추구), ⑥심미적 욕구(아름다움, 질서, 대칭), ⑦자아실현 욕구 또는 잠재력의 완전한 실현.

조직심리학에서 매슬로의 이론은 지나치게 단순화된 형태로 큰 인기를 끌었으며 현재도 마찬가지다. 흔히 욕구 피라미드로 묘사되는 이 이론(그러나 매슬로는 이런 도표를 제시한 적이 한 번도 없었다)은 어째서 직원들이 (또는 회사의 노조 대표들이) 늘 불만족하는지에 대한 해답을 경영진에게 제시하는 듯했다. 이 모형에 따르면 직원들은 적절한 급여를 받으면 근무 조건에 불만을 갖게 되고, 근무 조건이 괜찮아지면 직무 만족도가 떨어진다는 식으로 계속 불만을 갖게 될 것이다. 이어서 다음 장에서는 어떻게 매슬로가 행동주의에 중대한 의문을 제기한 인본주의 심리학의 주요 창시자가 되었는지를 살펴보기로 하자.

 심리학의 역사

CHAPTER 16

인본주의 운동

전인적 인간의 강조

에이브러햄 매슬로의 부모인 새뮤얼과 로즈는 이제 지긋지긋했다. 개혁에 대한 소문도 있었지만 당시에 키이우에서 유대인으로 사는 것은 러시아 제국의 다른 지역과 마찬가지로 끊임없는 위협에 시달리는 것을 의미했다. 왜냐하면 반유대적인 집단학살과 종종 살인으로 이어진 폭력 사태가 끊이질 않았기 때문이다. 게다가 열두 살이 된 모든 유대인 소년은 국법에 따라 러시아군의 특별 부대에 입대해 과로와 영양 부족, 학대 등에 시달리는 비참한 삶을 강요받았다. 열 살밖에 되지 않았는데도 열두 살처럼 보인다는 이유로 끌려가는 일이 드물지 않았다. 옛 유럽에서 유대인들은 끊임없는 박해에 시달렸지만, 미국이라는 새로운 국가는 그들에게 더 나은 삶에 대한 희망을 심어주었다.

그래서 로즈와 새뮤얼은 거의 결혼하자마자 '약속의 땅'으로 이주했으며, 그들의 장남 에이브러햄은 1908년에 뉴욕 시의 브루클린에서 태어났다. 그들은 1880년부터 1920년까지 주로 유럽 남부·동부·중부에서 미국으로 건너온 2,000만 명이 넘는 이민자 집단에 속했다. 로즈와 새뮤얼은 당시에 미국으로 이주한 유대인 200만 명이 대개 그랬던 것처럼 다민족 공동체에 정착했다.

그러나 '약속의 땅'이 마냥 달콤하고 빛나지만은 않았다. 에이브러햄 매슬로의 부모는 가난했으며 열심히 일해야 했다. 그들은 엄격하고 무뚝뚝했지만 교육을 중시했다. 7남매 중 첫째였던 에이브러햄은 종종 다른 아이들에게 학대당하는 외로운 아이였다. 그가 살던 가난한 동네의 폭력배들은 대체로 인종차별적이고 반유대적이었기 때문에 유대인인 그는 돌팔매질의 표적이 되기 쉬웠다. 그러나 불우한 어린 시절에도 불구하고 (또는 어쩌면 바로 그랬기 때문에) 그는 다정하고 배려심 많은 사람으로 성장했으며 세계가 더 나아질 수 있다고 확신했다. 이런 신념은 그의 경력을 좌우했을 뿐만 아니라 결국에는 그의 평생 과업이 되었다.

매슬로는 어린 시절에 친구가 많지 않았던 대신에 자주 공공도서관에 들러 독서를 즐겼으며 고등학생 때도 열심히 공부했다. 그는 아버지의 조언에 따라 잠시 법학도 공부했지만 결국 적성에 맞지 않아 위스콘신 대학에서 심리학을 공부하게 되었다. 그곳에서 그는 해리 할로의 영장류 연구와 인간 성욕에 관한 손다이크의 연구를 도왔다. 그는 엄밀한 실험을 강조한 행동주의라는 당시의 지배적 접근법에 만족하지 못했다. 나아가 제2차 세계대전을 겪으면서 그는 심리학의 두 개 주요 접근법인 행동주의와 정신분석이 인간 심리의 긍정적 측면을 제대로 다루지 못한다고 확신하게 되었다. 그는 제3의 대안적 접근법이 가능할 뿐만 아니라 반드시 필요하다고 확신했다.

그는 행동주의적 접근법이 완전히 틀린 것은 아니지만 인간 행동의 긍정적 측면을 조명하기보다 부정적 측면을 지나치게 강조하고 결함이나 잘못된 학습의 교정에 초점을 맞춘다고 생각했다. 또한 정신분석도 인간 존재의 긍정적 잠재력보다 문제점과 부정적 측면에 초점을 맞춘다고 생각했다. 인류학자 루스 베네딕트Ruth Benedict나 게슈탈트 심리학자 막스 베르트하이머와 나눈 학술 토론 및 자신의 인생 경험을 토대로 그는 단순히 욕구를 충족하거나 어린 시절의 트라우마를 치료하는 것보다 훨씬 중요한 것이 인간에게 많다고 확신하게 되었다. 이런 모든 과정을 통해 그는 희망, 창의성, 사랑, 건강 같은 인간의 긍정적인 특성을 탐구하는 이른바 '인본주의 심리학'을 창시하게 되었다.

앞 장에서 살펴본 것처럼 매슬로의 이론적 기여 중 하나는 단순히 결핍을 보충하는 욕구, 즉 '결핍욕구'와 좀 더 긍정적인 무언가를 추구하는 욕구, 즉 '존재욕구'를 구별한 것이었다. 덕분에 신체적 욕구뿐 아니라 아름다움, 우정, 자아실현 같은 것도 인간의 동기가 될 수 있다는 관점이 가능해졌다. 매슬로의 접근법은 금세 조직심리학에서 주요 관점으로 자리 잡았으며 그의 위계 모형은 오늘날에도 학생들이 배우고 있다. 그러나 심리학에 대한 그의 핵심 기여는 인간의 잠재적 선량함에 대한 확고한 신념과 이것이 심리학의 일부가 되어야 한다는 것을 보여주기 위해 그가 기울인 지속적인 노력에서 찾아야 할 것이다.

매슬로와 비슷한 문제의식을 가졌던 임상심리학자 카를 로저스Carl Rogers도 비슷한 결론에 도달했다. 그는 연구를 통해 인간에게 절대적으로 근본적인 두 가지의 심리적 욕구가 있다고 믿게 되었다. 그중 하나는 자아실현의 욕구였고 다른 하나는 타인의 긍정적 관심에 대한 욕구였다. 그가 임상 연구에서 관찰한 많은 심리 문제는 이 두 욕구가 충돌할 때 발생했다.

로서스에 따르면 대다수 사람은 부모나 다른 가족으로부터 무조건적인 긍정적 관심을 경험한다. 즉 무슨 행동이나 말을 하든 상관없이 사랑과 인정을 받는다. 그러나 긍정적 관심이 조건부로 제공되는 경우도 있다. 예를 들어 자식이 '착하게' 굴지 않으면 애정을 철회하는 부모가 그렇다. 로저스에 따르면 이런 경험을 한 사람은 성인이 되어 타인의 긍정적 관심을 잃을지도 모를 위험을 감수하려 들지 않는다. 그래서 자신의 잠재력을 개발하기 위해, 즉 자아실현을 위해 독립적인 행동을 해야 할 경우 이런 사람은 타인의 비난을 감수하지 않으려고 이런 욕구를 억누르게 된다. 따라서 이런 사람에게 타인의 인정이나 존경을 받으려는 심리적 욕구의 충족은 자아실현에 필요한 탐색과 자신감의 희생을 의미하게 된다. 그리고 로저스의 임상 관찰에 따르면 이것은 신경증으로 이어질 수 있다.

매슬로와 마찬가지로 로저스도 인간이 본질적으로 선하지만 부정적인 경험과 신념으로 인해 긍정적인 특성이 억압되거나 왜곡되곤 한다고 믿었다. 그는 모든 사람이 자신의 잠재력을 개발하고 실현하려 한다고 믿었다. 이를 달성한 사람은 행복하고 창의적인 삶을 사는데, 이것이야말로 심리학에서 가장 중요한 것이라고 로저스는 믿었다.

매슬로와 로저스 모두 자아실현에 관해 이야기했지만, 이에 대한 둘의 견해는 달랐다. 매슬로에게 자아실현은 매우 드물게만 도달하는 특별한 상태에 해당하는 '절정경험'이었다. 따라서 지속적으로 이에 도달한 사람은 매우 특별하고 예외적인 사람이었다. 반면에 로저스에게 자아실현은 특별한 상태에 도달하는 것이라기보다 욕구를 충족하기 위한 지속적인 행동, 즉 일종의 과정에 가까웠다. 그는 개인에 따라 음악, 모형 제작, 정원 가꾸기 또는 개인적 성취감을 주는 그 밖의 온갖 활동을 통해 자아실현의 욕구를 충족할 수 있다고 믿었다. 중요한 것은 각자의 '자아'였는데, 이것은 로저스의 또 다른 주요 개념이었다. 자아 개념은 행동주의 시대에 완전히 사라졌으며, 정신분석에서는 내적 긴장의 균형을 맞추는 장치 정도로만 여겨졌다. 그러나 로저스에게 이것은 실제 인간을 이해하는 열쇠였다.

전후 시대의 다른 심리학자들도 행동주의와 정신분석의 경직성에 이의를 제기하고 있었다. 이런 상황에서 매슬로와 로저스의 새로운 접근법은 인본주의적 관점에서 심리학을 연구하는 것이 가능할 뿐만 아니라 이를 통해 행동주의나 정신분석에서 답하지 못했던, 또는 질문조차 못했던 인간 경험의 많은 측면을 다룰 수 있음을 보여주었다. 덧붙이자면, 당시는 소비문화가 서구 사회를 규정하기 시작하는 때였는데 행동주의의 경직되고 일률적인 접근법이 20세기 전반의 모더니즘 정신에 부합했던 것처럼 자아의 다양한 측면에 대한 탐구는 당시의 풍조와 잘 맞아떨어지는 면이 있었다.

이 '제3의 길'에 대한 관심이 확산되면서 사람들은 관련 견해를 공유하기 시작했고, 로저스와 매슬로는 인본주의 심리학이라는 새로운 학파의 창시자로 빠르게 인정받았다. 이 새로운 접근법을 대변하는 공식 협회의 창설 필요성이 대두했고, 마침내 1961년에 미국 인본주의 심리학회가 출범했다. 그러다 이 접근법의 영향력이 미국의 범위를 훨씬 넘어 확산되자 학회는 국제적인 관심에 부응해 1963년에 '미국'이라는 단어를 빼고 '인본주의 심리학회'로 명칭을 변경했다.

이 학회의 학회지에 따르면 인본주의 심리학은 5개 기본 원칙으로 정의할 수 있다. 첫째 원칙은 인간이 부분의 합 이상이라는 것이다. 인간은 시행착오 학습과 같은 기초 요소로 환원되지 않고 인간 존재의 특별한 측면에 해당하는 이상, 신념 및 기타 특성을 가지고 있다. 둘째 원칙은 인간의 삶이 물리적인 환경뿐만 아니라 고유하게 인간적인 환경에서도 이루어진다는 것이다. 타인에 대한 경험은 우리 삶의 중요한 일부이며 물리적 환경만큼이나, 또는 어쩌면 그 이상으로 우리의 행동과 신념에 영향을 미친다.

인본주의 심리학의 셋째 원칙은 우리의 직접적인 느낌을 넘어 타인과 관계를 맺는 우리 자신에 대한 의식과 자각을 강조한

심리학의 역사

다. 이것은 다시 넷째 원칙으로 이어지는데, 이에 따르면 의식 있는 인간인 우리는 환경의 요구에 그저 반응하는 대신에 선택을 하며, 따라서 우리의 행동과 그 결과에 대해 책임을 져야 한다. 다섯째 원칙은 인간인 우리에게 의도가 있다는 것이다. 우리는 의도에 따라 행동하며 이런저런 방식으로 삶의 의미와 가치와 창의성을 추구한다.

인본주의 심리학이 확립된 후 첫 몇십 년 동안은 주로 심리 치료에 영향을 미쳤다. 카를 로저스는 치료를 받는 사람을 환자가 아니라 인격체로 존중하는 완전히 새로운 접근법의 대변인이 되었다. 그가 1940년대 초반부터 모색하기 시작한 이 새로운 접근법을 명확히 정의한 것은 1951년에 출간된 『내담자 중심 치료Client-Centered Therapy』에서였다. 그는 환자가 그저 수동적으로 치료를 받는 것이 아니라 개인의 선택에 따라 능동적으로 치료에 참여한다는 점을 강조하기 위해 '내담자client'라는 용어를 사용했다. 그는 방법적인 측면에서도 당사자를 존중하고 당사자와 우호적인 거래관계를 유지하는 것의 중요성을 강조했다.

로저스가 개척한 여러 가지 새로운 방법은 1960년대에 큰 인기를 끌었다. 그중 하나는 비지시적 치료였는데, 이것은 내담자가 자신의 삶에 대한 해결책을 완벽하게 스스로 찾아낼 수 있다는 견해에 기초했다. 치료사의 역할은 내담자에게 무엇을 해야 할지를 알려주는 것이 아니라 자신에게 무엇이 최선일지를 스스로 깨닫도록 돕는 것이었다. 물론 로저스도 치료사가 이따금 제안을 해야 할 때도 있으므로 완전히 비지시적인 역할에 머물 수는 없다는 점을 인정했지만, 이 모든 것은 당시에 일반적이었던 '전문가인 내가 가장 잘 안다'는 식의 권력관계와는 전혀 다른 것이었다. 로저스 및 그의 선례를 따른 많은 치료사에 따르면 이 새로운 접근법은 훨씬 더 효과적이었다.

로저스의 또 다른 기법은 비슷한 경험을 가진 여러 사람을 한데 모아 개인 경험과 가능한 해결책을 공유하도록 하는 '인카운터 그룹encounter group'이었다. 치료사도 이 그룹에 참여할 수 있지만, 치료사의 주요 역할은 토론을 지도하는 것이 아니라 촉진하는 데 그쳤다. 인카운터 그룹은 큰 인기를 끌었으며, 참가자들이 가장 깊은 내면의 생각과 불안을 털어놓도록 서로 독려하는 극단적인 형태의 감수성 훈련 그룹sensitivity training group도 생겨났다. 이 그룹의 목표는 각자의 방어기제를 허물어 심리적 '치유'를 이루는 것이었지만 모든 방어기제가 해로운 것은 아니며 유용한 방어기제도 있다는 점을 사람들이 인정하게 되면서 감수성 훈련 그룹의 인기는 시들해졌다. 그러나 인카운터 그룹의 일반 원칙은 여전히 유효하다.

인본주의 심리학은 초기에 주로 심리치료에 영향을 미쳤지만 심리학 전반에도 꾸준히 영향을 미쳤다. 인본주의 심리학은 행동뿐만 아니라 의미에도 주목하는 새로운 연구 방법의 필요성을 보여주었으며, 이는 결국 제40장에서 살펴볼 방법론적 도전으로 이어졌다. 또한 인간을 이해하고 인간의 잠재력을 탐구하기 위한 총체적 접근법을 강조함으로써 자기효능감, 영성, 마음챙김mindfulness 같은 정신적 경험의 다른 측면에 관심을 가진 연구

자들에게 이론적 토대를 제공했다. 또한 인본주의 심리학은 결국
'긍정심리학'의 탄생으로 이어졌는데, 이에 관해서는 제37장에
서 살펴보기로 하자.

CHAPTER 17

심리학과 전쟁

심리학의 전환점이 된 응용심리학과 군사 연구

영국은 전쟁 중이었으며 블레츨리 파크Bletchley Park에서 작업할 1만 명의 인력이 선발되었다. 그들은 인근 마을에서 숙식하면서 파크에 설치된 대규모 임시 막사에서 일했다. 그들이 전쟁 수행에 필수적인 대규모 암호 해독 프로젝트에 참여 중이라는 사실은 모두가 알고 있었다. 그러나 아무도 이에 관해 이야기하지 않았다. 친구, 가족, 심지어 배우자에게도 이야기하지 않았다. 그들 중 일부는 평생 동안 이에 관해 입도 뻥긋하지 않았으며 몇몇은 반세기가 지나서야 비로소 당시의 일을 회상했다. 그들에게 세를 내준 집주인들도 묻지 않았다. '부주의한 말 한마디가 목숨을 앗아간다'는 것을 그들도 잘 알고 있었기 때문이다.

제2차 세계대전으로 인해 유럽은 완전히 바뀌었다. 대륙 곳곳에서 침략, 궁핍, 기근으로 인한 대변동이 일어났다. 유대인과 로마니족은 체포되어 수용소로 끌려갔다. 많은 사람이 도망쳤지만 대다수는 살해되었다. 그리고 영국에서는 어느 분야를 막론하고 국가 전체가 전쟁 수행의 일부가 되었다.

심리학도 제2차 세계대전으로부터 자유로울 수 없었다. 제1차 세계대전은 뇌손상이나 심리적 트라우마에 따른 결과와 같은 새로운 연구 분야를 촉진한 반면 제2차 세계대전은 심리학이 전쟁에 무언가 기여하길 요구했다. 누구든지 관련 지식이 있으면 나서야만 하는 상황이었다.

영국에서는 많은 심리학자가 블레츨리 파크에서 암호 해독에 종사했으며 다른 많은 심리학자도 다른 방면에서 군과 협력했다. 그들은 모병과 선발 절차를 개선하고 군사 인력의 재능과 기술을 최대한 활용하도록 도왔으며 군대의 사기를 높이기 위한 심리 기법을 개발했다. 또한 몇몇 비밀 부대에 소속된 심리학자들은 정반대로 적의 사기를 꺾는 심리전을 수행했다. 이런 심리학자들은 아무도 자신의 작업을 누설하지 않았다. 대다수는 입도 뻥긋하지 않았으며 몇몇 사람은 수십 년이 지나서야 이에 관한 이야기를 꺼냈다.

예를 들어 프레더릭 바틀렛Frederic Bartlett은 이전에 인지 현상을 사회심리학적·인류학적 맥락에서 이해하려는 노력의 일환으로 기억 연구를 수행했다. 그의 유명한 '유령의 전쟁' 연구*는 사

---

* 이 연구에서는 아메리카 원주민의 전설인 '유령의 전쟁' 이야기를 사람들에게 들려주고 20시간이 지난 후에 이야기를 기억해보라고 했다.

람들이 가지고 있는 문화적·개인적 기대에 따라 기억이 어떻게 변형되는지를 보여주었으며, 그는 인류학과 심리학을 밀접히 연결하면 사회심리학을 더욱 발전시킬 수 있을 것이라고 믿었다. 그는 1930년대에 영국 공군의 자문위원으로 활동했으며 제2차 세계대전이 끝날 때까지 이 일을 계속했다. 그의 주요 업무는 영국 공군의 규모가 확장되고 조종사들의 작업이 더욱 까다로워지면서 불거진 심리 문제를 분석하는 것이었다.

바틀렛은 케임브리지 대학의 실험심리학과장이었는데, 그곳에서는 전쟁과 관련된 심리학 연구가 많이 진행되었다. 그는 당시에 가장 영향력 있는 심리학자 중 한 명인 케네스 크레이크Kenneth Craik와 긴밀히 협력했다. 오늘날에는 거의 잊힌 인물인 크레이크는 무엇보다도 심리학이 현실 세계의 문제를 해결하는 데 어떤 기여를 할 수 있는지에 관심이 많았다. 그는 심리학자였을 뿐만 아니라 유능한 기술자였고, 특히 피로나 다중선택 상황과 같은 환경적·심리적 스트레스 요인의 실험연구에 필요한 모형 설계와 시뮬레이션에 능숙했다. 크레이크는 바틀렛과 함께 영국 의학연구위원회MRC 산하 응용심리학센터를 케임브리지 대학에 설립했는데, 이것은 전쟁 중에 중요한 연구시설이 되었다. 크레이크가 초대 센터장을 맡은 이곳에는 훗날 유명해진 심리학자가 다수 고용되어 있었다. 그는 전쟁이 끝나기 직전에 오토바이 사고로 사망했지만, 그가 남긴 유산은 강력했다.

도널드 브로드벤트Donald Broadbent도 크레이크의 응용심리학센터에서 활동한 많은 심리학자 중 한 명이었다. 브로드벤트는 전쟁 중에 영국 공군에서 복무하면서 인간과 복잡한 기술의 상호작용에 관심을 갖게 되었다. 그는 주의력에 관한 광범위한 연구를 수행하면서 선택적 주의의 여과 모형을 개발했는데, 이것은 나중에 그의 동료이자 의학연구위원회 소속의 또 다른 연구자였던 앤 트레이스만Anne Treisman을 통해 더욱 정교해졌다. 또한 그는 사람들이 오류 없이 오랫동안 주의력을 유지하는 능력에 영향을 미치는 요인을 조사했는데, 이것은 현대 항공교통관제와 같은 복잡한 업무와 직접적인 관련성이 있는 연구였다.

리처드 그레고리Richard Gregory는 전쟁 중에 영국 공군의 신호부대에서 복무했고 전후에 케임브리지 대학에 입학했다. 지각에 특히 관심이 많았던 그는 가설 검증이 지각의 핵심 기능이라고 보았다. 이런 견해를 최초로 제시한 사람은 헬름홀츠였는데, 그에 따르면 뇌는 들어온 정보를 이해하기 위해 사전 지식과 경험에 기초한 가설을 세운 후 이를 감각 정보의 증거와 대조한다. 그레고리는 이 이론을 더욱 발전시켰고 에든버러 대학에 기계지능·지각학과(현재의 인공지능학과)를 설립했다. 그는 영국 공군에서 복무하던 시절에 사람들의 실수와 정보 해석 오류를 관찰하면서 착시현상에 특별한 관심을 갖게 되었다. 그는 많은 업적을 남겼으며, 특히 브리스틀 과학관을 설립해 일반인에게 과학 현상을 직접 체험할 수 있는 기회를 제공했다. 그는 지각과 착각에 관한 강연을 통해 자신의 열정을 대중과 공유하면서 오랫동안 왕성한 활동을 이어갔다.

지각에 관심을 가진 심리학자는 그레고리뿐만이 아니었다.

미국에서 제임스 제롬 깁슨James Jerome Gibson은 처음에 철학을 전공했지만 실험심리학에 매료되어 시각기억에 관한 실험연구로 박사학위를 취득했다. 그 후 몇 년 동안 심리학을 가르치던 그는 지각이 심리학의 핵심이라고 늘 주장하는 게슈탈트 심리학자 쿠르트 코프카를 만났다. 깁슨은 코프카의 의견에 전부 동의하지는 않았지만 지각이 세계를 이해하는 데 핵심적 역할을 한다는 점에는 동의했다. 또한 그는 지각이 복잡한 인지 활동을 포함하기보다는 훨씬 더 직접적인 과정이라고 보았다. 깁슨의 이론은 지각 기능이 있는 동물이나 인간에게 어째서 지각이 유용한지, 다시 말해 지각이 애당초 왜 진화했는지에 초점을 맞췄다. 이런 문제의식을 통해 그는 우리가 물체를 우리와 완전히 분리된 것으로 지각하는 것이 아니라 물체가 우리에게 제공하는 행동 가능성에 따라, 즉 우리가 그것을 먹을 수 있는지, 그 위에 앉을 수 있는지, 그것을 집을 수 있는지 등에 따라 물체의 지각이 달라진다는 결론에 도달했다. 이런 '행동유도성affordance'은 깁슨이 제시한 지각이론의 핵심을 이룬다.

전쟁 중에 깁슨은 미국 공군의 심리학 연구 부대를 이끌었다. 그의 관심사 중 하나는 조종사 선발 절차를 개선하는 것이었다. 그는 심리학 전문 지식을 적용해 조종사가 영화에 제시된 정보를 해석하고 이용하는 방식에 기초한 새로운 접근법을 개발했다. 이런 경험은 예를 들어 물체의 질감이나 색상 변화가 거리 추측에 미치는 영향, 일상적인 지각에서 움직임의 중요성 등에 대한 관심으로 발전했다. 깁슨은 정지된 사진이나 이미지를 이해할 때 일어나는 '형태' 지각과 지각하는 사람이나 물체가 움직일 때 일어나는 '물체' 지각을 구별했다. 전후에 그는 이런 통찰을 종합해 생태학적 지각이론을 제시했는데, 이것은 보통 20세기의 가장 중요한 심리학 이론 중 하나로 평가받는다.

이런 과정은 전쟁이 어떻게 심리학에 영향을 미쳤는지를 잘 보여준다. 실제 연구의 대다수는 군사정보로 분류되어 발표되지 않았지만, 전쟁이 끝나자 다양한 프로젝트에 참여했던 심리학자들은 그때 얻은 이론적 통찰을 체계화해 발표했다. 그래서 1946년부터 1955년까지 영향력 있는 많은 책이 출간되어 심리학의 이론적 토대를 강화하고 1980년대의 '인지혁명'을 준비하는 데 기여했다.

그 밖에도 이런저런 방식으로 전쟁 수행에 기여한 심리학자들이 있었다. 미국에서 알폰스 차파니스Alphonse Chapanis와 폴 피츠Paul Fitts는 조종사의 실수로 인한 듯한 B17 폭격기의 잦은 추락 사고에 대한 분석을 요청받았다. 이 심리학자들은 모든 사고가 같은 방식으로 발생한다는 인상을 받았다. 그리고 조사 결과, 문제는 조종사의 실수에 있다기보다 조종석의 설계에 있다는 사실을 발견했다. 비행기 조종장치의 모양과 느낌이 모두 너무 비슷해서 착륙을 위해 비행기를 정확히 조종해야 하는 조종사가 엉뚱한 레버를 잡아당기기 쉬웠고, 이것이 처참한 결과로 이어졌던 것이다. 그들은 착륙장치의 느낌이 날개 조종장치의 느낌과 완전히 다르도록 조종장치를 재설계해 사고 건수를 크게 줄일 수 있었다.

제롬 브루너Jerome Bruner도 미국의 전쟁 수행을 위해 일했는데 분야는 매우 달랐다. 1939년에 심리학과를 졸업한 그는 하버드 대학에서 박사학위를 취득했다. 1941년에 제출한 그의 학위 논문은 「교전국의 국제 무선방송에 대한 심리학적 분석」이었다. 따라서 그가 1940년대에 공식 명칭은 '전략연구실'이었지만 보통 아이젠하워의 '심리전부서'로 불린 곳에서 일한 것은 그리 놀라운 일이 아니었다. 브루너는 특히 소문과 선전 및 대중의 신념이 조작되는 방식에 관심이 많았다. 전쟁 후 그는 하버드 대학과 옥스퍼드 대학에 근무하면서 인지심리학과 교육심리학에 대한 광범위한 연구를 수행했다. 그중에는 행동, 아이콘, 기호 등을 통해 전달되는 정보가 아동의 마음속에 어떻게 표상되는지에 관한 연구도 있었다. 교육 분야에 큰 영향을 미친 이 연구는 뜻밖의 결과도 낳았는데, 왜냐하면 그에게 초기 매킨토시 컴퓨터를 선물한 디자이너 앨런 케이Alan Kay는 그의 연구에서 영감을 얻어 사용자 친화적인 아이콘 인터페이스를 설계하게 되었다고 말했기 때문이다.

제2차 세계대전은 인지심리학뿐만 아니라 사회심리학의 발전에도 큰 영향을 미쳤다. 설득과 선전은 전쟁 전에도 사회심리학자들의 관심사였지만 전쟁 기간에 훨씬 더 중요해졌으며 전쟁의 양측 모두 관련 연구를 활용해 큰 효과를 보았다. 또 다른 심리학자들은 특정 소대의 동지애나 직장 동료의 지원과 같이 동기나 사기에 영향을 미치는 요인을 연구했다. 전쟁을 통해 임상심리학의 가치도 재평가되었다. 제1차 세계대전은 오늘날 외상 후 스트레스 장애라고 부르는 '포탄 충격'이 사회문제로 대두하는 계기가 되었다. 반면에 이번에는 이런 장애에 가장 취약한 사람들을 가려내기 위한 검사법 개발에 심리학자들이 적극적으로 참여했다. 이런 검사법이 항상 성공적이지는 않았지만, 심리학자들은 외상 후 스트레스 장애가 있는 군인들이 치열한 전투에 복귀할 수 있도록 돕는 치료법도 개발했다. 그들의 연구는 심리측정검사가 임상적 맥락에서 응용심리학의 중요한 일부로 인정받는 데 기여했다.

외상 후 스트레스 장애에 대한 인식이 확산되면서 스트레스 자체에 대한 사회적 인식도 바뀌기 시작했다. 스트레스가 단순히 임상적 문제가 아니라(물론 극단적인 경우 그렇게 될 수 있지만) 일상 경험의 한 측면이라는 인식이 점차 확산되었다. 외상 후 스트레스 장애와 같은 극심한 스트레스에 시달리는 사람이 반드시 '비정상'은 아니라는 사실이 분명해졌다. 이런 사람은 극단적이고 충격적인 경험에 대해 정상적인 반응을 보일 뿐이며, 이것이 반드시 정신질환을 의미하지는 않는다.

이런 전쟁 경험은 임상심리학의 학문적 지위를 확고히 하는 데 기여했다. 영국 최초의 임상심리학과는 전쟁 직후 모즐리 병원Maudsley hospital에 개설되었으며 임상심리학 훈련과 면허 제도가 빠르게 뒤를 이었다. 모즐리 병원은 주로 행동치료를 제공했으며 공포증 치료와 혐오요법 분야의 여러 방법을 개척했다.

제2차 세계대전은 심리학이 다양한 분야에 걸쳐 소중한 지식을 갖춘 응용과학으로 인정받게 되는 전환점이 되었다. 직접 군대에서 일하지 않은 심리학자들도 전쟁에 따른 결과의 영향을 받았다. 훗날 가장 유명한 심리학자 중 한 명이 된 솔로몬 애시는 전쟁 전에 인상 형성과 권위자의 영향력에 관한 연구로 심리학 경력을 시작했다. 그러다 히틀러가 제2차 세계대전을 일으키자 애시는 연구 초점을 조정해 선전이 사람들에게 미치는 영향을 연구했다. 이런 연구를 토대로 그는 나중에 동조행동 및 타인의 영향력에 관한 연구를 수행해 이름을 날리게 되었다.

전쟁이 끝난 후 특히 여러 강제수용소의 비참한 현실이 드러나면서 이런 범죄에 대한 개인적·사회적 공모를 이해하려는 노력의 일환으로 많은 심리학 연구가 수행되었다. 다음 두 장에서는 이렇게 촉발된 심리학의 연구 주제에 관해 살펴보기로 하자.

CHAPTER 18

나치즘에 대한 설명

공격성에 대한 정신분석적 설명과 생물학적 설명

피, 고통, 우레와 같은 소리, 폭발! 전쟁 중에 최전선에서 겪은 참혹한 모습이 다시 떠오른 남성은 비명을 지르며 잠에서 깨어났다. 이제 안전한 집에 있지만 매일 밤 끔찍한 꿈을 꾸는 일이 수개월째 반복되었다. 그는 잠들기가 두려웠고 깨어 있을 때도 문득문득 떠오르는 회상 장면에 시달렸다. 결국 그는 아내의 조언을 따라 유명한 정신분석가 지그문트 프로이트가 운영하는 진료소를 찾아가기로 했다. 어쩌면 그가 도움을 줄 수 있을 것이다.

프로이트는 소망을 성취하려는 무의식적 욕구가 꿈을 통해 드러난다고 늘 주장했다. 그러나 제1차 세계대전 이후로 그의 환자 중 상당수는 전쟁 경험의 트라우마와 공포가 되살아나는 악몽에 시달리던 군인들이었다. 1920년에 쓴 「쾌락원칙을 넘어서」라는 글에서 그는 리비도 또는 '에로스'와 반대되는 또 다른 기본 에너지가 있을 것이라고 주장했는데, 이 에너지는 '타나토스'라고 불리게 되었다. (그리스 신화에서 에로스는 사랑의 화신이었고 타나토스는 죽음의 화신이었다.)

앞서 살펴본 것처럼 프로이트의 초기 정신분석이론에서는 동기가 삶과 창의성의 근본 충동인 에로스에서 비롯한다고 보았다. 에로스가 리비도라는 에너지를 낳으면 자아가 이를 억제한다고 보았다. 그러나 제1차 세계대전과 그 여파로 인해 그는 다시 생각하시 않을 수 없었다. 그가 다시 생각하게 된 또 다른 계기는 최초의 여성 정신분석가 중 한 명인 사비나 슈필라인이 1912년에 쓴 논문에서 파괴성도 무의식적 동기의 일부라고 주장한 일이었다. 프로이트가 이끈 빈 학파의 열성 회원이었던 슈필라인은 융 및 프로이트와 함께 연구하면서 정신분석이론에 많은 기여를 했다. 프로이트는 그녀의 견해를 즉시 받아들이지는 않았지만, 나중에 자신의 임상 연구를 통해 개선된 자신의 사고 흐름에 그녀가 영향을 미쳤다고 인정했다.

프로이트에게 타나토스는 생존, 욕망 충족 및 번식을 향한 긍정적 충동과 완전히 대조되는 원시적이고 원초적이며 파괴적인 힘이었다. 그는 이것이 다른 사람뿐만 아니라 자기 자신에게도 잔혹하고 비인간적일 수 있는 인간의 능력을 설명하는 유일한 길이라고 믿었다. 그에게 이 에너지는 공격성의 원천일 뿐만 아니라 다른 사람을 지배하고 통제하려는 몇몇 사람의 권력욕구를 설명해주는 것이기도 했다. 따라서 프로이트 추종자들이 보기에 이 이론은 양차 대전 사이의 기간에 꾸준히 세력을 확장한 파시즘이라는 정치운동을 설명해주었다. 파시즘은 독일에 국한되지 않고 영국을 포함한 유럽 전역에서 눈에 띄었다. 제1차 세계대전 중에 이탈리아에서 시작된 파시즘은 급속히 대중의 지지를 얻었고 파시즘의 지도자인 베니토 무솔리니Benito Mussolini는 1922년에 이탈리아 정부를 장악했다.

파시즘은 매우 권위적인 관점, 반대파 탄압, 정치적 목표 달성을 위한 폭력 사용의 인정 등을 특징으로 하는 강력한 민족주의 운동이다. 보통 한 명의 강력한 지도자가 있으며, 항상 그렇지는 않지만 종종 인종차별과도 밀접하게 관련되어 있다. 이탈리아 파시즘은 특별히 반유대적이지 않았다. 무솔리니 정부에는 고위직 유대인이 많았는데, 다만 이들은 나중에 히틀러의 강압에 굴복한 무솔리니에 의해 제거되었다. 그러나 잘 알려진 것처럼 히틀러의 파시즘은 강력한 반유대주의를 표방했다. 유대인종 근절은 히틀러의 개인적 목표 중 하나였으며, 그는 집권 후 처음에는 억압적인 사회법을 통해, 나중에는 죽음의 수용소를 통해 이 프로젝트를 실행했다.

제2차 세계대전이 끝날 무렵에 드러난 강제수용소의 현실은 파시즘이 얼마나 극단적인 사회적 편견과 비극적인 결과를 초래할 수 있는지를 보여주었으며 많은 심리학적 의문을 제기했다. 몇몇 사람에게 이것은 인간을 지배하는 사회적 영향력에 관한 의문이었는데, 이에 관해서는 다음 두 장에서 살펴볼 것이다. 그리고 다른 사람들에게 이것은 대량 학살을 승인하거나 지지할 만큼 극단적인 이념까지 수용하는 성격 유형에 관한 의문이었다. 이런 의문을 제기한 가장 유명한 사람 중 한 명은 테오도르 아도르노Theodor Adorno였다.

다재다능한 아도르노는 사회학자이자 심리학자였고 연주자이자 작곡가였다. 또한 그는 전쟁 전에 프로이트, 마르크스 및 헤겔의 사상을 토대로 당시 사회를 분석하고 비판했던 학자 집단인 프랑크푸르트 학파의 일원이었다. 독일에서 파시즘의 괴롭힘이 점점 더 심해지자 영국을 거쳐 미국으로 이주한 아도르노는 그곳에서 사회조사와 음악 활동을 계속했다. 그가 유명한 사회학자 프렌켈-브런스윅Frenkel-Brunswik, 레빈슨Levinson 및 샌포드Sanford와 공동 집필한 『권위적 성격The Authoritarian Personality』은 빠르게 인기를 얻었다.

백인 미국인 대상 인터뷰에 기초한 이 책에서는 극우적 신념을 가진 사람들의 몇 가지 전형적 사고방식을 밝혀냈다. 그중 하나는 모순되는 증거가 있어도 자신의 신념을 고수하면서 마음을 바꾸지 않는 특유의 경직된 태도였다. 또 다른 하나는 다의성을 용인하지 않는 태도였는데, 이는 다의적인 견해를 그대로 받아들이지 못하고 명확히 '맞는' 또는 '틀린' 답만 고집하는 사고방식을 의미했다. 이런 사람은 논쟁에서 재빨리 어느 한쪽을 선택한 후 누가 뭐라고 하든 입장을 바꾸지 않는다.

아도르노와 그의 공저자들은 이런 태도를 특정 성격증후군의 일부로 해석했다. 즉 이런 태도는 매우 권위적이고 가혹한 사회적 제재를 지지하며 '외부인'에 대한 편견이 강하고 극우 성향의 개인적 신념을 가진 사람에게서 전형적으로 관찰되는데, 그들은 이것을 '권위적 성격'이라고 불렀다. 관련 연구에 따르면 이런 사람은 토론, 반대, 심지어 실망감의 표현도 허용치 않는 경직되고 권위적인 부모 밑에서 성장한 경우가 많다고 한다. 당시에는 이것이 드문 육아 방식이 아니었지만, 정신분석이론에 따르면 이런 방식은 아이에게 억압된 분노가 쌓이는 계기가 될 수 있다. 그럼에도 아이는 부모의 엄격한 양육 방식 탓에 이를 겉으로 드러내지 못할 것이다.

아도르노와 그의 공저자들은 부모의 자의적 권위에 대한 적대감이 아이에게 의식되지 않은 채 무의식에 잠복하게 된다고 주장했다. 그리고 잠복한 분노가 수면 위로 올라오는 것을 막기 위한 방어기제가 발달하는데, 바로 이것이 권위적 성격구조를 낳는다고 그들은 주장했다. 예를 들어 새로운 견해에 개방적인 태도를 취할 경우 상상할 수 없는 것도 고려할 만큼 열린 마음을 갖게 되어 부모에 대한 자신의 분노도 인정할 수밖에 없는 처지로 몰릴 것이다. 따라서 용납할 수 없는 자신의 감정이 수면 위로 떠오르는 것을 막기 위해 경직된 사고를 유지하고 다의성을 거부하게 된다.

권위적 성격의 또 다른 특징은 권위자에 대한 강력한 복종이었다. 아도르노 등은 이것이 내면의 적대감에 대한 '반동형성'이라고 보았다. 프로이트가 언급한 방어기제인 반동형성은 억압된 행동이 정반대의 행동으로 역전되는 것을 말한다. 권위자에 대한 공격을 억압하는 것은 부모에 대한 적대감과 연결될 경우 특별한 의미를 지니게 된다. 권위를 과도하게 지지하는 태도는 비판이나 도전이 부모에게까지 확장되는 것을 막기 위한 반동형성이다. 이런 사람이 특히 자신과 다른 태도를 가진 사람에게 매우 적대적인 것도 이런 이유 때문이다. 이런 사람에게 반동형성은 내면의 분노를 대체하는 방법이 된다. 흑인, 유대인, 장발 히피 등의 다른 집단에 적대감을 표현하는 것은 자기 자신의 분노를 '안전하게', 즉 내면의 갈등을 인정할 필요 없이 방출할 수 있는 기회가 된다.

아도르노는 권위주의를 측정하기 위한 심리측정검사를 개발했는데, 이것은 파시즘fascism의 머리글자를 따서 F-척도라고 불리게 되었다. F-척도는 아도르노가 이런 방어기제의 직접적인 결과라고 본 아홉 개의 성격 특성을 측정했는데, 그것은 관습주의('정상'과 다른 사람을 의심하는 성향), 복종(권위자에게 복종하는 성향), 공격성(권위에 도전하거나 권위의 적절성을 비판하는 사람에 대한 적대감), 아도르노가 '반성찰성anti-intraception'이라고 부른 것(처벌에 대한 강경한 태도), 미신('운명'에 따라 결과가 좌우되고 이를 통제할 수 없다는 믿음), 강경함(지배하려 들고 괴롭히기까지 하는 태도), 새롭거나 도전적인 견해에 대한 파괴적 태도, 자신의 무의식적 충동을 타인에게 투사하는 성향, 성관계와 성행동에 대한 과장되고 적대적인 관심 등이었다.

아도르노 외에 콘라트 로렌츠Konrad Lorenz도 당시에 인간의 공격성에 대한 설명으로 대중적인 주목을 받았다. 오스트리아의 생물학자인 그는 미국에서 집중적으로 연구된 동물의 실험실 행동 대신에 어린 시절 농장과 마을에서 보았던 동물의 행동에 특히 관심이 많았다. 로렌츠는 동료인 니코 틴베르헌Niko Tinbergen과 함께 자연환경에서 동물의 행동을 연구하는 동물행동학의 창시자 중 한 명으로 꼽힌다. 그러나 그들의 연구는 제2차 세계대전으로 인해 중단되었다. 로렌츠는 나치 부역자로 알려진 반면에 네덜란드인인 틴베르헌은 옥스퍼드로 이주하기 전에 몇 년간 전쟁 포로로 지냈기 때문에 두 사람은 꽤 오랫동안 마찰을 빚었다.

로렌츠의 전쟁 전 연구는 상당 부분 애착의 한 형태인 각인에 관한 것이었는데, 이에 관해서는 제22장에서 자세히 살펴보기로 하자. 그 밖에도 로렌츠는 동물의 공격성에 관한 많은 글에서 공격성이 동물과 인간 모두에게 내재된 충동이라고 주장했다. 그는 인간을 포함한 포유류에게서 공격 에너지가 지속적으로 생성된다고 믿었다. 이 에너지를 즉시 사용하지 않으면 일종의 '저수지'에 쌓이게 되고, 이것을 어떻게든 방출하지 않으면 넘쳐서 다른 활동에 영향을 미칠 것이라고 보았다. 동물의 경우 이 에너지는 특정 신호 자극을 통해 방출될 것이다. 예를 들어 수컷 울새가 다른 울새의 붉은 가슴을 보면 공격행동이 방출될 것이다. 이런 행동별 에너지의 수력hydraulic 모형은 다른 유형의 본능 행동에도 적용되었지만, 로렌츠는 특히 공격성을 설명하면서 이 모형을 사용했다.

로렌츠에 따르면 인간과 달리 다른 동물은 같은 종의 다른 동물에게 특정 반응을 유발하는 유전된 회유 몸짓을 갖추고 있다. 예를 들어 다른 개의 위협을 느낀 개는 등을 바닥에 대고 구를 것이다. 그리고 이렇게 자신의 취약한 부분을 드러내는 회유 몸짓을 하면 다른 개는 자동적으로 공격을 멈출 것이다. 회유 몸짓은 공격행동의 파괴력을 제한해 같은 종의 동물끼리 서로 죽이는 것을 방지할 수 있다. 그러나 인간에게는 유전된 회유 몸짓이 없기 때문에 일단 공격 에너지가 방출되면 상대가 죽을 때까지 공격이 계속될 수 있다고 로렌츠는 주장했다. 그리고 바로 이런 이유 때문에 인간은 특히 파괴적이고 다른 동물보다 훨씬 더 위험하다고 그는 주장했다.

로렌츠와 그의 많은 추종자에게 이것은 전쟁에 대한 설명을 제공했다. 그들에게 전쟁은 자연적 영역 본능이 과도한 공격 에너지로 인해 부풀려진 현상이었다. 그러나 평시에도 남성들(로렌츠는 실제로 여성은 포함하지 않았다)의 공격 에너지 저장소는 끊임없이 채워진다. 따라서 이 에너지를 더 안전한 통로로 돌리지 않으면 폭력의 출구로 방출될 수밖에 없다고 그는 주장했다. 그가 보기에 이 에너지를 통제하는 유일한 방법은 고대 그리스인들이 말했던 카타르시스를 통해서였다. 그는 스포츠와 경쟁적 신체 활동이 이 강력한 에너지를 안전한 환경에서 방출할 수 있는 기회를 제공한다고 보았다.

로렌츠의 견해는 특별히 새로운 것이 아니었다. 대다수 사회에서는 청년들이 마을 축제에서 힘겨루기를 하거나 축구 같은 단체경기나 매우 격렬한 춤 등을 통해 남성호르몬으로 생성된 에너지를 발산할 수 있도록 하는 것이 현명하다는 것을 잘 알고 있었다. 이에 비해 로렌츠가 한 일은 자신의 견해에 생물학적 이론의 외관을 입혀 과학적 근거가 있는 것처럼 보이게 했고 개인의 에너지와 전쟁의 대량 파괴를 동일시한 것이었다. 그의 모형에 따르면 ⓐ공격성은 인간의 근본 본능으로 불가피한 것이며, ⓑ전쟁은 이것의 표현일 뿐이고, ⓒ아마 전쟁 자체도 인간 조건의 일부로 불가피할 것이다. 물론 군인들이 다른 사람을 죽일 수 있게 되려면 상당한 조건화와 훈련이 필요하며 전시에 대중을 내 편으로 만들려면 고도의 선전 활동이 필요하다는 점을 지적한 심리학자들도 있었다. 그러나 이에 관한 본격적인 논쟁은 나중에야 이루어졌다.

CHAPTER 19

동조행동과 묵인

애시와 밀그램의 복종 연구

샘은 마음이 편치 않았다. 심리학 실험에 참여한 그는 다섯 명의 다른 사람과 함께 나란히 앉아 있었다. 실험자는 참여자들에게 세 줄이 표시된 카드를 보여주면서 어느 줄이 가장 긴지를 물었다. 답은 빤했다. 줄 A가 가장 길었다. 샘은 마지막에서 두 번째로 이 질문을 받았는데, 놀랍게도 앞의 참여자들은 모두 더 짧은 줄 C가 가장 길다고 답했다. 그러나 확실히 줄 A가 가장 길었기 때문에 샘은 줄 A라고 답했다. 그런데 마지막 참여자까지 줄 C라고 답하자 샘은 더욱 놀랄 수밖에 없었다. 실험자가 다른 카드를 보여주었다. 이번에도 답은 빤했지만, 샘 앞의 참여자들은 또다시 오답을 말했다. 자신의 차례가 점점 다가오자 샘은 땀을 흘리기 시작했다. 어떻게 해야 하나? 혹시 자신이 놓친 무언가가 있지 않을까? 그래도 정답은 분명했다. 이번에도 정답을 말한 사람은 샘뿐이었다. 그는 더욱더 불안해졌다. 세 번째 카드를 보았을 때 결국 그는 항복하고 말았다. 그는 참여자 집단에서 유일하게 다른 답을 한 사람으로 남는 대신에 다른 사람들과 똑같이 오답을 선택했다. 그러나 아쉽게도 그의 불안은 전혀 수그러들지 않았다.

샘이 참여한 사회심리학 실험은 1960년대에 솔로몬 애시가 수행한 것이었다. 게슈탈트 심리학자였던 애시는 사회적 행동에 대한 당시의 행동주의적 설명이 불충분하다고 확신했다. 애시는 막스 베르트하이머, 볼프강 퀼러와 함께 미국 게슈탈트 심리학의 중심지가 된 펜실베이니아 주의 스와스모어 대학에서 학생들을 가르쳤다. 게슈탈트 심리학자들은 사회적 행위가 관련 맥락 안에서만 제대로 이해될 수 있으며, 맥락과 분리되면 사회적 행위의 본래 의미가 사라질 것이라는 점을 강조했다. 제2차 세계대전이 끝나고 얼마 지나지 않은 시점에 애시는 어떻게 많은 사람이 나치에 동의하지 않았는데도 국가 전체가 나치 정책을 따르게 되었는지를 밝히고자 했다.

이때 그가 참고한 것은 대공황 시기에 미국으로 이주한 튀르키예 심리학자 무자퍼 셰리프Muzafer Sherif의 연구였다. 셰리프는 1932년에 베를린을 방문해 퀼러의 게슈탈트 심리학 강의를 들은 적이 있었다. 당시에 많은 사람은 막 권력을 장악한 나치당에 은밀히 저항했지만 공개적으로 반대한 사람은 많지 않았다. 이런 현상에 관심을 갖게 된 셰리프는 이를 실험적으로 연구하기 시작했다. 그는 어두운 방에 있는 작은 불빛의 운동 착시를 일으키는 자동운동효과를 이용해 사람들에게 불빛이 움직인 정도를 평가하는 과제를 주었다. 이 과제에서 중요한 것은 모든 사람이 운동 착시를 경험하지만 그 정도는 사람마다 천차만별이라는 점이었다. 그가 사람들을 개별적으로 검사했을 때 각 참여자의 결과는 일관된 반면에 집단 전체의 답변은 매우 다양했다. 그러나 집단 전체를 함께 검사해 서로의 평가 결과를 들을 수 있는 조건에서는 사람들의 평가가 하나로 수렴되는 경향을 보였다. 그뿐만 아니라 얼마 후 다시 개별석으로 검사했을 때도 집단 표준이 유지되었다.

셰리프의 이 실험은 정답이 없는 애매한 상황에서 사람들의 동조행동이 어떻게 일어나는지를 보여주었다. 그렇다면 정답이 분명한 상황에서는 어떨까? 이 물음이 바로 솔로몬 애시의 출발점이 되었다. 지금은 고전이 된 일련의 실험을 통해 그는 오답이 확실한 상황에서도 다른 사람의 의견에 동조하려는 성향이 나타난다는 것을 보여주었다. 또한 그의 관찰에 따르면 흔들림 없이 정답을 말한 사람도 나머지 사람들과 다른 의견을 공개적으로 말하는 것에 큰 스트레스를 받았다. 오답을 말한 사람들에게 그 이유를 물었을 때 사람들은 비교적 사소한 평가 과제에서 정답을 말하기보다 다른 사람들과 보조를 맞추는 것이 더 중요해 보였다고 답했다.

애시는 이것이 독일 사회에서 사람들이 보였던 행동을 어느 정도 설명한다고 보았다. 심리실험실의 안전한 환경에서도 의견을 달리하기가 그렇게 힘든데 공개적으로 반대할 경우 실직, 투옥, 심지어 신체적 공격의 위험이 따르는 사회에서는 이것이 얼마나 힘들겠는가? 그뿐만 아니라 나치 정책에 공개적으로 반대했던 용감한 소수의 사람들은 이민을 가야만 했거나 강제수용소로 끌려갔다.

1980년대에 애시 실험을 반복한 일련의 연구에서는 이것이 '시대의 산물'이었는지를, 즉 1950년대의 사람들이 지금의 사람들보다 더 순종적이었는지를 조사했다. 이 반복 실험에서는 동조 경향이 훨씬 덜 나타났기 때문에 한동안 사람들은 애시의 결과가 더 순종적인 세대에서 비롯한 것이라고 믿었다. 그러나 애시의 문의에 대해 연구자인 스티븐 페린 Stephen Perrin과 크리스토퍼 스펜서 Christopher Spencer는 그들의 참여자들도 반대 의견을 말하는 데 큰 스트레스를 받았다고 인정했다. 게다가 애시의 원래 연구를 모르는 참여자들을 모집하느라 방법론적 문제가 발생한 사실이 추가 연구를 통해 드러났다. 왜냐하면 이로 인해 물리학이나 공학과 같은 자연과학 계열의 학생들이 모집되었는데, 이들은 측정의 정확성을 사회적 수용도보다 더 중요하게 생각했기 때문이다. 좀 더 일반적인 인구집단을 대상으로 한 연구에서는 '애시 효과'가 여전히 강력한 것으로 나타났다.

동조행동의 다른 측면을 탐구한 심리학자들도 있었다. 이들의 연구에 따르면 나머지 참여자들이 한 공간에 있지 않아도 명백히 틀린 결과에 동조하는 행동이 나타날 수 있으며, 그러나 다른 의견을 말하는 사람이 한 명만 있어도 (그리고 그 사람이 제3의 의견을 말하는 경우에도) 참여자들은 다수 의견을 따르는 대신에 자신의 의견을 고수하는 경향이 있다. 이런 현상은 애시의 원래 연구처럼 추상적이거나 답이 분명한 과제에서 뚜렷이 나타났다. 반면에 정치적 의견을 묻는 과제에서는 본인이 다수 의견에 동의하지 않고 누가 다른 의견을 말하는 경우에도 다수 의견에 동조하는 경향이 나타났다. 집단에 동조하지 않은 소수는 자신감이 매우 강했거나 정치 분야에 특히 지식이 많은 사람들이었다.

사회심리학에서 가장 견고한 연구 결과 중 하나로 꼽히는 애시 효과는 독일에서 평범한 사람들이 어떻게 점점 더 극단으로 치달은 나치당의 견해와 정책에 동조하게 되었는지를 밝히는 데 기여했다. 그런데 가담 정도가 훨씬 더 심각한 사람들도 있었다. 뉘른베르크 전범재판에서 드러난 것처럼 수천 명의 군인과 민간인이 제3제국의 작전에 관여했다. 이렇게 심각한 복종의 심리를 탐구한 사람은 애시의 제자 스탠리 밀그램Stanley Milgram이었다.

밀그램은 예비 조사에서 많은 심리학자와 정신과의사를 대상으로 다른 사람에게 치명적인 전기 충격을 가할 수 있는 사람이 얼마나 되겠냐고 물었다. 그러자 대다수는 3퍼센트 미만일 것으로 추측했다. 이 예비 조사 후에 밀그램은 기억과 학습에 관한 연구에 참여할 자원자를 모집하는 신문 광고를 냈다. 실험실에 도착한 자원자는 다른 자원자를 소개받았는데, 그 사람은 실제로는 자원자 연기를 하는 배우였다. 두 사람은 제비뽑기로 (그러나 실제로는 조작된 방식으로) '학습자' 역할을 할 사람과 '교사' 역할을 할 사람을 정했다. 실제 자원자는 언제나 교사 역할을 맡았지만, 그는 이 역할이 무작위로 배정되었다고 믿었다.

실험 감독자는 '학습자'를 의자에 묶은 후 영구적인 손상이 생기지 않는 가벼운 전기 충격을 받게 될 것이라고 말했다. '학습자'는 불안한 표정을 지으면서 자신은 심장이 약하다고 말했다. 실험 감독자는 이 광경을 지켜보던 자원자에게 15볼트의 약한 전기 충격을 가해 무슨 일이 일어나고 있는지를 직접 체험하도록 했다(이것은 실험 전체에 걸쳐 유일하게 사용된 실제 전기 충격의 세기였다). 그런 다음 실험 감독자와 자원자는 옆방으로 가서 계기판 앞에 앉았는데, 거기에는 '학습자'와 소통할 수 있는 마이크와 스피커가 있었다. 계기판에는 15볼트부터 450볼트까지 표시된 스위치 30개가 줄지어 있었고, 각 스위치의 강도는 줄을 따라 15볼트씩 증가했다. 또한 각 스위치에는 '약한 충격'부터 300볼트 단계의 '위험 : 심각한 충격'을 지나 가장 높은 단계의 '×××'까지 충격을 설명하는 라벨이 붙어 있었다.

실험 절차는 '교사'가 한 단어를 낭독한 후 네 개의 추가 단어를 낭독하는 식으로 진행되었다. '학습자'는 네 개의 추가 단어 중에서 첫 단어와 의미가 같은 것을 말해야 했으며, 틀리면 전기 충격을 받았다. '학습자'가 오답을 말할 때마다 '교사'는 충격의 강도를 높여야 했다. 그러면 '학습자'의 (사전에 녹음된) 가벼운 신음 소리부터 시작해 고통이 점점 심해지는 듯한 비명 소리가 스피커를 통해 전달되었다. 그리고 330볼트 단계에서는 불길한 침묵이 뒤를 이었다. 실험 감독자는 '실험이 완료되려면 계속해야 합니다', '다른 선택의 여지가 없어요. 계속 진행해야 합니다' 등과 같은 말을 하면서 실험을 계속하도록 다그쳤다.

밀그램의 실험 결과는 모두에게 큰 충격을 안겼다. 3퍼센트 미만일 것이라는 전문가들의 예측과 달리 이 실험에 참여한 모든 자원자가 300볼트까지 실험을 계속했다. 이 단계가 되면 '학습자'는 답변을 거부했지만, 실험 감독자는 '교사'에게 침묵을 오답으로 간주하고 계속 강도를 올리라고 말했다. 이 실험에서 63퍼센트의 '교사'는 옆방에서 아무런 소리가 들리지 않는데도 마지막 단계까지 갔다. '교사'가 보기에 '학습자'가 사망했을 수도 있는 상황이었다.

다른 국가에서도 결과는 비슷했으며 약간의 문화적 차이만 있었다. 끝까지 계속한 참여자의 수가 예를 들어 오스트레일리아는 약간 더 적었고 요르단은 약간 더 많았다. 밀그램은 21개의 다양한 조건에서 이 실험을 했는데, '교사'가 충격 단계를 자유롭게 선택할 수 있는 조건에서는 3퍼센트 미만의 참여자만 끝까지 갔고, '학습자'의 신음이나 비명 소리가 전혀 들리지 않는 조건에서는 대다수가 끝까지 갔다. 실험 감독자가 친절한 조건에서는 최대 복종 수준이 50퍼센트까지 떨어졌고, 다른 참여자가 불복종하는 것을 볼 수 있는 조건에서는 10퍼센트까지 떨어졌다.

그런데 밀그램에게 가장 분명했던 것은 연구 참여자들이 경험한 도덕적 압박감이었다. 참여자들은 명백히 괴로워했으며 실험 감독자에게 중단을 요청하며 따지기도 했지만, 그럴 때마다 실험 감독자는 때로는 꽤 협박조로 실험을 계속해야 한다고 말했다. 몇몇 참여자는 현실을 부정하거나 회피하는 식의 심리적 방어기제를 동원했고 마치 전기 충격이 줄어들 것처럼 스위치를 살짝만 누르기도 했다. 대다수 참여자는 정답을 더 큰 소리로 읽는 등의 방법으로 '학습자'를 도우려 했다. 그러나 많은 경우에 실험을 계속해야 한다는 압력을 이겨내지 못했다.

그렇다고 모두가 그러하지는 않았다. 밀그램 실험의 참여자였던 그레첸 브란트Gretchen Brandt와 얀 렌살레르Jan Rensaleer에게 불복종은 매우 쉬워 보였다. 210볼트 단계에서 브란트는 침착하게 실험자를 찾아가 계속하기를 거부했고, 렌살레르도 꽤 침착하게 실험을 거부하면서 실험 감독자가 계속하는 것 외에는 선택의 여지가 없다고 말했을 때만 화를 냈다. 이때 그는 선택은 자신이 한다고 단호하게 대꾸했다. 이 두 참여자는 맹목적 복종의 함의를 이미 경험한 적이 있었다. 브란트는 나치 독일에서 자랐고, 렌살레르는 제2차 세계대전 때 네덜란드에 있었다. 그들에게 불복종은 도덕적 의무였다.

밀그램의 연구를 비판하는 논문이 발표되면서 연구 윤리에 대한 관심이 커졌고, 이는 향후 이런 연구를 금지하는 엄격한 윤리 기준의 확립으로 이어졌다. 이 비판의 핵심은 자신이 다른 사람을 '죽일' 수도 있다는 사실을 알게 된 실험 참여자들이 정신적 피해를 입을 수 있다는 것이었다. 그러나 역설적이게도 밀그램은 이 점에 관해 매우 세심한 주의를 기울였다. 그는 실험 직후뿐만 아니라 시간이 어느 정도 지난 후에도 모든 참여자를 대상으로 후속 면담을 실시해 참여자가 이로 인해 고통을 겪고 있지 않은지를 살폈다. 그러나 모두가 이렇게 주의 깊지는 않았다.

뉘른베르크 재판에서 전범들의 표준적인 변명은 그저 명령을 따랐을 뿐이라는 것이었다. 그러나 이런 명령은 수백만 명의 살해에 능동적으로 가담하는 것을 포함했으며, 뉘른베르크의 판사들은 이것이 충분한 변명이 되지 않는다고 판결했다. 한나 아렌트Hannah Arendt는 아돌프 아이히만Adolf Eichmann에 관한 상세한 보고서『예루살렘의 아이히만Eichmann in Jerusalem』에서 '악의 평범성'에 관해 이야기했다. 나치의 유대인 대학살이 순조롭게 진행되고 모든 죽음의 열차가 정시에 도착하도록 조치한 책임자이자 1급 전범으로 법정에 선 아이히만은 명백히 사악해 보이지도 않았고 유대인을 유난히 증오하는 것 같지도 않았다(물론 최근에는 이에 반하는 증거가 제시되기도 했다). 전쟁범죄에 가담한 대다수는 그저 자신의 일을 했던 평범한 사람이었다. 밀그램의 연구는 어떻게 이런 일이 일어날 수 있었는지를 이해하는 데 도움이 된다.

CHAPTER 20

마음의 복귀

밀러, 브루너, 나이서의 인지적 접근법

실험실 쥐와 통계! 20세기 중반에 몇몇 사회과학자는 심리학을 이렇게 폄하했다. 물론 이런 모욕적인 발언은 연구지원금을 둘러싼 치열한 경쟁 속에서 종종 정치적 동기에 기초한 것이었고 엄밀히 말해 사실이 아니었지만, 그래도 여기에는 일말의 진실이 담겨 있었다. 1960년대에 심리학과 학생들은 주로 실험용 쥐의 미로 찾기 행동에 기초한 학습이론을 광범위하게 배웠고 심리측정검사의 토대가 되는 통계에 관해서도 철저한 기초교육을 받았다. 연구 방법은 오로지 측정 가능한 정량 데이터의 확보에 초점을 맞췄으며 무엇보다도 심리학은 엄밀한 행동과학이라고 배웠다. '마음'을 이야기하는 것은 사실상 이단이나 다름없었다.

제2차 세계대전 직후에 미국과 영국의 실험심리학은 행동주의 전통이 지배했다. 모든 유기체의 자극-반응 학습이 근본적으로 동일하다는 왓슨의 주장에 따라 상당수의 심리학 연구는 실험용 쥐를 비롯한 동물을 대상으로 이루어졌다. 인간을 대상으로 한 연구도 똑같이 엄밀한 실험 패러다임 내에서 이루어졌으며 유효한 데이터를 얻기 위해 명확하게 증명되고 정량화할 수 있는 행동만을 고려했고 다른 유형의 정보는 매우 의심스러운 것으로 취급했다. 생각, 개념, 대화 등이 아니라 행동만이 심리학의 원자료였다. 이것은 반박 불가능한 것이었으며, 마음과 같은 것이 있을 수 있다는 주장은 과학이라는 이름에 걸맞지 않은 에메모호한 견해로 치부되었다.

이런 접근법은 사회학이나 인류학 같은 인접 학과 학자들의 강한 적대감에 부딪혔으며, 이런 적대감은 오늘날에도 완전히 사라지지 않았다. 이런 학자들은 인간에게 마음이 있으며 마음의 연구가 그 자체로 흥미진진하고 필요하다고 믿어 의심치 않았다. 그리고 이들뿐이 아니었다. 많은 실험심리학자 사이에서도 철저한 행동주의적 접근법을 우려하는 분위기가 확산되고 있었다. 조지 A. 밀러George A. Miller도 그중 한 명이었다.

1960년에 하버드 대학의 실험심리학 교수였던 밀러는 말하기와 의사소통에 관한 실험연구를 하고 있었다. 그런데 이 과정에서 그는 철저한 행동주의적 접근법의 타당성에 의구심을 품게 되었다. 인접 학과의 개념들을 탐색하며 안식년을 보낸 후 그는 더 이상 하버드 대학의 편협한 실험적 접근법을 받아들일 수 없었다. 그는 자신과 비슷한 감정을 가지고 관련 분야에서 활동하는 친구이자 사회심리학자 겸 발달심리학자였던 제롬 브루너와 이 문제를 논의했다. 두 사람은 대학에 새로운 센터 설립을 제안했는데, 이것이 하버드 인지연구센터의 시작이 되었다.

밀러에게는 '인지'라는 단어의 사용조차 이단처럼 느껴졌다. 확고한 실험 전통 속에서 작업했던 그는 이것이 행동주의 모형에 대한 심각한 도전이라는 것을 잘 알고 있었다. 이 새로운 접근법에 따르면 ⓐ마음이라는 것이 존재하며, ⓑ마음은 정보를 처리할 수 있고, ⓒ이는 인간의 행동에 영향을 미친다. 게슈탈트 심리학의 영향으로 행동주의 모형을 전적으로 받아들이지 않았던 사회심리학에 종사한 브루너는 별다른 망설임 없이 이 새로운 접근법에 동의했다. 그들은 미국 심리학계에서 이 새로운 운동의 지도자가 되었는데, 이것은 실험 전통을 유지하면서도 사고, 문제 해결, 개념 형성, 기억과 같은 정신기능을 탐구했다.

이런 과정을 통해 두 사람은 해당 분야에서 저명하고 존경받는 심리학자가 되었다. 시기도 적절했다. 당시에는 행동주의적 접근법에 대한 의구심이 점점 더 커지면서 많은 심리학자가 인지 기능에 관심을 갖게 되었다. 두 사람은 행동주의자들이 무시했던 제임스나 에빙하우스의 초기 실험연구를 토대로 객관적인 실험 방법을 사용해 주로 인간 사고의 여러 측면을 탐구했다. 이를 통해 사고는 점차 실험심리학의 일부로 다시 자리 잡게 되었다. 동물 학습 연구도 계속되었지만 문제 해결, 지각, 기억 등에 관한 연구도 학술지 편집부나 학계의 영향력 있는 다른 기관에서 점차 받아들여지게 되었다. 그러나 희한하게도 '마음mind'이라는 단어를 사용하는 사람은 거의 없었다. 그 대신에 '인지cognition'라는 단어는 훨씬 더 과학적인 인상을 풍겼고 장기간 이어진 편견에서 비교적 자유로울 수 있었다.

아이젠하워의 심리전부서에서 사회심리학자로 일하면서 선전과 대중의 태도를 연구했던 브루너는 전쟁 직후에 하버드 대학에서 교육심리학 자리를 얻었다. 당시에 그가 수행한 고전적 연구에서는 가난한 아이와 부유한 아이에게 다양한 액면가치의 동전 크기를 평가하는 과제를 주었다. 어찌 보면 당연하게도 가난한 아이들은 일관되게 동전 크기를 과대평가했는데, 브루너에게 이것은 행동주의자들의 가정과 달리 지각이 신경학적 과정 이상의 것임을 보여주는 경험적 증거였다. 그는 동료인 레오 포스트먼Leo Postman과 함께 마음가짐 또는 정신적 준비 상태의 영향을 보여주는 여러 연구를 수행했다. 그들의 연구는 의심의 여지 없이 마음과 관련된 것이었지만 실험 전통에 따라 엄격하게 수행되었다. 브루너는 1956년에 이런 연구 결과 등을 모아『사고에 관한 연구A Study of Thinking』를 출간했는데, 이처럼 그에게 밀러의 제안은 시의적절한 것이었다.

밀러가 안식년에 만난 학자들 중에는 심리언어학자 노엄 촘스키도 있었다. 촘스키는 엄밀히 말해 심리학자가 아니었지만 밀러에게, 그리고 나중에는 심리학 자체에도 지대한 영향을 미쳤으며 인지과학의 창시자 중 한 명으로 불리게 되었다. 그의 아버지는 히브리어 전문가였는데, 아마도 이것이 아동의 언어 습득 과정을 연구하기로 마음먹은 젊은 촘스키에게 영향을 미쳤을 것이

    심리학의 역사

다. 그는 언어가 본질적으로 경험을 통해 습득된다는 행동주의 전통 속에서 연구를 시작했는데, 이에 따르면 어린아이는 주위에서 말하는 것을 들으면서 구어의 규칙과 원칙을 점차 해독하게 된다. 촘스키는 이런 가정을 증명하려 했지만, 이것이 실제로 일어나는 일을 설명하지 못한다는 것을 이내 깨달았다. 그가 직면한 주요 문제는 능력과 수행이 다르다는 것이었다. 즉 아동은 (또는 사실상 모든 사람은) 말을 할 때 제한된 수의 문법 형식만 사용하지만 이전에 접한 적이 없는 말하기 방식을 포함해 더 많은 것을 이해할 수 있다. 게다가 전 세계 아동들은 비슷한 나이에 비슷한 방식으로 언어를 습득한다.

그래서 촘스키는 제13장에서 살펴본 것처럼 언어 습득이 인간의 선천적 능력이라고 결론지었다. 그는 발달하는 뇌가 기초 문법의 자연적 의미를 산출하는 방식으로 구조화된다고, 다시 말해 실제로 어떤 언어를 습득하든 상관없이 언어의 핵심 원칙을 추출할 수 있다고 주장했다. 그가 심리학의 새로운 인지적 접근법에 본격적으로 영향을 미치게 된 것은 B. F. 스키너의 『언어 행동』에 대해 그가 기고한 장문의 비평에서 비롯했다. 이 글에서 그는 언어가 조작적 조건화를 통해 발달한다는 스키너의 주장을 비판했다. 촘스키의 모형은 심리학자들 사이에서 여러모로 논란거리가 되었고 오늘날 이를 전면적으로 받아들이는 사람은 거의 없지만, 당시에는 이것이 언어심리학의 대전환을 촉발하는 계기가 되었다. 밀러에게 이것은 행동주의에 대한 또 다른 도전이었으며 행동주의의 지배에 맞서려는 그의 결심을 더욱 굳히는 계기가 되었다.

　브루너와 밀러는 1960년에 설립된 하버드 인지연구센터를 중심으로 자신들의 연구를 이어갔다. 브루너는 정신적 준비 상태에 관한 연구를 계속했고 밀러는 기억을 연구했다. 밀러의 가장 유명한 연구는 '마법의 숫자 7'에 관한 것이었다. 그의 연구 결과에 따르면 사람들이 한 번에 기억할 수 있는 정보의 양은 제한되어 있다. 한 자릿수의 문자나 숫자든 'BBC'와 'CNN'처럼 의미 있는 문자 덩어리든 상관없이 대다수 사람은 한 번에 평균 일곱 개의 항목만 기억할 수 있다. 물론 이것은 평균치일 뿐이며 실세로는 겨우 5~6개를 기억하거나 8~9개까지 기억할 수 있는 사람도 있을 것이다. 우리는 방대한 양의 정보를 기억하고 있다가 필요 시 이것을 기억 속에서 인출할 수 있지만, 한 번에 지속적으로 주의를 집중할 수 있는 정보량에는 분명한 한계가 있다는 것이다.

　밀러의 이 논문은 여러 연구 프로그램을 촉발했고, 그 결과로 세 유형의 기억이 있다는 데 학계의 의견이 수렴되었다. 즉 감각의 반향이 남아 있는 즉각적인 감각 버퍼sensory buffer, 우리가 온라인 은행 거래용 인증코드를 입력할 때 사용하는 단기기억, 우리가 거의 평생 동안 저장 중인 정보를 인출할 때 사용하는 장기기억이 그것이었다. 이후에 심리학자들은 이런 기억 저장소의 정확한 성질을 계속 탐구해 여러 유형의 기억을 추가로 밝혀냈는데, 예를 들어 우리가 차를 끓일 때 사용하는 절차기억, 지난 휴가철의 기억과 같은 일화기억 등이 그것이었다. 이런 연구 결과에 관해서는 제32장에서 컴퓨터 모형화가 인지심리학에 미친 영향을 살펴보면서 일부 다시 언급하게 될 것이다.

미국 실험심리학에 인지 영역이 포함되는 데 중요한 기여를 한 또 다른 인물은 울릭 나이서였다. 그는 밀러가 인지에 대한 관심을 공개적으로 표명하기 전에 밀러의 대학원생이었으며 졸업 후에는 스와스모어 대학에서도 연구했다. 이때 그는 쾰러나 그의 동료들을 알게 되면서 심리 과정이 사회적 맥락에서 어떻게 작동하는지에 관심을 갖게 되었다. 그 후에 그는 브랜다이스 대학으로 자리를 옮겼는데, 그곳에서는 매슬로가 제15장에서 살펴본 것처럼 행동주의와 정신분석에 도전하는 제3의 길을 모색하고 있었다. 그는 특히 심리학이 선善을 위한 세력이 되어야 하며, 따라서 인간 마음의 긍정적인 측면을 강조해야 한다는 매슬로의 주장에 공감했다.

나이서는 주로 지각 정보의 처리 과정, 특히 우리가 특정 물체나 사람을 찾는 방식에 관해 연구했다. 실험 상황에서 이것은 일련의 숫자나 문자에서 특정 항목을 찾는 형태를 띠었지만, 이렇게 추상적인 방법을 통해서도 나이서는 지각이 평범한 생리적 과정 이상이라는 것을 보여주었다. 문자의 형태와 참여자의 정신적 준비 상태에 따라 겉보기에 꽤 기계적인 듯한 과제에서도 상당한 차이가 나타났다.

1967년에 출간된 그의 영향력 있는 저서 『인지심리학Cognitive Psychology』은 이 새로운 분야의 이름이 결정되는 계기가 되었을 뿐만 아니라 마음속에서 정보가 전달되고 처리되는 방식을 어떻게 모형화할 수 있는지를 보여주었다. 이를 계기로 정보처리 연구는 당시에 매혹적인 혁신물이었던 컴퓨터의 정보처리 과정과 자연스럽게 비교되면서 인지 연구의 주요 주제로 자리 잡게 되었다. 연구자들은 계산 모형을 개발하기 시작했지만, 다른 한편으로는 사전 지식에 최대한 '오염'되지 않은 무의미 자료를 사용해 엄격하게 통제된 실험실 조건에서 연구하는 실험 전통도 계속 이어졌다.

인지 연구는 정보처리에 초점을 맞춘 덕분에 주류 심리학에 편입될 수 있었지만, 나이서는 인지의 사회적·개인적 맥락을 고려하는 것이 중요하며 인지 연구자들의 엄격한 실험적 접근법이 요점을 놓칠 수 있다고 우려했다. 그는 가능한 모든 '오염' 요인을 제거하도록 설계된 엄격한 실험 통제가 일상 경험과 분리된 매우 인위적인 연구로 이어질 수 있다고 보았다. 그는 이런 생각을 정리해 1976년에 출간한 『인지와 현실 Cognition and Reality』에서 인지의 핵심인 지각이 이전 경험과 현재 맥락이 제공하는 정보에 기초한 지각적 탐색의 끊임없는 순환이라고 주장했다. 이 책은 사람들의 실제 행동에 관한 많은 통찰을 담고 있었지만 인지 연구자들에게는 그다지 인기가 없었다. 이에 대해 나이서는 인지 연구자들이 아쉽게도 이 책을 통해 자신의 연구가 폄하되었다는 느낌을 받았기 때문일 것이라고 말했다.

실험실 조건에서의 인지와 일상생활의 인지 간의 긴장은 결코 완전히 사라지지 않았다. 20세기 말엽까지 지속된 이런 긴장은 이 시기에 발전해 1990년대에야 제대로 인정받게 된 제임스 제롬 깁슨의 지각이론에도 반영되어 있는데, 이에 관해서는 제33장에

    심리학의 역사

서 살펴볼 것이다. 어쨌든 인지가 심리학의 타당한 연구 대상으로 인정받은 것은 행동주의의 지배에 대한 중대한 도전이자 실험 심리학 발전의 획기적인 사건으로 남게 되었다.

CHAPTER 21

감정과 스트레스

투쟁-도피 반응, 스트레스 및 심리면역학

버스나 기차를 타려고 달렸는데 아슬아슬하게 놓친 적이 있지 않은가? 이럴 때면 가쁜 숨을 몰아쉬면서 버스 정류장이나 기차역에 멈춰 선 순간 심장이 두근거리고 땀이 난다. 그러다 몇 분이 지나면 다시 차분한 상태로 돌아간다. 이럴 때 우리는 종종 짜증을 낸다. 어리석거나 터무니없는 말을 들을 때도 우리는 짜증을 내거나 날카롭게 말대꾸를 한다.

이런 것들은 모두 심리학자들이 각성arousal이라고 부르는 신체 상태다. 이것은 일종의 생존 메커니즘이며 성적 흥분sexual arousal과는 다른 것이다. 우리가 공포나 위협을 느낄 때, 또는 버스를 놓칠까 봐 불안할 때 우리의 신체는 최대한 많은 에너지를 확보하려 한다. 그 이유는 원시시대에 우리가 무언가에 공포나 위협을 느꼈다면 그것은 십중팔구 우리가 맞서 싸워야 하거나, 아니면 도망쳐야 하는 물리적인 어떤 것이었기 때문이다. 맞서 싸우려면 모든 에너지를 동원해야 하는데, 왜냐하면 패배는 곧 죽음을 의미할 수도 있기 때문이다. 마찬가지로 도망치려 할 때도 모든 에너지를 동원해야 하는데, 왜냐하면 잡히면 당연히 죽을 수도 있기 때문이다. 나중을 위해 에너지를 아껴둘 필요가 없다. 나중은 없을 수도 있기 때문이다!

이런 반응은 자동적으로 일어나며 '투쟁-도피 반응fight-or-flight response'이라고 불리는데, 그 이유는 이제 분명해졌을 것이다. 이때 많은 생리적 변화가 일어나는데, 예를 들어 숨을 더 깊이 쉬어 더 많은 산소가 혈액에 공급되고, 심장이 더 빨리 뛰고 혈압이 증가해 산소가 근육에 더 빨리 도달하며, 혈액이 걸쭉해져 상처를 입을 경우 더 쉽게 응고하고, 소화에 변화가 생겨 지방과 당분은 매우 빠르게 에너지로 전환되는 반면 단백질과 같은 복잡한 음식의 소화는 잠시 보류된다. 공포를 느낄 때는 혈액이 내장 쪽으로 쏠려 피부가 창백해지고 땀이 나면서 소름이 돋는데, 이것은 인간의 경우 과거의 흔적일 뿐이지만 털이 긴 포유류의 경우 털끝이 일어나 더 크게 보이는 효과를 낳아 공격받을 확률을 줄일 수 있다.

투쟁-도피 증후군을 1915년에 최초로 많은 생리적 반응의 집합으로 확인한 사람은 월터 캐넌Walter Cannon이었다. 물론 이것은 그 전에도 이미 알려진 사실이었다. 흔히 미국 심리학의 아버지라 불리는 윌리엄 제임스는 이런 반응이 사실상 우리의 감정을 설명해준다고 믿었다. 그는 계단에서 발을 헛디디는 순간 난간을 붙잡는 행동을 예로 들었다. 이럴 때 우리는 특별한 생각 없이 우리에게 필요한 것을 한다. 그리고 그런 다음에야 우리는 심장이 더 빨리 뛰고 숨이 조금 가빠졌으며 손이 촉촉해진 것을 느끼게 된다. 제임스에 따르면 이럴 때 비로소 우리는 두려움을 느끼게 된다. 우리의 마음이 이런 생리적 느낌을 계단에서 굴러떨어지는 것에 대한 공포로 해석한 것이다. 제임스의 유명한 인용문에 따르면 우리는 슬퍼서 우는 것이 아니라 울기 때문에 슬프다. 이것은 마음이 신체의 생리적 반응을 해석하는 과정을 통해 감정이 생긴다는 뜻이다. 제임스의 이런 주장에는 분명한 허점이 있다. 예를 들어 공포를 먼저 느끼지 않았다면 신체는 이런 반응의 필요성을 어떻게 알았는가? 그러나 그의 급진적인 이론은 많은 연구를 촉발했고, 이를 통해 스트레스와 스트레스가 우리에게 미치는 영향을 더 잘 이해하게 되었다.

현대 세계에서는 도망치거나 맞서 싸워야 하는 위협에 직면하는 경우가 많지 않다. 우리를 불안이나 공포에 떨게 하는 것은 대출금을 갚지 못할까 봐 느끼는 두려움과 같이 좀 더 간접적인 것이다. 또한 이런 것들은 금방 사라지지 않고 오래 지속되는 경향이 있다. 이렇게 현대인이 주로 직면하는 위협을 이해하려면 한스 셀리에Hans Selye의 연구를 빼놓을 수 없는데, 헝가리계 캐나다 내분비학자인 그는 암환자 등이 경험하는 특정 증상을 가리켜 '스트레스'라고 명명한 인물이었다.

셀리에가 1956년에 출간한 『삶의 스트레스The Stress of Life』는 곧바로 베스트셀러가 되었다. 그는 각성이 전부-또는-전무 반응all-or-none response이 아니라는 것을 보여주었다. 즉 충격이 덜 심하면 동일한 생리적 과정이 덜 심한 형태로 촉발될 수도 있다. 예를 들어 심박수가 약간만 빨라지고 땀도 약간만 나며 그 밖의 생리적 변화도 일어나긴 하지만 그렇게 심하지 않을 수 있다. 반응이 있긴 하지만 거의 눈에 띄지 않을 수도 있다.

이런 각성은 유익할 때도 있다. 운동선수나 그 밖의 경쟁자들은 일정 수준의 각성 상태에서 최고의 기량을 발휘하곤 한다. 대다수 활동에는 최적의 각성 수준이 있다. 그래서 어느 정도까지는 각성이 도움이 되지만, 지나치면 수행 능력에 방해가 되기 시작한다. 적당히 짜증이 나면 더 많은 말을 쏟아내지만, 너무 화가 나면 말문이 막힌다. 이런 현상은 일찍이 1908년에 여키스-도슨 법칙Yerkes-Dodson Law으로 명명되었지만, 이것을 제대로 이해하게 된 것은 훨씬 뒤의 일이었다. 이 법칙에 따르면 최적의 각성 수준은 복잡한 과제보다 단순한 과제일 때 더 높다. 몹시 화가 난 상태에서 청소기를 돌리면 조금 더 빠르게 청소할 것이다. 그러나 똑같은 상태에서 항의 이메일을 쓰려면 적절한 단어가 떠오르지 않을 것이다. 조금 진정해야 비로소 선은 넘지 않으면서도 최적의 각성 수준에 도달할 것이다.

불안한 또는 무서운 생각도 각성을 어느 정도 촉발할 수 있다. 바로 이런 반응을 탐지하는 것이 폴리그래프polygraph라고 불리는 거짓말 탐지기다. 여러 유형의 교감신경 반응(각성은 교감신경계의 작용으로 생긴다)을 기록하는 폴리그래프는 누가 일부러 거짓말을 할 때 생기는 미세한 변화까지 식별할 수 있다. 문제는 기계가 실제로 탐지한 것이 생리적 각성이라는 점이다. 이것이 불안을 유발하는 참말 때문인지, 아니면 거짓말 때문인지를 구별하려면 숙련된 면접자가 필요하다.

셀리에는 이미 알려진 형태의 표준적인 각성과 경미한 스트레스 요인에 장기간 노출된 동물이나 암환자 또는 결핵환자가 보이는 유사한 반응 사이에 어떤 관계가 있다는 것을 밝혀냈다. 이런 증상은 스트레스로 인한 것이 분명했고 동물과 인간 모두에게서 비슷했지만 즉각적인 각성과는 뭔가 달랐다. 셀리에는 이를 '일반적응증후군'이라고 불렀으며 인간(과 동물)이 장기적이고 지속적인 스트레스에 적응하는 특정 과정을 거친다고 주장했다.

셀리에의 일반적응증후군은 세 단계로 나뉜다. 첫 번째는 각성 반응이 명백히 나타나는 경보 단계다. 그러나 스트레스가 시간이 지나도 계속되면 두 번째 단계인 저항 단계로 넘어간다. 이 단계에서는 사람(또는 동물)이 진정된 것처럼 보이지만 여전히 많은 아드레날린이 혈류에 있으며 스트레스를 주는 또는 스트레스를 주는 것으로 지각된 사태에 과민반응을 보이는 경향이 있다. 돈이나 일에 관해 지속적으로 불안해할 경우 대인관계에 부정적 영향을 미칠 수 있다는 것은 잘 알려진 사실인데, 그 이유의 상당 부분은 바로 이 때문이다. 이 상태에 있는 사람은 과민하게 반응하기 때문에 사랑하는 사람과 말다툼을 벌이기 쉬우며, 말다툼이 잦으면 관계에 부담이 될 수밖에 없다.

셀리에가 지적한 것처럼 저항 단계는 신체에 매우 해롭다. 이

때는 신체의 비축 에너지가 소진되고 감염에 대한 저항력도 현저히 떨어진다. 이 단계가 오래 지속되면 세 번째 단계인 탈진 단계로 접어들어 결국 투쟁을 포기하게 된다. 투쟁 대상이 암이나 기타 질병인 경우 종종 사망에 이르게 된다.

셀리에의 책이 출간된 이후 스트레스 관련 산업이 크게 발전했는데, 여기에는 스트레스 요인에 대한 학술 연구부터 스트레스 감소를 위한 조언과 스트레스의 긍정적 관리법까지 다양한 활동이 포함되었다. 또한 그의 연구를 계기로 심리학의 새로운 두 분야가 발전했다. 그중 하나는 심리 요인과 신체 면역체제 간의 관계를 다루는 심리면역학의 발전이었다. 그리고 다른 하나는 장기적 스트레스의 해로운 영향에 대한 대처 전략 수립에 도움이 되는 통제감과 주체성의 심리학이었다. 이에 관해서는 제34장에서 살펴보도록 하겠다.

심리면역학에는 다양한 접근법이 있다. 순수하게 생리적인 접근을 하는 연구자들은 장기적으로 스트레스를 받는 사람의 혈류에서 글루코코르티코이드glucocorticoid라는 화학물질의 수치가 증가한 것을 발견했다. 시간이 지나면 감염으로부터 신체를 방어하는 백혈구에 이것이 달라붙어 백혈구의 효율을 떨어뜨린다. 따라서 스트레스를 받는 사람은 감기나 독감 같은 전염병에 걸리기 쉬우며 종종 피곤하고 기운이 없다. 심장병이나 위궤양 같은 다른 여러 질병도 장기적 스트레스와 관련되어 있는 것으로 밝혀졌다.

1950년대의 악명 높은 동물실험 중 하나는 여러 쌍의 원숭이에게 규칙적으로 전기 충격을 가한 조셉 브래디Joseph Brady의 실험이었다. 이때 쌍마다 한 원숭이에게는 레버를 눌러 한 번에 20초간 충격을 연기할 수 있는 기회를 제공한 반면 다른 원숭이는 아무것도 할 수 없었으며 이 쌍에게 무슨 일이 일어나든 그냥 감수할 수밖에 없었다. 그래서 두 원숭이는 똑같은 신체적 고통을 겪었지만, 한 원숭이는 자그마치 여섯 시간 동안 레버를 자주 눌러야만 하는 심리적 스트레스를 추가로 받았다. 실험 후 '능동적' 역할을 맡은 몇몇 원숭이는 십이지장궤양으로 사망한 반면 수동적 역할의 원숭이들에게는 그런 문제가 나타나지 않았다. 브래디는 이를 장기적 스트레스로 인한 위 산도 변화로 설명했으며, 그의 연구는 위궤양과 스트레스 간의 연관성을 보여주는 '증거'로 간주되었다. 물론 동물복지가 심리학의 주요 관심사로 떠오른 후에 이것은 상당한 비판을 받았지만, 그것은 나중의 일이었다.

그런가 하면 심리면역학에는 또 다른 접근법도 있었다. 예를 들어 인류학자 로빈 호튼Robin Horton에 따르면 몇몇 비기술사회의 전염병 대처 방식은 감염 저항력과 관련해 스트레스가 중요하다는 점을 비기술사회에서도 알고 있었음을 보여준다. 호튼에 따르면 흔히 '주술사'로 폄하되는 아프리카의 전통 의사들은 전염병 환자와 면담을 시작할 때 혹시 최근에 누구와 다퉜거나 누구 때문에 걱정하지 않았는지와 같은 최근의 사회적 경험을 물어보곤 한다. 그들은 특히 최근에 친구나 친척과 다툰 일 같은 사회적 스트레스의 요인이 될 만한 것들을 찾는다.

서구인의 눈에는 이것이 부적절해 보일 것이다. 그러나 호튼의 지적처럼 유아 사망률이 높은 사회에서는 이것이 매우 합리적

 심리학의 역사

인데, 왜냐하면 생존해서 성인이 된 사람들은 이미 질병에 대해 강한 저항력을 가지고 있을 것이기 때문이다. 따라서 문제는 감염이 어디서 왔는지가 아니라 어째서 병에 걸릴 만큼 저항력이 낮아졌는지였다. 그리고 이런 사회에서 가장 개연성이 높은 원인은 사회적 스트레스였다.

셀리에는 모든 스트레스가 부정적인 것은 아니며 스트레스가 유익할 때도 있다고 말했다. 그는 긍정적인 스트레스를 '좋은 스트레스eustress'라고 불렀으며, 이것과 부정적인 '나쁜 스트레스distress'의 생리적 과정에는 사실상 차이가 없음을 보여주었다. 그러나 좋은 스트레스는 정신적 이점과 신체적 이점을 모두 제공할 수 있는데, 때로는 우리가 사태를 어떻게 이해하는지에 따라 모든 것이 달라질 수 있다. 후속 연구에 따르면 이 경우에 인간과 동물 모두에게 관건이 되는 것은 사태에 대한 통제감의 유무다. 우리는 어떤 식으로든 스트레스를 통제할 수 있다고 느낄 때 훨씬 더 많은 스트레스에 대처할 수 있다. 이런 통찰은 심리학에 지대한 영향을 미쳤으며, 특히 심리학의 완전히 새로운 분야인 긍정심리학의 탄생으로 이어졌는데, 이에 관해서는 제37장에서 살펴볼 것이다.

CHAPTER 22

대인관계의 발달

각인, 관계 형성 및 모성박탈 논쟁

아마도 어미 오리를 줄지어 뒤따르는 새끼 오리 떼나 인간 '양부모'를 뒤따르는 새끼 거위 떼의 사진을 본 적이 있을 것이다. 이런 행동은 각인imprinting 때문인데, 각인이란 조숙성 동물, 즉 태어나자마자 움직일 수 있는 동물에게만 나타나는 매우 빠른 학습 형태를 말한다. 이런 동물은 거의 태어나자마자 움직일 수 있기 때문에 이리저리 돌아다니다가 근처에 있는 포식동물의 먹이가 되기 쉽다. 따라서 이런 동물은 어미 곁에 머물러야 한다는 것을 자동적으로 빠르게 학습하며 무리에서 뒤처지면 위협을 느낀다. 실험 결과, 관련 메커니즘은 선천적인 것으로 밝혀졌다. 즉 갓 부화한 새끼 오리와 새끼 거위는 최초로 본 움직이는 물체를 따라가며 뒤처지지 않으려고 장애물을 넘거나 긴 풀밭을 통과하는 등

물리적 장벽도 이겨내는 행동을 보였다.

각인 현상은 제2차 세계대전 전에 유럽에서 콘라트 로렌츠를 통해 밝혀졌는데, 몇몇 연구자는 이를 통해 어머니와 유아 사이의 애착이 형성될 것이라고 가정했다. 반면에 행동주의 전통이 지배한 미국에서는 어머니가 음식을 제공하기 때문에 어머니에 대한 아기의 애착이 형성된다는 것이 지배적인 가정이었다. 즉 수유가 아기의 쾌감을 낳고 이것이 조건화를 통해 어머니의 존재와 연결된다고 보았다. 행동주의자들은 이런 방식으로 유아와 부모 사이의 애착이 형성된다고 주장했다.

그러나 이런 가정은 제15장에서 살펴본 할로의 유명한 원숭이 애착 실험을 통해 흔들리게 되었다. 왜냐하면 새끼 원숭이들은 우유를 제공한 철사 모형보다 천으로 덮인 모형을 더 선호했기 때문이다. 그러나 이 새끼 원숭이들이 자라면서 발달이 정상적이지 않다는 것이 분명해졌다. 이 원숭이들은 다른 원숭이들과 효과적으로 상호 작용하지 못했으며 종종 따돌림을 당했다. 인위적인 양육 환경으로 인해 이 사회적 동물이 기초 기술을 학습할 기회가 없었던 것이다. 이후에 성체 원숭이 없이 새끼 원숭이들만 함께 키운 할로의 후속 연구는 사회적 접촉이 이런 손상을 개선하는 데 큰 도움이 될 수 있다는 것을 보여주었다. 이 원숭이들은 완전히 정상은 아니었지만 다른 원숭이들과 더 효과적으로 상호 작용했으며 결국에는 더 큰 사회적 집단에 통합될 수 있었다. 할로는 애착이 음식 제공을 통해서만 형성된다는 행동주의의 가정을 설득력 있게 반박했을 뿐만 아니라 애착이 발달에 장기적인 영향을 미칠 수 있다는 사실도 보여주었다. 이에 관해서는 이 장의 뒷부분에서 다시 살펴보도록 하겠다.

　로렌츠의 각인 모형은 애착에 대한 설명으로 빠르게 받아들여졌다. 어쨌든 각인도 학습의 한 형태였으며 한동안 각인은 인간을 포함한 모든 동물의 기본적인 애착 과정으로 간주되었다. 각인은 애착이론의 대명사처럼 된 심리학자 존 볼비John Bowlby에게도 연구의 출발점이 되었다. 영국 해군 복무를 포함해 꽤 다양한 경력을 지닌 볼비는 심리학에 관심을 갖게 되었다. 당시에 그는 케임브리지 대학에서 프레더릭 바틀렛의 생물심리학 강의를 들었고 정신분석이론도 공부했다. 그는 전쟁 전부터 애착에 관심이 많았으며 장교 선발과 관련된 전쟁 업무를 수행하면서 방법론과 통계 지식도 쌓았다. 평화가 찾아오자 그는 타비스톡 연구소에 합류해 모자 분리의 결과를 조사하는 연구 부서를 설립했다.

　볼비는 정신분석에 대한 배경지식이 풍부했으며 타비스톡 병원의 진료는 주로 멜라니 클라인의 접근법에 기초했다. 그러나 볼비가 보기에 정신분석은 애착 관계가 깨진 모자 분리의 결과를 충분히 설명하지 못했다. 그는 역시 모자 관계에 관심이 많았던 동물행동학자이자 친구인 로버트 힌데Robert Hinde와 동물행동학의 최근 애착 연구에 관해 논의했다. 새끼 원숭이에 대한 할로의 연구를 흥미롭게 살펴본 볼비는 아기가 자신을 돌보고 자신의 일상적 욕구를 채워주는 주요 양육자와 애착을 형성하고 유지하려는 생물학적 성향을 가지고 있다고 결론지었다. 그는 이런 성향을 토대로 어머니와 아기 간에 양방향의 애정적 유대가 형성되고 이것이 나중에 성인이 되어 맺는 인간관계의 기초가 된다고 보았다.

볼비는 이미 1950년대에 그의 이론의 뼈대를 세웠으며 그의 기본적인 애착 모형은 지금까지도 상당한 인정을 받고 있다. 이후에 그는 아버지나 조부모의 양육과 같은 다른 유형의 가족관계를 포함하는 방향으로 애착 모형을 조정했지만 그는 애착이 한 양육자와만 형성되는 과정이라고 보았으며, 특히 어머니에 대한 아기의 애착을 가리켜 단일지향적monotropic 애착이라고 불렀다. 그러나 그의 동료인 메리 에인스워스Mary Ainsworth의 연구는 다양한 유형의 애착이 형성될 수 있다는 것을 보여주었다.

에인스워스는 '낯선 상황 기법'을 사용해 애착을 연구했다. 이것은 어머니가 곁에 있거나 없는 조건에서 아기가 낯선 사람과 마주치는 상황을 포함했다. 그녀는 또한 고아 및 입원 아동의 행동에 관한 연구를 통해 세 가지 기본 유형, 즉 안정형·불안정-회피형·불안정-양가형/저항형 애착으로 구별했다. 안정형 애착이 형성된 아동은 어머니가 곁에 있으면 자신감 있게 행동했고 어머니가 곁에 없어도 특별히 스트레스를 받지 않았으며 쉽게 진정되었다. 반면에 다른 애착 유형의 아동은 어머니가 돌아왔을 때 어머니를 거부하거나 어머니에게 다가가길 망설이는 행동을 더 자주 보였다. 또한 그녀의 연구 결과에 따르면 안정형 애착이 형성된 아기의 어머니는 회피형 또는 양가형으로 분류된 아기의 어머니보다 생후 첫 몇 개월 동안에도 아기에게 더 민감하게 반응하고 아기를 더 세심하게 안는 경향이 있었다.

이런 연구 결과는 1960년대 중반에 아기의 평소 생활환경에서 부모와 아기의 상호작용을 연구한 루돌프 샤퍼Rudolph Schaffer의 현장 연구와 연결되었다. 그의 연구 결과에 따르면 아기의 가장 강한 애착은 반드시 아기를 가장 많이 돌본 사람과 형성되는 것이 아니었다. 그 대신에 아기는 자신의 신호에 가장 민감하게 반응한 사람과 가장 강한 애착을 형성했다. 이런 사람은 보통 어머니였지만, 때로는 매일 저녁 한 시간 정도씩 아기와 함께 시간을 보낸 사람이기도 했다. 중요한 것은 아기에 대한 민감한 반응이었다. 샤퍼의 이런 관찰 덕분에 애착이론은 아기가 하루 종일 곁에 있는 어머니보다 직장에 다니는 아버지에 내해 1차 애착을 형성하는 것과 같은 특이한 상황을 설명할 수 있게 되었다.

실제로 어머니의 종일 양육은 전후 수십 년간 상당한 논란거리가 되었다. 앞서 살펴본 것처럼 볼비는 아기를 곁에서 돌보고 보호하는 어머니의 역할이 중요하다는 신념을 버리지 않았으며 그의 베스트셀러 『육아와 사랑의 성장Child Care and the Growth of Love』에서는 어머니와의 관계가 단절된 아이가 입을 수 있는 정서적 피해를 이야기하기도 했다. 이것은 고아 또는 입원 아동에 대한 전후 연구 및 청소년 비행에 대한 사회적 우려의 증가와 맞물려 광범위한 사회적 논쟁을 촉발했다. 당시는 비트족과 로큰롤에 대한 기성세대의 우려, 구시대적인 법과 질서를 무시하는 젊은이들의 태도 등으로 인해 도덕적 공황이 확산되던 시기였다.

정서장애가 있는 청소년을 대상으로 한 연구를 토대로 볼비는 어린 시절의 모성박탈로 인해 비행 청소년들이 타인과 건강한 관계를 맺지 못하고 비행을 저지르게 된다고 주장했다. 나아가 극단적인 경우 사회적 애착이나 사회적 책임감이 전혀 없는 '애정결핍성 정신병질'로 이어질 수 있다고 그는 주장했다.

관련 논쟁을 격화한 것은 볼비의 책에서 아동의 애착에 해가 될 수 있는 상황을 열거한 목록이었다. 여기에는 '풀타임 직장에 다니는 어머니' 항목이 있었는데, 이것이 사회적으로뿐만 아니라 정치적으로도 논란의 불씨가 되었다. 당시에는 사회로 복귀한 군인들의 취업이 주요 화두였기 때문에 전쟁 중에 일을 했던 여성들에게는 '전업주부'가 되는 것을 권장하는 분위기였다. 그러나 '강제로 부엌으로 돌아가는 것'에 대한 사회적 반발이 컸으며 성인 한 명의 수입으로는 생계가 곤란한 가정도 적지 않았다. 이런 상황에서 어머니가 풀타임 직장에 다니면 아이에게 해로울 수 있다는 견해가 대중의 상상에 큰 영향을 미치면서 매우 현실적인 사회적 압력으로 작용했다.

1960년대에 마이클 루터Michael Rutter는 볼비의 증거와 모성박탈 문제에 대한 재평가를 시도했다. 그의 연구 결과에 따르면 청소년 비행은 대개 당면한 상황에 대한 반응이었다. 즉 스트레스를 주는 가정환경의 청소년은 비행에 빠지기 쉬운 반면에 스트레스가 적절히 해소되는 가정환경의 청소년은 덜 반항적인 삶으로 돌아가는 경향이 있었다. 루터의 책은 모성박탈 우려에 의문을 제기했고 직장에 다니는 어머니에 대한 논쟁이 지속됨에 따라 오랫동안 베스트셀러로 남았다.

모성박탈 논쟁으로 인해 심각한 박탈 경험과 지속적인 방치의 영향도 사회적 주목을 받게 되었다. 아기였을 때 유기되었다가 암컷 늑대의 젖을 먹고 살아남아 강력한 전사로 성장해 로마의 건국자가 되었다는 로물루스Romulus와 레무스Remus 쌍둥이의 이야기처럼 야생에서 발견되어 사람과 접촉한 경험이 전혀 없는 야생 아동에 대한 이야기는 수 세기 전부터 많았다. 그러나 좀 더 최근의 이야기들은 대부분 야생 아동을 길들일 수 없고 문명화될 수 없는 존재로 묘사했다.

다른 많은 사람과 마찬가지로 볼비도 어린 시절의 손상 경험이 성인기에까지 지속적인 영향을 미친다는 프로이트의 신념을 공유하고 있었다. 그러나 심각한 박탈 경험을 한 아동에 대한 사례연구들은 적절한 돌봄을 받을 경우 상당히 회복될 수 있다는 것을 보여주었다. 가장 유명한 사례 중 하나는 열네 살에 발견된 지니라는 아동의 사례였다. 지니의 아버지는 생후 20개월 때부터 지니를 의자에 묶어 감금한 채 이유식만 먹였다. 아버지는 아이에게 말도 걸지 않았고 아이가 소리를 내면 오히려 벌을 주었다. 발견 당시에 지니는 말도 못했고 이해하지도 못했다. 그러나 심리학자 팀의 돌봄과 훈련 덕분에 지니는 빠르게 학습했고 몇 년 후에는 꽤 능숙하게 언어를 구사했다.

그러나 안타깝게도 지니는 당시에 지배적이던 방법론적 제약의 희생양이 되고 말았다. 연구진은 지니의 영상과 면담 녹음 등의 방대한 데이터를 갖고 있었지만, 이것들은 모두 수치가 아니라 질적 데이터였다. 당시의 주류 심리학이 보기에 이것은 비과학적인 일화에 불과했고 진정한 증거가 될 수 없었다. 그랬기 때문에 연구지원금이 중단되어 지니는 보호시설로 돌아갈 수밖에 없었고, 그곳에서 지니는 위탁 양육과 또다시 학대를 경험하게 되었다. 지니를 돌보았던 연구자 수전 커티스Susan Curtiss는 그 후 수십 년간 접촉을 시도했지만 번번이 거절당했다고 한다.

좀 더 긍정적인 사례도 있었다. 어느 두 자매는 사회적 접촉이나 장난감도 없이 작은 벽장이나 지하실에 갇힌 상태로 심각하게 방치되었던 여섯 살배기 체코 쌍둥이의 위탁 양육을 맡게 되었다. 발견 당시에 이 쌍둥이는 거의 걷지도 못했고 아버지가 양육권을 갖게 되기 전에 배웠던 몇 마디 말만 할 수 있었다. 그러나 애정 어린 돌봄과 관심 덕분에 이들은 상태가 빠르게 호전되었고 새로운 사회적 기술과 능력을 익힐 수 있었다. 이들은 학교에서도 밝고 인기가 많았으며 양모와도 따뜻하고 다정한 관계를 유지했다.

또 다른 사례로 다락방에 갇힌 채 심각하게 방치된 상태로 발견된 여섯 살 반의 이사벨이라는 아이가 있었다. 처음 발견되었을 때 아이는 말도 못했고 물체나 사람을 알아보지도 못했다. 그러나 애정 어린 돌봄과 장기간의 전문적인 관심 덕분에 아이는 18개월이 지나자 빠른 회복세를 보였다. 심리검사 결과, 아이는 학교 성적도 좋고 친구들에게도 인기가 많은 밝고 행복한 소녀로 판정되었다. 이사벨은 또래보다 더 빨리 학습하면서 지금까지 결여되었던 사회적 기술을 재빨리 보완했다. 이사벨은 돌이킬 수 없는 손상을 입지 않았으며 애정 어린 돌봄 덕분에 빠르게 회복했다. 제5장에서 살펴본 것처럼 안나 프로이트도 불도그스 뱅크 아동에게서 비슷한 효과를 확인한 바 있었다. 이런 연구들은 모두 아동에게 놀라운 회복력이 있으며 유아기의 손상 경험도 애정 어린 보살핌과 적절한 학습 기회가 제공되면 극복될 수 있다는 것을 시사한다.

이렇게 자극-반응 조건화에 대한 철저한 행동주의적 주장으로 출발한 애착이론은 생물학적 '본능' 모형 및 어머니와의 유대 관계를 강조하는 정신분석적 접근법을 거쳐 결국에는 초기 경험과 초기 트라우마의 회복에서 사회적 상호작용과 애정 어린 보살핌의 중요성을 인정하는 이론으로 발전하게 되었다. 또한 사회적 상호작용의 중요성은 20세기 후반에 걸쳐 심리학의 다른 많은 영역에서도 점차 인정받게 되었다.

CHAPTER 23

사회적 학습

집단 갈등, 규범 및 지도자 유형

제20장에서 살펴본 것처럼 조지 밀러는 용기를 내어 행동주의의 지배에 맞섰다. 그러는 사이에 조용히 행동주의와 씨름한 또 다른 심리학자가 있었다. 단연코 심리학에서 가장 유명한 인물 중 한 명이라 할 앨버트 반두라 Albert Bandura 도 모든 학습이 시행착오 방식의 자극-반응 연결에서 비롯한다는 행동주의의 주장에 만족하지 않았다.

반두라는 줄곧 실용적 접근법을 취했는데, 아마도 이것은 그가 고등학교 졸업 후 캐나다 유콘 준주에서 일하며 보낸 시간이 영향을 미친 것으로 보인다. 열심히 일하고 술과 도박을 즐기는 그곳 문화는 그가 성장한 마을의 문화와 매우 달랐으며, 덕분에 그는 인생 전반에 대해 더 넓은 시야를 갖게 되었다. 대학에서 그는 거의 우연히 심리학에 빠져들었다. 그는 아침 일찍부터 수업이 있는 의대생이나 공대생과 자동차를 함께 타고 등교했는데, 오전에 수업이 없었던 그는 다른 오전 강의를 찾다가 우연히 알게 된 심리학에 푹 빠지게 되었다. 졸업 후 그는 아이오와 대학에서 박사학위를 취득했는데, 그의 지도교수인 아서 벤턴Arthur Benton은 윌리엄 제임스와 클라크 헐의 제자였다. 이를 통해 반두라는 마음의 중요성을 인정한 제임스의 실험주의 정신과 당시의 지배적 접근법을 대표하던 헐의 철저한 행동주의 정신을 모두 물려받을 수 있었다.

반두라는 학습에 관심이 많았지만 직접적인 시행착오를 통해서만 학습이 가능하다는 행동주의의 주장이 너무 편협하다고 느꼈다. 오히려 사람들의 학습은 대부분 다른 사람을 관찰하고 모방하는 간접학습이라고 그는 생각했다. 반두라는 1960년대 초에 이른바 '관찰학습'에 대한 연구를 시작하면서 오늘날 유명한 '보보 인형' 실험을 했다. 이 실험에서 아이들은 보보 인형이라고 불린 샌드백 형태의 대형 인형에 대해 성인들이 공격적인 행동을 하는 영상을 보았다. 그런 다음 아이들은 보보 인형을 포함해 여러 가지 장난감이 있는 놀이방으로 이동했다. 수차례 반복된 이 실험의 결과에 따르면 아이들은 영상에서 본 것을 그대로 따라 했다. 즉 아이들은 직접 시행착오를 통해서가 아니라 다른 사람의 행동을 관찰하는 방식으로 학습했다.

반두라의 연구는 행동주의와 실험 원칙에 따라 엄격하게 수행되었으며, 그의 관찰학습 증명은 광범위한 인정을 받았다. 이

는 '정신적 표상'과 같은 개념이 철저한 행동주의적 학습이론에
스며드는 계기가 되었으며, 이 때문에 반두라는 인지행동주의의
창시자 중 한 명으로 (내가 보기엔 적절히) 평가되기도 한다. 반
두라는 모방과 동일시의 다양한 측면에 대한 연구를 계속했으며,
특히 모범의 역할과 자기조절의 효과에 초점을 맞추었다. 1977년
경에는 인지적 접근법이 미국에서 자리 잡게 됨에 따라 그는 더
욱 솔직하게 인지의 영향에 관해 이야기할 수 있었다. 그해에 출
간된 『사회학습이론 Social Learning Theory』에서 반두라는 인지와 행
동에 미치는 사회적 영향을 본격적으로 논의했다. 이것은 조용히
진행되었지만, 학습 과정에 대한 심리학적 지식에 큰 영향을 미
친 사건이었다. 그러나 그의 유산은 여기에 그치지 않았다. 그는
개인 주체성의 다양한 메커니즘도 탐구했는데, 이에 관해서는 제
34장에서 살펴보기로 하자.

사회심리학은 거의 언제나 행동주의의 막강한 세력권 밖에
있었는데, 이것은 주로 미국으로 이주한 게슈탈트 심리학자들 덕
분이었다. 당시에는 사회문제에 대한 관심이 점점 커지고 있었다.
1960년대에 마틴 루터 킹 Martin Luther King 은 민권운동을 이끌었고,
안젤라 데이비스 Angela Davis 는 흑인 인권과 공산주의를 공개적으
로 지지했으며, 말콤 엑스 Malcolm X 는 아프리카계 미국인의 단결을
호소했다. 이에 따라 미국 사회에서는 사회적 편견에 대한 우려가
점점 더 커졌으며, 이런 우려는 당시의 연구에도 반영되었다.

애시의 유명한 연구를 촉발한 동조행동 연구를 수행했던 무
자퍼 셰리프는 1945년에 그의 연구조교 캐롤린 우드 Carolyn Wood 와

결혼했다. 두 사람은 집단규범과 집단 간 적대감의 발달에 영향을 미치는 요인에 대한 탐구를 계속했다. 무자퍼 셰리프는 이 연구로 유명해졌지만, 그가 분통을 터뜨리며 주장한 것처럼 이 연구의 실제 원동력이자 이론가 역할을 한 것은 캐롤린이었다. 그러나 당시에 만연했던 성차별과 학계의 엘리트주의로 인해 그녀는 자신의 이름으로 연구논문을 발표할 수 없었으며 연구의 공적은 남편에게 돌아갔다. 캐롤린 셰리프의 공적은 최근에야 비로소 제대로 인정을 받았다.

그들의 연구 중 가장 유명한 것은 1961년에 보고된 '로버스 케이브Robbers' Cave' 실험이었다. 미국 오클라호마 로버스 케이브 주립공원의 보이스카우트 여름 캠프에서 진행된 이 실험에서 연구자들은 세심한 절차를 거쳐 12세 소년을 22명씩 두 집단으로 나누었다. 실험의 첫 번째 단계에서는 집단 정체성의 형성 과정을 탐구하기 위해 두 집단을 분리한 후 소년들에게 각자의 집단을 지원하도록 독려했다. 소년들은 그들만의 계급구조를 만들었고 자신들의 집단을 각각 '독수리팀' 또는 '방울뱀팀'이라고 부르면서 집단을 상징하는 깃발도 만들었다. 집단별로 지도자가 생겼고 비공식적인 행동 규칙과 규범도 마련되었다. 그리고 상대 집단을 의식하게 되면서 집단 간 경쟁심도 생기기 시작했다.

연구의 두 번째 단계에서는 우승팀에 매력적인 상품이 돌아가는 집단 간 경쟁 활동의 장이 마련되었다. 그러자 곧바로 집단 구성원들은 상대 집단의 구성원들에게 적대감을 보이기 시작했다. 이 단계에서 소년들은 처음으로 한자리에 모여 식사를 했는데, 이럴 때면 상대 집단을 조롱하는 욕설과 노래 등이 오가곤 했다. 이후 5일 동안 상대 집단의 오두막집을 습격해 깃발을 불태우고 감독관에게 상대 집단과 같은 시간에 식사하는 것에 대해 불만을 제기하는 등 적대감이 증폭되었다.

세 번째 단계에서는 독립기념일 행사와 같이 두 집단의 단합을 도모하기 위해 의도적으로 고안된 공동 활동의 장이 마련되었다. 그러나 집단 간 적대감이 여전히 강해서 이런 시도는 효과가 없어 보였다. 그러다 캠프의 급수 라인 수리와 같은 심각한 공동 문제의 해결을 위해 협력해야 할 처지에 놓였을 때 비로소 두 집단은 서로 협력하기 시작했다. 그리고 일부가 쓰러져서 운동장 이용에 방해가 되는 위험한 나무를 함께 뽑았을 때, 그리고 그날 저녁에 볼 영화의 구매 자금을 마련하기 위해 모든 소년이 돈을 모았을 때 협력 분위기는 한층 강화되었다. 이런 공동 활동 덕분에 소년들이 집으로 돌아갈 때쯤에는 두 집단이 완전히 하나가 되었다. 소년들은 집으로 돌아가는 여정 중에 버스를 같이 타기도 했고 모두가 마실 음료를 사기 위해 자신들의 상금을 내놓기도 했다.

로버스 케이브 연구는 집단규범의 발전 과정과 집단 간 접촉의 관리 방법에 대해 많은 것을 시사하는 영향력 있는 연구였다. 이것이 계기가 되어 사회과정에 대한 관심이 커졌으며 리더십과 편견에 관한 연구가 활발히 이루어지게 되었다. 그런데 유럽의 집단 연구와 달리 미국에서 진행된 집단 연구는 미국의 문화, 사회 및 심리학 이론을 지배한 개인주의적 가정 탓에 집단 자체에 대한 전반적인 영향보다 집단 내 개인의 행동에 초점을 맞추었다.

이런 경향은 다른 연구에서도 관찰되었다. 많은 연구자는 1930년대에 두 명의 중국인 친구와 함께 미 대륙 횡단 여행을 했던 라피에르LaPiere의 보고서와 같은 오래된 연구를 참조했다. 여행 중에 세 사람은 여러 호텔을 들렀는데, 그 호텔의 주인들은 동양인에 대한 편견이 강한 것으로 알려졌으며 실제로 이런 편견을 공개적으로 드러내기도 했다. 그런데 이 중국인 부부는 다른 사람들과 마찬가지로 환대를 받았다. 태도와 실제 행동의 이런 불일치를 탐구하고 이해하기 위해 수많은 실험실 연구가 수행되었고 여러 가지 복잡한 설명이 제시되었다. 그러나 이런 설명들은 사람들이 사회적 본성 때문에 대면 상황에서 다른 사람과 대립하기를 꺼린다는 것을 보여준 애시의 동조행동 연구를 고려하지 않은 듯했다. 그 대신에 태도와 행동의 모순처럼 보이는 것을 설명하기 위해 제시된 대다수 이론은 개인의 정보처리 과정에 초점을 맞추었다.

그러나 편견에 대한 모든 연구가 이렇게 제한적이었던 것은 아니다. 1968년에 마틴 루터 킹의 암살 사건에 충격을 받은 교사 제인 엘리엇Jane Elliott은 초등학교 3학년 학생들을 대상으로 미국 흑인의 삶에 관한 토론 수업을 진행했다. 그녀는 흑인의 삶을 간접 체험하기 위한 실습에 동의한 학생들을 눈 색깔이 파란색인지 아니면 갈색인지에 따라 두 집단으로 나누었다. 실습 첫째 주에는 파란 눈을 가진 아이들이, 둘째 주에는 갈색 눈을 가진 아이들이 '특혜' 집단의 대우를 받았다. 그럴 때마다 '열등' 집단의 아이들은 교실에서 눈에 띄는 칼라가 달린 옷을 입었고 덜 좋은 대우를 받은 반면에 '특혜' 집단의 아이들은 더 좋은 대우와 특권을 누렸다.

이 연구는 아마도 엘리엇이 예상했을 것보다 훨씬 더 극적인 효과를 낳았다. '특혜' 집단의 아이들은 다른 아이들에게 거만하게 굴기 시작했으며 종종 위압적인 태도를 보였다. 또한 그들은 학업성적도 더 좋았고 일부는 이전에 못하던 시험을 통과하기까지 했다. 반면에 '열등' 집단의 아이들은 소심하게 복종하는 태도를 보였다. 그들은 학업성적도 나빠졌고 다른 아이들과 어울리지 못하는 경향을 보였다. 엘리엇의 연구는 이런 종류의 최초 연구가 아니었지만 널리 알려지면서 미국 사회심리학의 '이정표'로 간주되었다.

그녀의 연구는 셰리프 부부가 집단 편견의 발달 과정을 설명하는 '현실적 갈등이론'이라고 불렀던 것의 명확한 사례였다. 이 이론에 따르면 집단 갈등과 뒤이은 집단 편견은 특권을 둘러싼 실제 경쟁이 벌어질 때 발달할 가능성이 높다. 두 집단이 특권을 두고 경쟁하는 상황에서 특권을 획득한 집단은 자신들의 이익을 보호하기 위해 방어적인 태도를 취하게 되는 반면에 특권을 얻지 못한 집단은 좌절감과 질투심을 느끼게 될 것이다. 그래서 집단 간 적대감이 생기고 통제되지 않은 상황에서는 갈등이 표면화될 것이다. 이 이론을 토대로 유럽 사회심리학의 핵심 이론 중 하나인 헨리 타지펠Henri Tajfel의 사회적 동일시 이론이 발전했는데, 이에 관해서는 제28장에서 살펴보기로 하자.

집단 과정에 관한 연구는 주류 심리학에 제한된 영향을 미쳤을 뿐이지만 조직심리학에는 상당한 영향을 미쳤다. 제2차 세계 대전 전에 게슈탈트 심리학자 쿠르트 레빈은 지도자 유형에 관한 연구를 수행했는데, 이것은 전후에 특히 경영과 조직 지도력의 모형으로 큰 영향력을 발휘했다. 레빈의 고전적 연구는 방과 후 모형 제작 동호회 활동을 하는 소년 집단을 대상으로 수행되었다. 연구자들은 소년들을 세 집단으로 조직했는데 한 집단에는 엄격하고 권위적인 지도자가 있었고, 또 다른 집단에는 소년들과 잡담하고 토론하는 민주적인 지도자가 있었으며, 세 번째 집단에는 소년들에게 거의 전부를 맡기는 자유방임형 지도자가 있었다. 그런 다음 7주 후에 지도자를 교체했고, 또다시 7주 후에 지도자를 교체해 모든 집단이 세 유형의 지도자 밑에서 모형 제작 활동을 하도록 했다.

그 결과, 소년들의 행동 방식은 지도자 유형에 따라 매우 달랐다. 권위적인 지도자 밑에서 소년들은 열심히 작업했지만 진심으로 서로 협력하지 않았으며 지도자가 자리를 비우면 작업을 거의 하지 않았다. 자유방임형 지도자 밑에서 소년들은 어떤 경우든 작업을 많이 하지 않았으며 약간 공격적이고 걸핏하면 다투는 경향을 보였다. 반면에 민주적인 지도자 밑에서 소년들은 지도자가 곁에 있든 없든 일관되고 유쾌하게 작업을 했으며 종종 서로를 도왔다.

1939년에 발표된 레빈의 연구는 경영론에 엄청난 영향을 미쳤으며 그 영향력은 현재까지 이어지고 있다. 또한 이것은 집단

과정에 대한 많은 연구를 촉발했는데, 예를 들어 집단토론에서 사람들이 맡는 다양한 역할에 대한 연구, 사람들이 지도자의 기대를 믿어서 기대가 자기실현적 성질을 띠게 되는 과정 등에 대한 연구가 있었다. 특히 더글러스 맥그리거Douglas McGregor는 사람들이 본성상 게으르므로 시켜야만 일을 한다고 믿는 X이론 지도자와, 사람들이 대개 일을 좋아하므로 존중과 신뢰를 받는 환경에서는 열심히 일할 것이라고 믿는 Y이론 지도자를 구별했다. 이런 신념도 자기실현적 성질을 띨 수 있는데, 왜냐하면 X이론 지도자 밑에서 일하는 사람은 자신이 인정받는다는 느낌이 적어 동기가 떨어질 것이기 때문이다. 이런 사람은 병가를 낼 가능성도 더 높으며 일반적으로 열심히 일하지 않을 것이다. 맥그리거의 접근법은 오늘날에도 조직심리학과 경영이론에 영향을 미치고 있지만 주류 사회심리학에 대한 영향은 제한된 편이다.

전후 시기에는 심리학의 발전과 함께 사람들이나 집단의 상호작용에 대한 관심이 증가했다. 이에 따라 심리학자들은 말로 표현된 편견과 실제 행동이 항상 일치하지는 않는다는 사실, 편견을 조장하거나 최소화하는 집단규범의 발전 과정, 지도자 유형에 따른 행동 방식의 차이 등을 탐구했다. 다음 장에서는 태도 변화를 이해하기 위한 심리학 연구를 살펴보기로 하자.

CHAPTER 24

태도 변화

인지부조화, 태도 측정 및 편견의 이론

　'홍수를 피해 달아나라!'는 기사가 지역신문의 1면을 장식했다. 이에 따르면 레이크시티와 세계의 다른 많은 지역이 얼마 후, 정확히는 1954년 12월 21일에 대규모 홍수로 인해 물에 잠길 것이라고 했다. 이것은 클라리온 행성에서 온 외계인의 경고를 받았다는 영매 도로시 마틴Dorothy Martin(일명 키치 부인)의 메시지였다. 당시에 미국은 UFO 광풍에 휩싸여 있었으며, 듣자 하니 외계인이 비행접시로 생존자들을 구출해주기로 약속한 듯했다. 키치 부인은 신봉자를 모아 시내가 내려다보이는 고지로 피신했다. 많은 신봉자는 재앙에 대비해 과감한 조치를 취했다. 집과 재산을 매각한 사람들도 있었고, 직장을 그만두거나 관계를 정리한 사람들도 있었다. 그들은 모두 그날 세계의 종말이 올 것이라고 믿었다.

그러나 12월 22일이 밝았을 때도 홍수는 일어나지 않았고 세계의 종말도 오지 않았다. 이것은 신봉자인 척하면서 이 집단에 합류했던 사회심리학자들인 레온 페스팅거, 헨리 리켄Henry Riecken, 스탠리 샥터Stanley Schachter에게 완벽한 연구 자료가 되었다. 그들은 예언된 사건의 전후에 집단 구성원들과 대화하면서 자신들의 신념이 사실과 다를 때 사람들이 어떻게 반응하는지를 탐구했다. 덜 열광적인 몇몇 사람은 그냥 집단을 떠났다. 그러나 매우 열광적인 구성원들은 자신들의 행동과 믿음의 증명 덕분에 신이 가엾게 여겨 세계를 구원한 것이라고 주장했다. 그들은 자신의 행동을 합리화하고 정당화하는 방향으로 자신의 신념을 수정한 것이었다.

페스팅거 팀에게 이것은 인지부조화의 명백한 예였다. 원래 예언이 틀렸다고 인정하면 그 사람들은 불편한 정신적 갈등에 휩싸일 것이다. 그들은 자신이 틀렸다는 것을 인정해야 할 뿐만 아니라 자신이 취한 극단적인 조치들이 완전히 쓸모없었다는 것도 인정해야 할 것이다. 자신의 행동을 정당화하는 방향으로 신념을 바꾸면 신념에 포함된 모순으로 인한 인지적 긴장을 피할 수 있다. 당시는 태도에 관한 연구가 특히 인기를 끌던 시기였기 때문에 페스팅거의 연구는 태도 변화의 명확한 사례로 주목받았다.

전후 시기의 미국 심리학은 이미 살펴본 것처럼 주로 행동주의적 관점이 지배하고 있었다. 소수집단의 운동으로 시작된 행동주의는 개별 심리학자들이 명시적으로 행동주의 진영에 가담했다기보다 행동주의의 주요 견해와 가정이 암묵적으로 받아들여지면서 주류 심리학을 지배하게 되었다. 이런 수용의 주요 요인은 진정한 과학이 되려면 수학에 기초해야 한다는 견해의 확산 및 정량적 연구 방식과 관련되어 있었다.

통계 기법은 골턴과 스피어먼의 초기 시절부터 심리측정 분야의 확고한 일부였다. J. P. 길포드J. P. Guilford가 심리학과와 교육학과 학생들을 위해 1942년에 펴낸 포괄적인 통계 해설서는 1960년대에 4판까지 나온 상태였다. 통계분석의 강조는 몇 가지 부작용도 낳았다. 하나는 지니의 비극적 사례에서 보았듯이 정성 분석이 '유효한' 증거로 인정받지 못하게 된 것이었다. 그리고 또 다른 부작용은 다른 사회과학자들 사이에서 심리학이 '실험실 쥐와 통계'에 불과하다는 인식(때로는 적대감)이 확산되었다는 점이었다. 그러나 다른 한편으로 통계분석은 정량적 측정을 통해 태도와 같은 심리 과정에 대한 연구를 가능케 한 기초이기도 했다.

제9장에서 살펴본 것처럼 태도 연구는 제2차 세계대전 전에 시작되었지만 본격적으로 주목받게 된 것은 전후 수십 년에 걸친 시기 동안이었다. 연구자들은 태도의 과학적 측정법, 태도와 개인적 가치관의 관계, 태도의 기능, 태도의 일관성 등 태도의 다양한 측면을 탐구했다. 또한 태도와 행동의 정확한 관계에 대한 논쟁이 지속되었으며 태도의 정의 및 형성 과정을 설명하기 위한 수많은 이론이 제시되었다.

태도의 측정은 태도의 미묘한 측면들을 포착하려는 시도와 함께 다양한 형태를 띠었다. 예를 들어 찰스 오스굿Charles Osgood의 '의미변별법semantic differential'은 '따뜻하다/차갑다', '친절하다/적대적이다'와 같은 형용사 쌍을 사용해 특정 사태나 물체에 대한 응답자의 느낌을 직유나 은유로 표현하도록 했다. 의미변별법은 매우 창의적이었지만 두 가지 면에서 문제가 있었다. 이것은 모든 사람이 같은 단어에 같은 의미를 부여한다고 가정했으며, 무엇보다도 결과에 대한 정성적 해석에 의존했다.

그러나 당시에 정말로 중시된 것은 수치 데이터였다. 렌시스 리커트Rensis Likert가 개발한 척도가 이런 유형의 데이터를 제공했다. 리커트는 점진적 응답이 가능한 5점 또는 7점의 연속된 척도를 제안했다. 예를 들어 이 척도를 사용하면 특정 문장에 대해 얼마나 동의하는지 또는 동의하지 않는지를 표시할 수 있다. 이것은 정확한 수치 데이터는 아니었지만 특정 점수가 다른 점수보다 많은지 적은지를 나타낼 수 있는 서수 데이터였으며, 이런 유형의 데이터를 처리할 수 있는 통계 기법도 있었다. 리커트 척도는 태도나 신념의 측정뿐만 아니라 여론조사나 소비자 조사 등에서도 여전히 광범위하게 사용된다.

태도이론은 태도가 사회적 판단의 반영일 뿐이라는 입장부터 인지적 균형의 유지가 태도의 핵심이라는 입장까지 매우 다양했다. 오스트리아 심리학자 프리츠 하이더Fritz Heider에 따르면 사람들은 자신의 여러 태도가 서로 일관된 것을 선호하는 경향이 강하며 비일관될 경우(또는 적어도 본인이 이를 지각할 경우) 일종의 인지적 스트레스를 받는다. 이 입장은 나중에 페스팅거의 인지부조화 연구로 이어졌다.

태도의 기능을 탐구한 연구자들도 있었는데, 이에 따르면 사람들은 적어도 네 가지 방식으로 태도를 이용한다. 첫째로 태도는 경험에 의미를 부여해 세계를 이해하고 다른 사람이나 사태에 대한 반응을 결정하는 기능을 한다. 둘째로 태도는 우리에게 사회적으로 수용 가능한 모습을 부여해 사회적 상호작용을 촉진하는 실용적 기능을 한다. 셋째로 태도는 우리의 개인적 가치관과 내면의 긍정적인 면을 표현할 수 있게 해준다. 넷째로 태도는 무의식적 갈등이나 동기를 은폐하는 등의 무의식적 목적에 기여할 수 있다. 예를 들어 편견이 심한 태도를 보이는 사람들의 반동형성은 관련 문제에 내한 내면의 갈등을 은폐하기 위한 것일 수 있다.

태도 연구의 또 다른 분야는 사람들의 공개적인 태도와 실제 행동 사이의 불일치에 관한 것이었다. 이에 대한 한 가지 인기 있는 설명은 매우 구체적인 상황에서 드러나는 태도와 세상 일반에 대한 태도 사이에 중요한 차이가 있다는 것이었다. 이것은 예를 들어 앞 장에서 살펴본 라피에르 연구에서 호텔 주인들이 평소에 중국인에 대해 편견에 기초한 태도를 가지고 있었으나 호텔에 도착한 중국인 부부를 환대한 이유에 대한 설명이 될 수 있다. 마틴 피시베인Martin Fishbein과 아이섹 아젠Icek Ajzen은 태도와 행동의 관계에 대한 다양한 연구에 메타분석법을 적용해 이른바 '합리적 행위이론theory of reasoned action'을 제시했다. 이 이론의 가정에 따르면 사람들은 보통 행동의 함의를 고려해 합리적인 방식으로 행동한다. 따라서 사람들의 행동을 예측하려면 태도를 바탕으로 행동을 예측하기보다 의도를 살피는 것이 더 유용하다.

태도에 대한 관심은 또한 전후 수십 년간 미국에서 뜨거운 화제가 된 편견을 설명하기 위한 이론으로 이어졌다. 우리는 이미 앞의 몇몇 장에서 전쟁 직후에 제시된 몇몇 설명을 살펴보았지만, 다른 많은 이론은 그 후 수십 년에 걸쳐 개발되었다. 예를 들어 1970년대에 심리학자들은 흑인에 대한 편견이 미국 북부보다 남부에서 훨씬 더 광범위하고 심각하며 이것은 두 지역의 전반적인 문화적 차이를 반영한다는 식의 문화이론을 제시하기 시작했다.

이런 관점을 뒷받침하는 한 연구에서는 짐바브웨(당시의 남로디지아)로 이주한 백인 이민자들의 태도 변화를 조사했는데, 이에 따르면 짐바브웨에 오래 머무를수록 이민자들의 편견이 더 심해졌다. 당시의 또 다른 연구에서는 흑인과 백인의 인구 비율이 비슷한 네덜란드와 영국의 인종 편견을 비교한 결과, 네덜란드의 인종 편견이 훨씬 낮은 것으로 나타났다. 이것은 문화적 차이로 설명되었는데, 왜냐하면 당시에 네덜란드에는 인종 편견을 매우 부정적으로 바라보고 인종차별적 담론을 사회적으로 용인하지 않는 문화가 있었던 반면에 영국은 그렇지 않았기 때문이다. 전체적으로 볼 때 성격 특성보다 사회문화적 규범이 편견에 훨씬 더 큰 영향을 미치는 것이 분명했다.

그러나 이것으로 모든 것을 설명할 수는 없었다. 매우 관용적인 사회에서도 여전히 편견을 가진 사람들이 있었으며, 가족 내의 소규모 문화가 이를 부추기는 경향이 있다는 증거도 있었다. 그러나 편견에 기초한 태도와 실제 사회적 차별 간의 연결고리를 규명하기는 더 어렵다. 고든 올포트는 사회적 편견이 나치 독일이나 다른 '인종 청소' 대학살에서 관찰된 극단적인 말살 정책으로까지 발전하는 5단계를 주장한 바 있다. 이에 따르면 사회는 대상 집단을 언어적으로 비하하는 적대적 발언 단계에서 특별한 해를 끼치지 않으면서 대상 집단을 기피하는 단계로 나아갈 수 있다. 그다음에는 고용, 주거, 사회참여 등에서 대상 집단을 적극적으로 차별하는 단계가 이어지고, 이것은 다시 개인과 재산에 대한 물리적 공격의 빈도가 증가하는 4단계로 이어질 수 있다. 그리고 마지막 5단계에서는 나치의 유대인 대학살, 르완다 학살 및 그 밖의 많은 사례에서 목격된 것과 같이 대상 집단을 완전히 말살하려는 시도가 자행된다. 이런 이유 때문에 일상 대화와 같이 피상적인 수준의 편견에 대해서도 문제를 제기하는 것이 중요하다고 올포트는 주장했다. 이를 방치하면 더 극단적인 행동으로 발전하기 쉽기 때문이다.

카를 호블랜드_{Carl Hovland}와 로버트 시어스_{Robert Sears}가 1940년에 발표한 연구는 특히 큰 영향력을 발휘했다. 그들은 미국 남부에서 경제적 복지의 여러 측정값과 흑인에 대한 사적 제재 빈도 간의 상관관계를 조사한 결과, 경제적 조건이 나빠질수록 사적 제재가 유의미하게 증가한 사실을 발견했다. 이것은 경제 상황의 악화나 그 밖의 달갑지 않은 사회적 변화를 애꿎은 소수집단이나 외집단_{out-group} 탓으로 돌리는 마녀사냥의 과정이다. 이때 사람들은 흔히 이민자들이 '우리의 일자리를 빼앗아간다'거나 다른 식으로 나라의 자원을 소모한다고 주장한다. 마녀사냥이 모든 편견을 설명하는 것은 아니지만, 이것은 사회적 편견 수준의 변화를 설명해주는 유력한 요인임에 틀림없다.

　　그러나 정말로 중요한 물음은 사람들의 태도를 어떻게 바꿀 수 있는가일 것이다. 레온 페스팅거의 인지부조화 이론은 한 가지 방법을 제시한다. 그의 연구팀은 키치 부인의 추종자 집단에 잠입해 세계의 종말이 오지 않은 것에 대한 그들의 반응을 관찰하기 전에 이미 실험실에서 부조화 현상을 연구하고 있었다. 그들의 연구 계획은 태도가 인지적 균형 추구를 반영한다는 프리츠 하이더의 견해에서 시작되었다. 키치 부인의 예언과 신봉자 집단의 행동은 자신의 신념이 명백히 사실과 다른 경우 무슨 일이 일어나는지를 잘 보여주지만, 이것은 매우 극단적인 사례였다.

　　페스팅거의 실험실 연구에 따르면 대다수의 경우 작은 불균형에 대해서는 어렵지 않게 대처할 수 있다. 반면에 인지부조화가 정말로 문제가 되는 경우는 두 개의 신념이나 태도가 서로 직접 충돌하고 이를 당사자가 알아차릴 때다. 이런 경우의 반응은 두 인지 내용 중 하나를 변경하거나 불일치로 지각된 것을 '설명'하기 위해 제3의 인지 내용을 추가하는 것이다. 라피에르의 연구에서 편견을 가진 호텔 주인은 자신의 태도가 불일치하는 것을 합리화하기 위해 해당 중국인 부부가 유난히 '착한' 사람이라는 신념을 추가할 수 있을 것이다. 키치 부인의 추종자들은 자신들의 주요 인지 내용을 바꾸지 않은 채 자신들의 행동으로 인해 차이가 생겼다는 새로운 신념을 추가했다.

　　인지부조화 이론은 많은 실험 증거를 통해 뒷받침되었으며 오늘날에도 태도 변화의 한 가지 주요 요인으로 간주된다. 이것은 당시 상황을 고려할 때 비교적 온건한 이론에 속했는데, 왜냐하면 냉전의 진행과 함께 약물이나 세뇌 같은 극단적인 방법을 통한 태도 변화도 많은 주목을 받았기 때문이다.

CHAPTER 25

냉전시대의 심리학

미네소타 기아 연구와 CIA 마인드컨트롤 실험

과연 과학의 이름으로 굶어 죽을 용의가 있는 사람이 얼마나 될까? 그런 남성 36명이 있었다. 실제로는 더 많았다. 왜냐하면 이 36명의 남성은 많은 지원자 중에서 선발된 사람들이었기 때문이다. '미네소타 기아 실험'으로 불리는 이 연구의 참여자들은 극도의 체중 감소를 위해 설계된 24주간의 극단적인 저칼로리 식단을 받아들였다. 24주 후에는 다시 음식량을 늘리면서 다양한 수준의 단백질과 비타민을 공급받았는데, 이를 통해 연구자들은 어떤 음식이 회복에 가장 효과적인지를 알아낼 수 있었다. 그리고 마지막 8주간은 그들이 원하는 대로 음식을 먹을 수 있었다.

반기아 상태의 기간 동안 이 남성들은 하루에 35킬로미터를 걸어야 했으며 기근 때나 먹을 법한 소량의 빵과 감자만 제공받았다. 당연히 그들은 음식에 집착하게 되었고, 몇몇은 받은 음식을 잘게 조각내어 아주 천천히 씹어 먹기도 했다. 그런가 하면 요리책이나 식기를 수집하는 사람도 있었다. 그들은 히스테리, 건강염려증, 우울증이 증가했고 현기증과 무기력감을 호소하는 등 정신 건강이 크게 악화되었다. 현기증과 무기력감은 더 많은 음식을 제공받기 시작하자 점차 사라졌지만 다른 증상들은 그렇지 않았다. 몇몇 참여자는 몇 년이 지나서야 비로소 정상으로 돌아온 느낌이 들었다고 했다.

이 연구는 연구 윤리에 문제가 있는 사례로 언급되곤 하지만, 연구자들은 참여자들을 시종일관 주의 깊게 관찰했으며 당시에 논의되던 윤리 원칙도 준수했다. 이 연구를 통해 얻은 정보는 제2차 세계대전 직후에 서유럽 인구의 상당수를 차지했던 반기아 상태의 사람들이 기력을 회복하도록 돕는 방법을 의료기관에 조언하는 소책자로 제작되어 배포되었다. 또한 이 연구 결과는 오늘날에도 거식증이나 기타 섭식장애 시기에서 회복 중인 사람들을 돕는 데 사용된다. 어쩌면 가장 중요한 것은 이 남성들을 57년 후에 면담했을 때 한 명을 제외한 모두가 이런 연구에 다시 참여할 의사가 있다고 답했다는 사실일 것이다.

강제수용소의 발견 후 1945년에 진행된 뉘른베르크 전범재판의 결과로 '뉘른베르크 강령'이라는 윤리 원칙이 수립되었다. 제2차 세계대전 전에는 대개 과학의 이름으로 수행된 연구라면 모두 피험자의 안녕에 상관없이 정당한 것으로 간주되었다. 그러나 강제수용소의 희생자들을 대상으로 극단적이고 비인도적인

　심리학의 역사

실험을 수행한 사실이 드러났을 때 기소된 사람들은 이런 실험이 인간 조건에 관한 더 많은 지식을 얻기 위한 것이었으며 원칙적으로 전쟁 전에 수행된 다른 연구들과 다르지 않다고 주장했다. 그러나 재판관들의 생각은 달랐으며, 그래서 인간 피험자를 대상으로 한 연구의 표준이 될 뉘른베르크 강령이 제정되었다.

이 강령의 핵심 원칙은 수감자와 같은 강제 피험자가 아닌 자원자만을 대상으로 연구를 수행해야 한다는 것이었다. 또한 사회의 이익을 위한 연구여야 하고 불필요한 고통을 피해야 한다고 했는데, 여기서 핵심은 '불필요한' 고통이었다. 미네소타 기아 연구의 계기가 된 것은 전후 시기 유럽 전역의 기근 위험이었다. 비록 연구자들은 당시의 윤리 원칙을 준수하기 위해 세심한 주의를 기울였지만, 모두가 그렇게 세심할 수는 없었을 것이다.

전후 몇 년간 러시아와 미국의 결코 좋은 적이 없었던 관계는 더욱 악화되었다. 1950년대에 두 국가는 노골적으로 대립했다. 양측은 완전히 다른 정치·경제적 접근법을 취했을 뿐만 아니라 직접 전쟁을 벌이지는 않았지만 전 세계에서 벌어진 일련의 소규모 전쟁에서 양측의 반대편을 지원했다. 미국에서는 매카시 상원의원과 같은 정치인들이 공산주의 동조 세력을 공직이나 영향력 있는 자리에서 몰아내기 위해 수많은 '마녀사냥'을 벌이면서 대중의 반공 감정이 조작되어 가상의 히스테리로까지 발전했다.

이 시기에 이념적인 이유로 소련으로 망명한 사람들이 제공한 '세뇌' 기법이 러시아에서 사용되고 있다는 소문이 돌았다. 한국전쟁 때 포로로 잡혔다가 돌아온 군인들이 이념적 '범죄'를 자백하고 공산주의의 우월성을 인정하도록 강요하는 장기간의 고문을 받았다고 주장하면서 이런 소문은 더욱 증폭되었다. 1950년대 말에 영국의 정신과의사 윌리엄 사전트William Sargant는『마음을 위한 전투Battle for the Mind』에서 이런 '현대적인' 세뇌 기법과 예전에 개종을 강요했던 방법 사이의 유사성을 지적하면서 개를 이용한 파블로프의 조건화 실험도 이와 비슷한 면이 있다고 주장했다. 충분한 스트레스 요인과 체계적인 영양 박탈의 조건에서는 거의 모든 사람이 결국 이런 세뇌 기법에 굴복할 것이라고 사전트는 주장했다.

그러나 진실은 나중에 드러났다. 사전트가 이 책에서 밝히지 않은 것은 그가 당시에 비록 주변적인 역할이긴 했지만 미국 정보기관의 대규모 'MK울트라MK-Ultra' 프로젝트에 관여했다는 사실이다. 1953년에 개시된 이 프로젝트에서는 일련의 불법 실험이 체계적이고 광범위하게 수행되었다.

이 프로젝트의 목표는 여러 가지였는데 그중 하나는 세뇌 방법의 탐구였고, 다른 하나는 소설『맨츄리안 캔디데이트The Manchurian Candidate』에서처럼 최면 후 명령에 따르는 암살자를 만드는 것이 가능한지를 알아보는 것이었으며, 또 다른 목표는 '자백약'으로 쓸 만한 화학물질 조합을 탐구하는 것이었다. MK울트라 프로젝트는 미국도 서명한 뉘른베르크 강령을 체계적으로 위반했다.

MK울트라 프로젝트에서는 언어적 비하, 전기 충격, 성 학대 등 다양한 방법으로 사람의 방향감각을 잃게 하는 법을 탐구했다. 한 가지 중요한 수단은 감각 박탈이었는데, 이것은 패드로 둘러싸 꼼짝 못하게 하거나 수조에 띄우는 등 각종 방법으로 시각, 청각, 촉각 등의 감각 입력을 박탈하는 것이었다. 이런 실험의 피험자 중 상당수는 평생 동안 우울증부터 중증 정신질환까지 다양한 후유증에 시달렸다.

MK울트라 프로젝트는 여러 대학, 병원, 교도소 등이 연루된 대규모 사업이었다. 당시에 미국 행동과학계에서 활동하던 거의 모두가 어떤 식으로든 CIA의 연구지원금을 받았다는 얘기가 나돌 정도였다. 그러나 대다수 과학자는 지원금의 실제 출처를 알지 못했다. 실제 출처를 밝히지 않은 위장 단체를 통해 지원금이 배포되었기 때문이다. 몇몇 사람은 훨씬 나중에야 자신의 연구가 이 프로젝트의 일부였다는 사실을 알게 되었다. 그중에는 환각제인 LSD를 치료제로 사용하는 연구를 수행한 임상심리학자 티모시 리어리Timothy Leary 박사도 있었다. 리어리는 1957년에 멕시코를 방문해 환각 물질인 메스칼린을 경험한 후 환각제의 강력한 힘에 관심을 갖게 되었으며 이것이 자신의 인생에 전환점이 되었다고 말했다. 미국으로 돌아온 그는 하버드 프로젝트를 조직했는데, 여기서 그는 LSD를 포함한 향정신성 약물의 효과를 탐구하는 연구 계획을 수행했다.

이 연구 결과를 토대로 리어리는 약물 사용자의 마음가짐과 사용 조건에 적절한 주의를 기울이면 이런 약물이 심리치료에 긍정적 효과를 가져올 수 있다고 주장했다. 그는 또한 '콩코드 감옥 실험'을 통해 수감자에게 이런 약물을 주의 깊게 투여할 경우 재범률을 3분의 1로 줄일 수 있음을 보여주었다. 그러나 자신의 연구 결과에 심취한 리어리는 어찌 보면 어리석게도 모든 사람에게 LSD를 정신 확장 약물로 추천했으며 미국의 많은 젊은이가 학교를 그만두고 새로운 반문화에 동참하도록 고무했다. 이런 극단적인 견해로 인해 그는 결국 하버드 대학의 교수직에서 해고되었지만 계속해서 정신 확장 약물의 사용을 공개적으로 옹호해 보수적인 미국 기성 사회의 당혹감과 분노를 불러일으켰다. LSD는 1968년에 불법이 되었고, 그 후에 리어리는 마약 범죄로 수차례 체포되었다.

그러는 사이에 CIA는 그의 연구를 관심 있게 지켜보고 있었다. CIA는 LSD를 제조한 스위스 실험실에서 대량의 LSD를 구입했으며, 아마 이 실험실에 자금도 지원했을 것이다. 왜냐하면 CIA는 다른 많은 프로젝트 외에도 향정신성 약물에 대한 전 세계의 거의 모든 연구를 지원했기 때문이다. CIA의 LSD 실험에는 기괴한 연구도 적지 않았다. 예를 들어 코끼리에게 이 약물을 투여하면 어떻게 되는지도 연구했는데, 이는 LSD가 인간의 경우 외관상 정신병과 유사한 효과를 낳으므로 코끼리에게도 이와 비슷하게 '발정하여 날뛰는 상태'를 유발할 것이라는 약간 엉뚱한 이유에서였다. 이미 밝혀진 바에 따르면 이 약물을 투여할 경우 거미는 극단적으로 규칙적인 거미집을 지으며, 염소는 정형화된 기하학적 패턴으로 걸어 다니고, 고양이는 이상한 자세를 취한다고 한다. 그렇다면 코끼리는 어떨까? 어찌 보면 무의미한 이 연구에서 오클라호마시티 동물원의 투스코라는 코끼리는 약물 과다 복용으로 사망했다. 이로 인해 언론의 비난이 쏟아졌는데, 다른 한편으로 비밀 장소에서 훨씬 적은 양의 약물을 식수에 타서 복용한 다른 두 마리는 약효가 사라질 때까지 몸을 흔들며 즐거운 시간을 보냈다고 한다.

그 밖에도 CIA는 많은 비밀 실험을 진행했는데, 이는 표면상 LSD를 '자백약'으로 활용할 수 있는지에 대한 연구였지만 실제로는 많은 경우 LSD의 정신착란 효과를 확인하는 데 그쳤다. 수천 명의 미국인과 캐나다인이 자신도 모르게 이 실험의 피험자가 되었으며, 켄터키 주 렉싱턴에서는 LSD나 메스칼린 실험을 위해 수백 명의 마약 중독 수감자에게 은밀히 헤로인이 제공되었다. 메릴랜드 주 에지우드에서는 거의 7,000명에 달하는 군인이 향정신성 약물뿐만 아니라 유기인산염과 겨자가스 등 다양한 화학물질에 체계적으로 노출되었다. 이들 중 3분의 1은 40대에 사망했고 살아남은 군인들도 건강 악화로 인해 영구적인 장애를 입는 등 신체적·정신적 후유증에 장기간 시달렸다. 1975년에 의회는 마침내 에지우드 조병창을 조사했고, 그 결과로 공장은 폐쇄되었다.

이 시기에 LSD는 CIA 요원들에게까지 경고 없이 투여되곤 했다. 적절한 '마음가짐과 조건'에 대한 티모시 리어리의 경고는 완전히 무시되었으며, 방문객을 포함해 아무것도 모르는 피험자들에게 커피나 그 밖의 은밀한 방법으로 LSD가 투여되었다. 관련 안내를 받은 경우 그들은 20분쯤 후에야 이 약물의 투여 사실을 알게 되었다. 이 실험은 이후 10년간 계속되어 기억상실, 마비, 우울증, 조현병 등 다양한 결과를 초래했는데, 이를 의료진에게 보고한 적은 한 번도 없었다. 한번은 연루된 과학자 중 한 명인 프랭크 올슨Frank Olson 박사가 13층 창문에서 뛰어내린 유명한 사건이 있었는데, 원인은 약물로 인한 우울증처럼 보였다. 그러나 그가 과연 스스로 뛰어내렸는지, 아니면 누가 밀쳤는지는 확실치 않았다. 공식 사인 판결은 자살이었지만, 그의 가족의 주장에 따르면 그는 이 프로젝트에 의구심을 품고 있었으며 이후 부검에서 추락 전에 머리에 타격을 입은 증거가 발견되었다고 한다.

이 프로젝트의 비밀주의 탓에 이런 의문은 드문 일이 아니었다. 게다가 1973년에는 워터게이트 문건이 드러나자 CIA 국장이 MK울트라와 관련된 모든 문서를 폐기하라고 지시했다. 그러나 일부 문서가 잘못 분류되어 다른 건물에 있었던 탓에 이 프로젝트가 세상에 알려지게 되었다. 이때 밝혀진 증거에 따르면 특히 아동을 대상으로 한 비인도적 실험도 진행되었는데, 이때 아동의 부모들은 아동 음란물에 연루되어 불만을 제기하지 못했다고 한다. 1990년대에 관련 소송이 다양하게 진행되어 MK울트라 프로그램의 소수 피해자는 보상을 받았는데, 다만 관련 실험으로 인해 건강이 악화되었거나 정신적 피해를 입은 사실이 명확히 증명된 경우에 한했다. 실제로 벌어진 일의 상당 부분이 여전히 베일에 싸여 있고 매우 많은 사람이 피해를 입은 MK울트라 프로젝트는 그 후 많은 음모론의 자양분이 되었다.

같은 시기에 CIA 연구에 연루되었던 윌리엄 사전트 같은 정신과의사들의 주도로 정신질환자에게 적용할 점점 더 가혹한 '치료법’들이 개발되었다. 이런 치료법들 중에는 환자에게 고용량의 인슐린을 투여해 환자가 죽음에 가까운 혼수상태에 빠지도록 하고 때로는 이런 상태가 장기간 유지되는 인슐린충격요법도 있었다. 실험에 자주 사용된 또 다른 치료법은 뇌에 전류를 흘려보내는 전기충격요법이었다. 이것은 심한 경련과 일시적인 기억상실을 유발했는데, 이 요법을 때로는 매일 반복할 경우 상태가 더욱 악화되거나 영구적으로 굳어졌다. 전기충격요법은 우울증 완화에 효과가 있어 보였기 때문에(그 이유는 아마도 사람들이 자신의 문제를 일시적으로 잊어버리는 기억상실 때문이었을 것이다) 적용 빈도는 점점 줄어들었지만 1970년대까지도 정신과 치료에 이용되었다. 이런 치료법들은 클로르프로마진(상표명은 ‘라르각틸’) 같은 정신억제제가 등장하면서 덜 극단적인 형태를 띠게 되었지만 치료의 잔혹성으로 인해 여전히 큰 사회적 파장을 불러일으켰는데, 이에 관해서는 다음 장에서 살펴보기로 하자.

정통 정신의학에 대한 도전

의학적 모형에 대한 비판과 반정신의학 운동

1960년대에 들어서자 새로운 세계가 열렸다. 사방에서 도전적인 견해가 쏟아졌고 젊은이들은 패션과 음악뿐만 아니라 세계의 문제를 바라보는 시각과 이에 대한 대처법에서도 자신의 목소리를 내기 시작했다. 그들의 운동에 힘을 실어준 것은 니체나 사르트르 같은 철학자, 시몬 드 보부아르Simone de Beauvoir 같은 페미니스트, 프란츠 파농Frantz Fanon 같은 흑인 급진주의자 등의 급진 사상이었다. 이런 사상은 정신의학에까지 침투해 정신질환에 대한 의학적 접근법 전체에 의문을 제기했다.

이 특별한 논쟁을 촉발한 것은 토머스 사스Thomas Szasz가 1961년에 출간한 『정신병의 신화The Myth of Mental Illness』였다. 이 책에서 그는 정신장애가 있는 사람이 의학적 의미의 병에 걸렸다는 견해에 의문을 제기했다. 사스는 강제적인 정신병 치료가 앞 장에서 살펴본 것처럼 점점 더 가혹해지고 때로는 매우 잔혹한 형태를 띠는 것에 대해 점점 더 큰 우려를 품게 되었다. 또한 그는 정신장애의 진단 방식 및 정신장애 진단과 의학적 진단의 차이에 대해서도 의문을 품게 되었다.

사스가 품은 의문의 핵심은 '정신질환mental illness'이라는 용어 자체가 오해를 불러일으킨다는 것이었다. 만약 '정신질환'이라는 것이 신체 기관이나 신경계의 문제에서 비롯했다면 이것은 신체 질환이므로 '정신질환'이라는 용어는 오해의 소지가 있다. 그리고 신체적 원인에서 비롯하지 않은 정신질환은 질병 자체가 아니며 사람들이 살면서 겪는 이런저런 어려움을 반영할 뿐이다. 사스는 '삶의 문제'가 이런 문제를 바라보는 훨씬 더 유용한 시각이라고 주장했는데, 왜냐하면 이는 사람들이 자신의 문제에 대처하도록 돕는 데 초점을 맞추기 때문이다.

'정신질환'이라는 용어 자체도 처음에는 이런 문제를 가진 사람이 마치 병에 걸린 사람과도 같다는 은유적 의미로 사용되었다. 그러나 언젠가부터 이것이 은유라는 인식이 사라지고 의학적 사고의 틀 안에 확고히 자리 잡게 되었다. 이것은 사스가 한 가지 요인으로 지적한 의료계의 권력이 낳은 결과로만 볼 수는 없으며, 사람들이 자신의 문제를 질병으로 간주함으로써 위안을 얻은 측면도 있었다. 질병은 당사자도 어쩔 수 없는 것이고 누군가가 치료할 수도 있는 것이므로 자신의 문제를 '정신질환'으로 바라보는 것은 이에 대한 개인적 책임을 없애는 효과가 있었다.

사스의 비판은 '정신질환'의 진단법에 집중되었다. 『정신질환의 진단 및 통계 편람Diagnostic and Statistical Manual of Mental Disorders』 등에 실린 정신질환의 진단 기준은 의학적인 것이 아니라 사회적인 것이다. 이것은 어떤 사람이 가족이나 친구와 얼마나 잘 지내는지, 또는 자신의 사회적 책임을 얼마나 다하고 있는지 등을 평가하는 것과 본질적으로 다르지 않다. 사람들은 사회적으로 수용되지 않는 행동 방식, 부적절한 의사소통, 일상생활에 대처할 수 없다는 느낌 등을 이유로 정신질환이 있다는 진단을 받는다. 그러나 이런 것은 삶의 문제이지 질병이 아니라고 사스는 주장했다. 반면에 의료계에서는 이런 것을 생리적 장애로 간주하면서 의학적 방법으로 충분히 치료할 수 있다고 가정했다.

게다가 이런 진단 기준은 '정상 상태'에 대한 정신과의사 자신의 정의에 의존하는 경향이 있는데, 이런 것도 사회적 판단일 수밖에 없다. 사스는 미국 남부에서 정신질환의 진단 범주로 사용된 '탈출광'이라는 정신질환 증후군을 예로 들었는데, 이것은 농장에서 탈출하려는 노예의 성향을 의미했다. 19세기 초반에는 사생아를 낳은 중산층 소녀를 정신장애가 있는 것으로 치부해 그 가족이 정신병원으로 '치우곤' 했다. 그리고 그중 일부는 임신 후 40년 이상을 병원에서 살아야만 했다.

사스의 비판이 호응을 얻었다면 좋았겠지만, 아쉽게도 일부 심리치료사를 제외한 정신과의사들은 그의 주장을 전혀 받아들이지 않았다. 그는 현대 정신의학에서 가장 혐오하는 사람에 속하며, 정신장애 진단 시 사회적 판단이 반영되는 경향은 전혀 줄어들지 않았다. 『정신질환의 진단 및 통계 편람』에는 새로운 장애가 꾸준히 추가되고 있으며, 그중 일부는 다른 문화권이나 서구의 다른 지역에서는 완벽히 정상으로 간주되는 행동 '증후군'에 해당한다. 아동의 일상적인 기질 변화가 이런 식으로 질병화된 경우가 적지 않았다. 예를 들어 교실에서 가만히 있질 못하고 높은 수준의 신체 활동이 필요한 아이들은 늘 있었다. 이런 아이들은 밖으로 내보내 운동장을 몇 바퀴 돌고 오도록 하면 문제가 해결되는 경우가 드물지 않았다. 그러나 최근에는 이런 아이들이 교실에서 좀 더 얌전히 있도록 약을 주는 경향이 생겼다.

사회적 판단에 기초해 정신장애 진단을 내리는 다른 많은 사례가 있지만, 이를 여기에서 나열하지는 않을 것이다. 그러나 이것은 사소한 문제가 아니다. 제6장에서 살펴본 것처럼 나치 독일에서 사람들을 '정신장애자'나 '정서장애자'로 진단하던 관행은 결국 이들에 대한 조직적인 살해로까지 이어졌다. 제2차 세계대전에서 연합군의 승리에 매우 큰 기여를 했던 위대한 수학자 앨런 튜링Alan Turing은 1950년대에 자신의 동성애에 대한 잔혹한 정신과 '치료'를 몇 차례 받은 후 자살했다. 그 밖에도 전 세계에 걸쳐 반정부 인사가 정신장애자로 분류되어 정신과 치료가 필요하다는 이유로 사회에서 제거된 사례가 많다. 체제에 반대하는 목소리를 침묵하게 만드는 정신의학의 능력은 억압적인 수많은 정권에 너무나도 편리한 해결책이 되었다.

당시에 큰 논란을 불러일으킨 사스의 견해는 정신의학에 도전하는 새로운 흐름의 토대가 되었는데, 이를 언론에서는 '반정신의학 운동antipsychiatry movement'이라고 불렀다. 관련된 많은 전문가가 거부했던 이 명칭을 처음 사용한 사람은 남아프리카공화국 출신으로 런던에 거주하던 정신과의사 데이비드 쿠퍼David Cooper였다. 다른 많은 사람과 마찬가지로 그는 당시의 지나치게 잔혹한 정신과 치료에, 특히 놀라울 정도로 흔하게 사용된 전기경련요법(이를 미국에서는 전기충격요법이라고 불렀다)과 인슐린충격요법의 남용에 마음이 편치 않았다.

미셸 푸코Michel Foucault의 『광기의 역사Histoire de la folie』도 쿠퍼에게 영향을 주었다. 이 책에서는 '미친' 사람을 사회에서 분리하는 관행이 르네상스 시대의 '과학적' 접근법과 함께 생겨난 비교적 최근의 일이라고 지적했다. 그 전에는 정신장애가 있는 사람도 사회의 일원으로 받아들여졌다. 쿠퍼는 런던에서 '제21병동Villa 21'이라는 급진적 치료 사업에 참여했는데, 여기서는 조현병에 대한 의학적 접근법을 최소화하고 의사와 환자의 구별을 허물어 환자의 권력과 자율성을 회복하려 했다. 치료는 주로 집단치료 형태로 이루어졌으며, 입원환자가 지나치게 흥분하거나 불안정한 경우에만 환자의 동의를 받아 새로운 진정제인 클로르프로마진을 이따금 사용했다. 이 실험공동체는 1966년에 종료되었는데, 치료 효과가 없었기 때문이라기보다 해당 병동이 속한 정신병원의 전통적인 진영에서 반대가 심했기 때문이다.

이런 경험을 통해 쿠퍼는 정신병원이 정신질환을 제대로 치료하지 못하며 가족 내 갈등과 같은 정신적 문제의 사회적 근원이 가장 중요하다는 결론에 도달했다. 그는 1967년에 출간한 『정신의학과 반정신의학Psychiatry and Anti-Psychiatry』에서 온전한 정신상태와 정신이상의 구별에 의문을 제기하면서 환자를 치료하는 전통적 방법론에 대한 대안을 모색했다. 자신을 실존적 마르크스주의자라고 명명한 쿠퍼에 따르면 광기와 정신병은 근본적으로 개인의 '진정한' 자기, 그리고 타인의 강요로 내면화된 자기의 차이와 관련된 문제였다. 그에 따르면 치료를 위해서는 무엇보다도 일상생활에서 사람들이 서로를 대하는 방식에 세심한 주의를 기울이는 것이 중요했다. 그는 또한 사람들이 자신의 문제를 지각하는 대안적 방식을 개척하는 과정의 일환으로 의식 확장 약물을 활용하는 것에 관해서도 탐구했다.

쿠퍼는 영국으로 이주했을 때부터 또 다른 정신과의사인 R. D. 랭R. D. Laing과 친하게 지냈다. 두 사람은 정신의학에 대해 비슷한 견해를 가졌지만, 정치적 견해는 같지 않았다. 랭은 마르크스주의에 관심이 없었던 반면에 사르트르의 실존주의를 굳게 신봉했다. 랭은 한때 영국 육군의 정신과 부대에서 근무했는데, 이때 그는 인슐린충격요법과 전기경련요법이 부적절하게, 때로는 잔인하게 사용되는 것을 목격했다. 1956년에 런던의 타비스톡 병원으로 자리를 옮긴 그는 존 볼비 등과 함께 근무하면서 정신분석 훈련을 받았다.

사스와 마찬가지로 랭도 정신장애 진단의 타당성에 의문을 제기했는데, 왜냐하면 의학적 진단은 생물학적 증거에 기초한 반면에 정신장애 진단은 사회적 행동을 기초로 이루어졌기 때문이다. 그는 조현병을 질병이나 유전된 증후군으로 보는 견해에 반대하면서 사스와 마찬가지로 조현병이 의사소통과 사회적 상호작용의 문제라고 보았다. 랭과 그의 동료 아론 에스터슨 Aaron Esterson은 가족 내 의사소통이 제대로 작동하지 않을 경우 어느 가족이 조현병으로 도피하는 현상이 나타날 수 있음을 보여주는 사례연구를 많이 발표했다. 이런 경우 당사자의 의사소통 장애는 광기의 증거가 아니라 그가 직면한 고통의 은유적 표현일 뿐이다. 예를 들어 두 사람이 보고한 사례연구 중에는 상상 속에서 테니스 경기를 보는 등의 조현병 증상을 보인 소녀가 있었다. 이 가족의 역학 관계를 조사한 결과, 부모 간에 말다툼이 잦았고 소녀는 양쪽에 불쾌한 메시지를 전달하는 전달자로 이용당하고 있다는 사실이 밝혀졌다.

랭에게 영향을 미친 사람들 중에는 조현병에 대해 비슷한 견해를 피력한 인류학자 그레고리 베이트슨 Gregory Bateson도 있었다. 1950년대에 베이트슨은 '이중구속 double-bind'이라는 의사소통 유형에 대한 이론을 제시했다. 이에 따르면 이중구속 상황은 4개 조건이 충족될 때 발생한다. 첫째로 피해자가 언어적으로나 정서적으로 모순된 메시지를 받아야 한다. 예를 들어 누가 '당신을 사랑해'라고 말하면서 몸짓언어로는 혐오나 증오를 드러내는 경우 또는 아이에게 자유롭게 말하라면서 아이가 실제로 그렇게 하면 야단을 치거나 잠자코 있으라고 하는 경우 등이다. 둘째로 모순된 메시지 중에서 어느 것이 옳은지 묻는 것과 같이 의사소통이 불가능한 상황이어야 한다. 셋째로 피해자가 그 상황에서 벗어날 수 없는 처지에 있어야 하며, 넷째로 요구받은 것을 못할 경우 처

심리학의 역사

벌이나 제재가 따르는 상황이어야 한다. 다시 말해 피해자는 무엇을 하든 잘못할 수밖에 없는 처지에 놓이게 되며, 피해자의 모든 행동은 그에게 중요한 타인(보통 다른 가족)의 비난이나 처벌을 피할 수 없게 된다.

반정신의학 운동은 1960년대에 여러 국가의 전문가가 동참하면서 세력을 키워갔다. 사스, 쿠퍼, 랭 외에도 미국 정신과의사 시어도어 리즈Theodore Lidz, 이탈리아 의사 조르지오 안토누치Giorgio Antonucci, 프랑스 정신분석가 펠릭스 가타리Félix Guattari, 이탈리아 정신과의사 프랑코 바살리아Franco Basaglia 등이 이에 동참했다. 공식 조직이 아니라 느슨한 제휴의 형태로 전개된 이 운동에는 임상심리학자 티모시 리어리, 사회학자 어빙 고프만Erving Goffman과 같은 유명 인사들도 참여했다. 1960년대 중반에 그들은 조현병 및 기타 정신질환의 치료를 위한 대안적 접근법을 촉진하는 국제단체인 필라델피아 협회Philadelphia Association를 결성했다. 그리고 이 단체는 다시 킹슬리 홀Kingsley Hall이라는 치료공동체를 구성했다. 쿠퍼도 이 프로젝트를 지원했지만 아마도 그의 이전 경험 때문에 직접 참여하지는 않았다. 반면에 랭은 언론의 공개 토론과 기록영화를 통해 이 프로젝트의 국제적인 홍보에 크게 기여했다.

반정신의학 운동은 비록 정신질환의 재정의라는 목표를 달성하지는 못했지만 정신과 치료에 대한 인도적 접근법을 개척하는 데 기여했다. 신약 형태의 화학요법 출현도 인도적 접근법의 발전에 일부 기여했는데, 왜냐하면 이제 폭력적인 환자를 물리적으로가 아니라 화학적으로 억제할 수 있게 되었기 때문이다. 예전의 방법도 이후 수십 년간 계속 사용되었지만 그 빈도는 점점 더 줄어들었다.

정신질환자를 자율적 인간으로 바라보는 접근법은 정신의학계에서 거의 무시되었지만 심리치료계에는 큰 영향을 미쳤는데, 이에 관해서는 제34장에서 다시 살펴보기로 하자. 이 새로운 접근법의 대변인 중 한 명은 개인구성이론personal construct theory의 창시자 조지 켈리George Kelly였다. 그의 치료법에는 개인에 대한 존중을 강조하던 시대 분위기가 반영되어 있었으며, 이것은 새로운 심리치료 접근법들의 주요 특징이 되었다.

미국의 사회심리학

개인 공간, 매력 측정, 방관자 개입 및 개인주의적 접근법

자넷은 짜증이 났다. 시험 날짜가 얼마 안 남았기 때문에 그녀는 시험공부에 집중하고자 했다. 그녀는 평소처럼 도서관에 앉아 있었는데 한 여학생이 바로 옆자리에 앉았다. 책상 주위에 공간이 넉넉한데 왜 하필 바로 옆자리에 앉을까? 그녀는 이해할 수 없었고 불편했다. 자넷은 이 '침입자'로부터 최대한 멀리 떨어지려고 의자 가장자리에 앉아 몸을 반대편으로 기울였다. 그녀는 공부에 집중하려 했지만 집중하기가 점점 더 힘들어졌다. 그녀에겐 침입자가 너무 가까웠기 때문이다. 몸이 직접 닿지는 않았지만 그녀는 압박감과 불편함을 느꼈다. 그러다 결국 자넷은 포기했다. 그녀는 책가방을 챙겨서 다른 곳으로 자리를 옮겼다. 근처의 다른 책상에 앉아서 침입자의 도착 시간을 기록했던 관찰자는 이번에도 조용히 자넷의 이동 시간을 기록했다.

자넷은 개인 공간에 대한 심리학적 조사의 자신도 모르는 피험자였다. 이 조사는 사회학자 해럴드 가핑클Harold Garfinkel의 연구에서 영감을 얻은 것인데, 그의 민속방법론ethnomethodology은 일상 행동의 무의식적 '규칙'을 일부러 깨뜨려 이를 드러내는 방법을 즐겨 사용했다. 낸시 조 펠리페Nancy Jo Felipe와 로버트 소머Robert Sommer가 1966년에 수행한 이 도서관 연구에서도 똑같은 방법을 사용해 개인 간 거리가 얼마나 가까워야 다른 사람의 반응이 유발되는지를 탐구했다. 그리고 이 연구는 개인 공간에 대한 사회 심리 연구의 고전이 되었다.

이것은 당시에 미국에서 진행된 많은 사회심리 실험의 꽤 전형적인 사례였다. 대학 캠퍼스는 사회심리 실험을 하기에 적합한 통제 가능한 환경을 제공했다. 학습이론가와 인지심리학자에게는 고도로 통제된 실험실이 필요했던 반면에 사회심리학자는 학생 휴게실, 구내식당, 강의실, 학생 기숙사 등을 실험실처럼 활용할 수 있었다. 그리고 대학 캠퍼스에는 피험자도 넘쳐났다. 자원자뿐만 아니라 실험에 참여 중인 사실조차 알지 못한 자넷과 같은 피험자도 어렵지 않게 구할 수 있었다.

그래서 대학생 생활의 여러 측면을 탐구하는 수많은 연구가 이루어졌다. 매력의 요인을 찾아내는 것도 인기 있는 연구 주제였다. 그래서 신체적 매력, 유사성과 상보성, 물리적 근접도(예를 들어 숙소의 공동 이용), 상호 호감도 등 다양한 요인에 대한 연구가 이루어졌다. 그중에는 대학 캠퍼스에서 수행된 연구도 있었고, 신체적 매력에 대한 연구처럼 실험실에서 사진을 보고 평점을 매기는 방식으로 수행된 연구도 있었다. 이런 연구 결과를 토대로 당시 심리학의 주요 접근법을 반영한 다양한 이론이 생성되고 탐구되었다. 예를 들어 행동주의적 설명에 따르면 매력은 두 사람이 상호 작용하면서 서로를 긍정하고 지지하는 강화 경험을 통해 형성된다. 반면에 인지적 설명에서는 견해와 의견의 일치라는 인지적 유사성을 강조했다. 그리고 사회적 교환과 호혜성에 주목하는 심리학자들은 매력이 본질적으로 잠재적 이익과 불이익의 관점에서 인간관계를 평가하는 형태를 띤다고 주장했다.

20세기 후반에는 이런 연구에 의문을 제기하는 목소리가 점점 커졌다. 예를 들어 몇몇 측정법의 타당성에 대한 의문이 제기되었다. 사진을 보고 매긴 평점이 실제로 사람을 만났을 때 느끼는 매력의 증거가 될 수 있을까? 이런 의구심은 몇몇 실생활 연구를 통해 더욱 증폭되었다. 예를 들어 시어도어 뉴컴Theodore Newcomb의 근접성 연구에서는 학생들에게 숙소를 무료로 제공하면서 학생들의 비슷하거나 상이한 태도와 같은 다양한 요인에 따라 같은 방을 쓸 친구를 배정했다. 그리고 연구 결과, 상당 기간 동안 숙소를 함께 이용한 사실 또는 같은 방 친구였다는 사실이 태도의 유사성 등과 같은 다른 요인들보다 학생들 간의 우정을 좌우하는 훨씬 중요한 요인이었다.

기존 연구에 대한 또 다른 문제 제기는 수십 년 후 1970년대부터 본격적으로 주목받기 시작한 실험의 윤리에 관한 것이었다. 미국과 영국의 심리학회는 각각 인간을 대상으로 한 연구의 지침

을 발표했으며(이때부터 '피험자subject'라는 용어 대신에 '참여자participant'라는 용
어를 더 자주 사용하게 되었다), 이런 지침에는 속임수 및 사전 동의를 받
지 않은 참여자의 사용을 금지하는 내용도 포함되었다. 그러나
이런 지침이 실제로 적용되기까지는 상당한 시간이 걸렸는데, 왜
냐하면 실생활 연구는 본질적으로 관찰의 성격을 띠었고 속임수
를 쓰더라도 대부분 매우 사소한 것이어서 지침을 무시하는 경향
이 있었기 때문이다. 그러다 비록 몇몇 연구 맥락에서는 속임수
가 계속 필요했고 윤리적으로도 정당화될 수 있었지만, 관련 문
제에 대한 우려가 커짐에 따라 속임수를 무분별하게 일상적으로
쓰는 일은 점차 사라졌다.

어윈 실버맨Irwin Silverman과 같은 비판자들이 1970년대에 최초
로 제기했지만 인정받기까지 상당한 시간이 소요된 또 다른 문제
제기는 과연 미국 심리학과 학생들이 보편적인 인간 행동의 예로
간주될 만큼 대표성을 갖느냐는 것이었다. 이런 문제 제기는 다
양성과 포용성에 대한 관심의 증가 및 세계 각지의 심리학에 대
한 미국 심리학계의 재평가와 문제의식이 반영된 최근에 들어와
서야 좀 더 강력한 지지를 받게 되었다. 우리는 이 문제를 제40장
에서 더 자세히 살펴볼 것이다.

사회심리학자들은 비언어적 의사소통과 대인지각의 여러 측
면도 탐구했는데, 이는 미국 심리학계에서 인지적 접근법과 행동
주의적 접근법 간에 균형이 잡히기 시작한 사정을 반영한 것이었
다. 이 장을 시작할 때 소개한 연구는 근접학proxemics 또는 개인 공
간에 관한 연구였는데, 이 주제에 대한 또 다른 연구에 따르면 개

     심리학의 역사

인 공간은 문화에 따라 또는 개인적 대화와 비인격적 대화의 경우에 서로 다른 것으로 밝혀졌다. 몸짓과 얼굴 표정에 관한 연구도 문화적 다양성을 보여주었는데, 다만 기본 감정을 나타내는 얼굴 표정은 모든 문화권에 걸쳐 동일한 듯하다. 그 밖에 눈맞춤의 다양한 의미(예를 들어 친밀감의 표현, 공격성을 드러내는 적대적 시선), 대화적 상호작용의 특성(예를 들어 눈맞춤이나 언어적 교환의 적절한 시점), 준언어paralanguage의 사용(예를 들어 목소리의 억양, '음~'이나 '어~' 등의 허사虛辭)과 같은 상호작용의 다른 여러 측면도 연구 대상이 되었다.

행동주의적 관점의 연구인 경우, 예를 들어 실험실에서 사람들이 원하는 물체의 그림을 볼 때 발생하는 동공 확장의 크기나 응시 길이 등을 측정했다. 이 장을 시작할 때 언급한 도서관 연구처럼 실생활에 더 가까운 행동 지표를 사용한 연구도 있었다. 반면에 예를 들어 옷차림이나 몸가짐 등이 풍기는 인상에 대한 연구는 주로 인지적 관점을 취했다. 이런 연구는 자연스럽게 타인의 지각에 대한 연구로 이어졌는데, 이것은 제24장에서 살펴본 태도에 대한 관심 증가와도 관련되어 있었다.

성격검사와 특성이론은 이미 오래전에 확립되었지만, 이제 연구의 초점은 우리가 타인의 성격 특성을 어떻게 가정하는지에 맞추어져 있었다. 우리는 매우 적은 정보를 가지고도 타인의 성격에 관해 그럴싸한 이론을 지어내곤 한다. 예를 들어 누구는 도서관 사서이고 다른 누구는 산림관리원이라는 것을 알게 되었을 경우 우리는 십중팔구 이들에 관해 아주 다른 가정을 하게 될 것이다. 다시 말해 이들은 각자 독특한 성격 특성을 가졌다고 가정할 것이다. 과연 이런 특성이 우리가 판단하는 성격의 핵심 특징에 해당하는지, 아니면 그저 주변적인 특징인지, 또 이런 특성이 가치평가적 성격을 띠는지 등은 오랫동안 학계의 논란거리가 되었다. 그러나 이 분야의 거의 모든 연구자는 특성 기술어가 항상 같은 의미로 이해된다고 가정했다. 즉 '친절'이나 '공격성'과 같은 단어를 모든 사람이 항상 같은 의미로 사용할 것이라고 가정했다. 이후에 조지 켈리의 개인구성이론은 이런 가정에 이의를 제기했는데, 이에 관해서는 제34장에서 살펴보기로 하자.

사회심리학자들은 사회적 사건에도 민감하게 반응했다. 키티 제노비스Kitty Genovese라는 젊은 여성의 잔인한 살해 사건을 보도한 뉴스에 따르면 인근 아파트의 주민들은 살해 현장을 목격하고도 아무도 신고하지 않았다. 이후 경찰 조사에 따르면 이 보도는 사실과 달랐지만, 당시의 미국 사회는 이를 사실로 받아들였으며 심리학 교과서에까지 그렇게 실렸다. 이후 '방관자의 무관심'에 대한 연구는 낯선 사람을 돕는 행동의 장려 또는 억제 요인에 대한 탐구가 계속되면서 '방관자 개입'에 대한 연구로 명칭이 바뀌었는데, 왜냐하면 사람들은 그저 방관하기보다는 타인을 도우려는 경향이 좀 더 강한 것으로 밝혀졌기 때문이다.

방관자 개입을 설명하기 위해 제시된 이론 중 하나는 도시 생활에 따른 소외감으로 인해 사람들이 낯선 사람을 덜 돕게 된다는 것이었다. 그러나 이것은 실제로 증거를 통해 지지되지 않았다. 예를 들어 한 연구에서는 사람들에게 학습 실험의 실험군과 대조군 중 어디에 속할지를 마음대로 선택하도록 했다. 이때 실험군은 전기 충격을 받는 반면에 대조군은 그렇지 않으며, 서로 다른 집단에 속하는 두 실험 참여자끼리 짝을 이루게 된다고 설명했다. 그러자 90퍼센트 이상이 당연히 대조군을 선택했다. 그러나 짝이 될 다른 참여자가 전기 충격을 너무 두려워해 대조군에 속하길 원한다는 말을 듣자 거의 4분의 3에 달하는 사람들이 실험군을 선택했다. 그리고 다른 참여자가 스스로 선택하기를 포기하고 짝이 될 사람의 선택에 맡기기로 했다는 말을 들었을 때는 거의 90퍼센트가 실험군을 선택했다. 결국 사람들은 일면식도 없는 누군가를 돕기 위해 자신의 이익에 반하는 행동을 한 셈이었다.

다른 연구에서 사람들은 아픈 사람이나 장애인뿐만 아니라 술에 취한 사람을 목격한 경우에도 그 사람을 도우려는 경향을 보였다. 그러나 그럴 확률은 같지 않았다. 빕 라타네Bibb Latané 등이 수행한 일련의 현장 실험에서 술에 취해 쓰러진 듯한 사람을 돕는 경우는 다른 이유로 쓰러진 사람을 돕는 경우보다 적었지만, 어찌 되었든 대다수는 낯선 사람을 도우려 했다. 또 다른 연구에서는 거리에서 낯선 사람이 다가와 소액의 돈을 줄 수 있냐고 물었다. 낯선 사람은 전화를 걸어야 한다거나 지갑을 도난당했다는 등의 이유를 대거나 또는 아무런 이유도 대지 않았다. 그러자 아무런 이유를 대지 않은 경우에도 3분의 1의 사람들은 돈을 주었으며, 이유를 댄 경우에는 절반 이상이 돈을 주었다.

남을 돕는 행동을 억제하는 요인들도 있는데, 그중 하나는 TV 시청 시간이다. 여러 연구에 따르면 TV를 많이 시청하는 사람은 세계를 실제보다 훨씬 더 위험한 곳으로 평가하는 경향이 있다. 그래서 이런 사람은 남을 돕는 것이 위험할 수 있다는 다분히 비현실적인 상상으로 인해 도우려고 선뜻 나서질 않는다. 또 다른 요인을 발견한 실험실 연구에서는 대학생들이 세 명씩 또는 혼자서 대기실에 앉아 있었다. 그런데 갑자기 환기창에서 연기가 마구 뿜어져 나오기 시작했다. 이때 혼자 기다리던 사람은 꽤 신속하게 이를 외부에 알린 반면에 세 명이 함께 앉아 있던 경우에는 반응이 훨씬 더 굼떴다. 반응이 늦었던 이유를 묻자 사람들은 다른 사람의 행동을 참조했다고 답했다. 즉 다른 사람이 즉시 반응하지 않은 것은 사태가 심각하지 않다는 뜻이므로 아무도 먼저 나서려 하지 않았다. 다른 연구에서도 비슷한 결과가 관찰되었는데, 라타네 등은 이것이 이른바 '다수 의견에 대한 무지pluralistic ignorance', 즉 명백히 문제인 것을 문제로 보지 않는 집단착각의 결과라고 주장했다. 또한 주위 사람에게도 조치를 취할 책임이 똑같이 있다는 책임감 분산 효과도 작용했을 것이다.

나아가 라타네는 다양한 사회적 영향력이 우리에게 동시에 작용하는 방식을 설명하는 '사회적 영향력의 법칙'을 제시했다. 이에 따르면 다양한 사회적 영향력은 우리를 비추는 여러 개의 백열전구와도 같다. 이 은유를 계속 사용하자면, 백열전구의 밝기에 따라 영향력이 크거나 작을 수 있다. 예를 들어 어머니나 언니는 낯선 사람보다 더 큰 영향력을 행사할 것이다. 전구 수가 많으면 더 밝은 것처럼 많은 사람은 적은 사람보다 더 큰 영향력을 행사하는 경향이 있다. 백열전구가 얼마나 가까이 있는지도 중요하다. 이것은 물리적인 의미의 실제 거리일 수도 있고 또는 심리적인 의미에서 도움이 필요한 사람을 개인적으로 알고 있는지, 도움이 얼마나 절실한지 등을 의미할 수도 있다.

사회적 영향력 이론은 사람들의 반응에 대해 그럴듯한 설명을 제공한다. 그러나 이것은 사회적 영향력을 개인에 작용하는 외부의 힘으로 간주한다. 반면에 제2차 세계대전 중에 또는 그 후에 꽤 다른 사회적 영향력을 경험한 유럽 사회심리학자들의 사고방식은 매우 달랐다.

CHAPTER 28

유럽의 사회심리학

집단 소속감이 사고와 행동에 미치는 영향 및 의미의 공동 구성

사회심리 현상이 개인 심리의 일부에 불과하다는 플로이드 올포트의 주장을 따르는 미국 사회심리학은 철저히 개인주의적이었던 데 반해, 유럽은 다분히 역사적인 관점을 취했다. 유럽은 소수집단으로 시작된 사회운동이 사람들의 마음과 행동을 사로잡고 결국에는 사회 전체를 지배해 영구화되는 과정을 극적으로 체험한 역사를 가지고 있었다. 그렇기 때문에 사회적 행동에 대한 개인주의적 설명만으로는 불충분할 수밖에 없었다.

앞서 살펴본 것처럼 유럽의 많은 심리학자는 나치의 위협을 피해 미국이나 영국으로 이주했지만, 그곳에서 그들의 주장이 항상 받아들여진 것은 아니었다. 예를 들어 강제수용소에서 살아남아 미국으로 건너간 오스트리아 출신 심리학자 브루노 베텔하

임Bruno Bettelheim이 수용소 경험에 관해 쓴 논문은 미국 학계의 주목을 거의 받지 못했다. 기존 사회심리학계에는 이런 문제를 다룰 만한 이론적 토대가 없었을 뿐만 아니라 굳이 이런 불쾌한 현실을 마주하려는 의사도 없었다. 또한 유럽에서도 한동안은 아픈 현실을 외면하려는 분위기가 팽배해 있었다. 어떻게 그런 일이 일어날 수 있었을까? 그러다 점차 유럽의 사회심리학자들은 사회생활의 현실을 설명할 수 있을 만큼 견고한 이론들을 개발하기 시작했다. 이 새로운 형태의 사회심리학을 주도한 두 개의 핵심 이론은 헨리 타지펠의 '사회적 정체성 이론'과 세르주 모스코비치Serge Moscovici의 '사회적 표상 이론'이었다.

사회적 정체성은 무엇보다도 집단 소속감 및 우리의 세계 이해에 깔려 있는 '저들과 우리'의 구별과 관련된다. 우리 각자의 정체성에는 우리가 속한 집단도 포함되어 있으며, 이런 집단 소속감은 많은 경우 우리 자신에 대한 이해의 일부이다. 내가 심리학자로서 말을 할 때 나는 그저 심리학자의 역할을 하고 있다기보다 나 자신이 심리학자라고 생각한다. 그러나 나는 심리학자일 뿐만 아니라 다른 많은 집단에도 속해 있다. 나는 이런저런 공식 단체의 회원이기도 하고 지역사회와 같은 비공식 조직의 일원이기도 하다. 이런 모든 것이 내가 누구인지에 대한 나의 이해, 즉 내 정체성의 일부를 이룬다. 우리는 평소에 이런 것들을 의식하지 않고 있다가 관련된 상황에 처할 때만 의식하게 된다. 설거지를 누가 할지를 두고 다투다가 성역할이 쟁점이 되면 개인 간 다툼이 집단 간 갈등으로 확전되기 쉽다.

확고하게 현실에 기초한 사회적 정체성 이론은 집단마다 권력과 영향력 및 사회경제적 자원에 대한 접근 기회가 다르다는 것을 인정한다. 그리고 이런 차이가 사람들의 사회적 행동에 영향을 미치며 주요 사회적 갈등과, 심지어 전쟁의 원인이 될 수 있다고 지적한다. 이 이론의 출발점이 된 것은 1970년대에 집단 소속감이 의사 결정에 미치는 영향을 조사한 타지펠 등의 연구였다. 이때 연구진은 연구 참여자들을 완전히 무작위로, 즉 참여자가 앉아 있는 의자가 파란색인지 녹색인지 등과 같은 무의미한 기준에 따라 여러 집단으로 나누었다. 여러 집단에 모조 화폐를 배분하는 과제를 주었을 때 참여자들은 별다른 이유도 없이 일관되게 자신이 속한 집단을 다른 집단보다 우대했다.

이것은 자연스럽게 집단 소속감이 사회적 정체성에 미치는 영향을 탐구한 타지펠과 그의 동료 존 터너John Turner의 후속 연구로 이어졌다. 그리고 이를 토대로 두 사람은 1979년 「집단 간 갈등의 통합 이론」이라는 논문에서 사회적 정체성 이론을 발표했다. 이 논문에서 그들은 집단 동일시 과정이 범주화, 사회적 비교, 자존감의 욕구라는 세 가지 기본 심리 과정에 기초한다고 주장했다.

범주화는 우리의 일상 인지 활동에서 근본적인 역할을 한다. 우리는 늘 많은 정보에 둘러싸여 있는데, 만약 이것들을 정신적으로 분류하지 않는다면 이것들을 결코 제대로 처리하지 못할 것이다. 이렇게 정보를 조직하고 사물과 사람들을 묶는 데 사용되는 범주가 없다면 우리의 인지 활동도 거의 불가능할 것이다.

그러나 우리는 사람들을 집단으로 범주화할 뿐만 아니라 이런 집단들을 서로 비교하기도 한다. 이것은 한 집단이 다른 집단보다 '더 낫다'는 식의 평가일 수도 있고 가치평가 없이 집단 간 차이를 확인하는 것일 수도 있다. '최소 집단 패러다임minimal group paradigm'에 기초한 초기 연구에서는 범주화만으로도 경쟁 관계와 적대감이 유발될 수 있다고 주장한 반면 후속 연구에서는 자원을 둘러싼 경쟁이 있을 때만 적대감이 형성되는 것으로 나타났다. 즉 자원이 필요하지 않은 상황에서는 최소 집단 연구 조건에서든 현실 세계에서든 다양한 집단의 꽤 평화로운 공존이 가능했다.

사회적 정체성의 기초가 되는 세 번째 심리 과정은 동일시의 정서적 차원과 관련된다. 여러 집단의 상이한 권력과 지위는 해당 집단에 속한 사람들의 자아상에 영향을 미친다. 즉 소속감에 따라 사람들의 자존감이 높기도 하고 상처를 입기도 한다. 우리는 긍정적인 집단 소속감을 원하며, 이것이 부정적으로 지각될 경우 어떤 식으로든 이것을 처리해야만 한다. 이런 상황에서는 네 개의 대안이 있다. 첫째는 직업 변경 등의 방법으로 소속 집단을 아예 벗어나는 것이다. 둘째는 비교 집단을 바꾸는 것이다. 예를 들어 우리 마을을 대도시가 아니라 인접 마을과 비교하는 것이다. 셋째 전략은 소속 집단과 거리를 두는 것이다. 예를 들어 '나는 이 집단의 다른 사람들과 다르다'고 주장하거나 자신이 그저 집단의 일원이 아니라 개성 있는 존재로 보이도록 노력하는 것이다. 마지막 방법은 소속 집단의 지위 자체를 바꾸려고 노력하는 것이다. 이것은 비현실적으로 보일지 모른다. 그러나 성역할이나 장애인에 대한 사회 인식의 최근 변화를 보면, 이것이 그렇게 황당한 것만은 아니다. 이 네 번째 과정은 집단에 대한 사회적 표상의 변화와 관련되어 있는데, 이것은 우리가 살펴볼 유럽 사회심리학의 두 번째 주요 이론의 핵심 주제였다.

사회적 표상 이론은 1970년대에 프랑스 심리학자 세르주 모스코비치가 개발했다. 그는 정신분석에 관한 담론 방식 및 언론의 보도 방식에 관심이 많았다. 당시에 프랑스에서 정신분석은 매우 인기 있는 이론이었기 때문에 많은 논의의 대상이 되었지만, 정치 집단에 따라 이를 보는 시각이 매우 다양했다. 프랑스 사회의 전문직과 교육계를 대변한 신문들은 정신분석을 중립적인 입장에서 다루는 경향이 있었던 반면 가톨릭 우익을 대변한 신문들은 정통 가톨릭 신앙과 일치하는 측면만 보도하고 리비도나 성욕과 같이 논란이 되는 주제는 아예 무시하는 식으로 이 이론을 검열하는 경향을 보였다. 그런가 하면 공산주의 언론은 이 이론을 자본주의 부르주아 이데올로기의 대표적 사례이자 마르크스주의 접근법의 경쟁자로 간주했다. 이런 현격한 차이는 모스코비치가 보기에 신념 체계에 따라 의사소통 유형이 달라지는 것을 보여주는 명백한 증거였다.

이를 계기로 그는 사람들의 일상적인 설명과 이론에 관한 사회적 표상 이론을 발전시키게 되었다. 여기서 사회적 표상이란 사회, 개인 또는 특정 집단이 당연시하는 정보를 말한다. 이를 토대로 사람들은 자신의 경험을 설명하기도 하고 의사소통의 기초가 되는 공동이해를 구축하기도 한다.

 심리학의 역사

본질적으로 사회적 표상은 낯선 견해나 경험을 이미 익숙한 지식체계에 편입하거나 은유를 통해 '객관화'하는 방식으로 우리가 세계를 이해하는 데 기여한다. 이런 은유는 종종 일상 언어에 파묻혀 있어 쉽게 눈에 띄지 않는다. 예를 들어 경제의 '가지치기' 또는 필수 '가지치기'와 같은 표현은 경제 현상을 많은 사람에게 친숙한 정원 가꾸기에 빗대어 관련 사태의 이해를 돕는다. 그러나 이런 은유 자체에는 특정 세계관이 반영되어 있다. 이런 은유가 '진실'을 반영하는지는 중요하지 않다. 중요한 것은 이런 은유가 널리 공유되고 많은 경우에 설명으로 받아들여진다는 점이다.

사회적 표상은 사회적 동일시와 직결되어 있다. 자신이 속한 집단의 다른 구성원들이 공유하는 의미나 해석은 우리가 받아들일 가능성이 훨씬 높기 때문이다. 진공 속에서 자란 사람은 아무도 없다. 우리는 모두 우리의 문화, 가족, 주위 사람들의 영향을 받으며, 여기에는 대중매체와 소셜미디어를 통해 전달받는 것들도 포함된다. 이것은 타인에 대한 우리의 신념뿐만 아니라 물리적 세계에 대한 우리의 지식에도 영향을 미친다. 왜냐하면 우리는 다른 사람의 말을 그대로 받아들이는 경향이 있기 때문이다. 런던 정치경제대학 교수 롭 파Rob Farr의 지적처럼 우리는 대부분 유리가 깨지기 쉽다는 것을 받아들이기 위해 굳이 망치로 시험할 필요를 느끼지 않는다.

이 모든 것은 어째서 그렇게 자주 대화가 겉돌고 대화할수록 잘 통하는 대신에 오해만 더 쌓이는지를 일부 설명해준다. 이것은 대화하는 두 사람이 각자의 사회적 표상을 통해 세계를 이해하기 때문이며, 종종 두 사람의 이런 표상에 공통점이 전혀 없을 수도 있기 때문이다. 이런 일은 도처에서 벌어진다. 자신의 성 역할을 고집하면서 상대방의 말을 흘려듣는 부부의 말다툼, 노사 분쟁의 협상을 시도하는 사용자 단체와 노동조합, 건강 문제를 바라보는 시각이 전혀 다른 사람들과 의료진의 대화 등이 그러하다. 우리 모두가 목격한 사회적 표상의 놀라운 사례는 2020~2022년의 팬데믹 기간에 확산된 '백신 반대' 신념이었다!

사회적 정체성 이론과 사회적 표상 이론은 유럽 사회심리학의 핵심이 되었다. 이 두 이론의 결합은 1970년대 초반에 특정 학술지 및 헨리 타지펠의 논문「유럽 사회심리학의 발전 동향」을 통해 이루어졌다. 이 논문에서는 두 이론을 포괄적인 이론틀로 제시하면서 이 새로운 접근법과 반응 중심의 실용적인 미국식 사회심리학의 차이를 명확히 했다.

이 두 이론은 우리의 사회적 이해와 행동에 영향을 미치는 집단 소속감의 중요성을 잘 보여준다. 이 두 이론의 결합은 나치의 위협 및 그 밖의 사회운동에 대한 유럽 각국의 대응을 이해할 수 있는 길을 제시했다. 또한 이것은 집단 간 관계, 사회적 편견, 개인 간 갈등 등의 문제를 개인적 수준과 사회적 수준에서 동시에 설명할 수 있는 사회심리학 연구의 틀을 제시했다. 그러나 이것이 전부는 아니었다. 유럽에서 정신분석학파는 미국에서처럼 완전히 무시된 적이 한 번도 없었다. 오히려 정신분석은 앞서 살펴본 것처럼 사회심리학에 대한 대안적 접근법들이 등장하던 1960년대에 특히 프랑스에서 다시 큰 인기를 끌었다.

영국 사회심리학계에서는 '사회구성주의'라는 또 다른 대안이 큰 주목을 받았다. 푸코와 페르디낭 드 소쉬르Ferdinand de Saussure 같은 유럽 지식인들의 연구에 기초한 이 접근법도 사람들의 세계 해석에 초점을 맞추었다. 이 접근법의 핵심은 사람들이 사용하는 의미가 담론과 의례뿐만 아니라 표면상의 행동보다 더 깊은 의미를 지닌 상호작용 등을 통해 집단적으로 구성된다는 것이다. 사회구성주의는 더 광범위한 포스트모더니즘 운동의 일부로 볼 수 있으며, 이런 흐름은 무엇보다도 상대주의와 '객관적' 현실의 불가지론을 주장한 철학자 니체의 영향을 크게 받았다.

사회심리학에서 사회구성주의적 접근법은 주로 담론 분석 등을 통해 일상적 상호작용에서 드러나는 의미에 초점을 맞추었다. 이 분야의 심리학자들은 보통 대화나 기타 형태의 담론을 분석해 표면적인 대화 아래에 놓인 심층적인 의미를 찾으려 했다. 예를 들어 자녀 양육권을 되찾으려는 한쪽 부모와 사회복지사 간의 대화에는 종종 권력과 통제에 관한 사회적 담론이 반영되어 있으므로 이를 밝혀야만 해당 대화도 제대로 이해할 수 있을 것이다. 또 다른 예를 들자면, 왕실 결혼식에 관한 가족 토론을 조사한 연구에서는 집단 평가와 해석 공유의 과정을 통해 해당 사태에 대한 합의된 설명에 도달하는 과정을 보여주었다.

사회구성주의와 사회적 표상 이론 사이에는 많은 유사점이 있는데, 이는 유럽 지성계의 공통된 이론적 유산을 고려하면 굳이 놀라운 것이 아니다. 그러나 사회적 표상 이론은 사회적 정체성 이론과 마찬가지로 (행동주의 전통은 아니지만) 확고한 실험 전통 속에서 현상을 경험적으로 탐구하는 반면 사회구성주의는 이런 유형의 실증 연구를 매우 의심하는 편이다. 이런 접근법들이 의미와 현실의 공동 구성이라는 비슷한 결론에 도달한 사실은 사람들이 자신의 경험을 어떻게 이해하는지에 관해 많은 것을 보여주는 듯하다. 또한 이는 세계의 나머지 지역에서 매우 다양한 심리학적 관점이 등장한 과정과 이유를 이해하는 데도 시사하는 바가 많다.

CHAPTER 29

세계의 심리학

일본과 중국부터 러시아, 인도, 남아메리카까지

지금까지 살펴본 것처럼 심리학이 과학으로서 발전한 것은 주로 유럽과 미국에서였다. 그렇다면 세계의 나머지 지역은 어떠했을까? 그동안 국제 활동은 여러 국가를 연결하는 무역뿐만 아니라 사상과 지식의 교류를 통해서도 활발하게 진행되었다. 아시아의 대학들은 이미 오랜 전통을 이어오고 있으며, 철학 및 기타 저작이 다른 언어로 번역되고 호기심이 증가함에 따라 세계의 여러 지역에서 많은 사람이 유럽과 미국으로 유학을 떠나기도 했다.

아마도 중국과 일본은 비서구권 국가 중에서 심리학이라는 새로운 학문을 가장 먼저 받아들인 국가에 속할 것이다. 이 두 나라는 수백 년에 달하는 철학적 전통 속에서 심리적이고 개인적인 물음을 다루어왔으며, 양국의 지식인은 조셉 헤이븐_{Joseph Haven}의

『심리철학Mental Philosophy』이 1875년에 일본어로 번역되면서 심리학에 관한 서구의 초기 저작을 처음으로 접하게 되었다.*

일본 최초의 심리학 교수는 미국심리학회 초대 회장이자 헌신적인 심리학자 겸 교육자였던 그랜빌 스탠리 홀Granville Stanley Hall과 함께 미국에서 심리학을 공부한 모토라 유지로元良勇次郎였다. 모토라는 1888년에 일본으로 돌아와 도쿄 제국대학의 정신물리학 시간강사가 되었다. 1903년에 그는 첫 제자 중 한 명인 마츠모토 마타타로松本亦太郎와 함께 일본 최초의 심리실험실을 열었다. 마츠모토도 미국 예일 대학에서 분트의 대학원생이었넌 에드워드 스크립처Edward Scripture와 함께 심리학을 수학했다. 도쿄 제국대학의 모토라와 교토 제국대학의 마츠모토를 통해 일본 실험심리학의 확고한 토대가 마련되었다. 일본 최초의 심리학과 학생 일곱 명은 1905년에 도쿄 제국대학을 졸업했다.

처음에 일본 심리학은 매우 다양했으나, 초창기의 극적 사건을 계기로 실험 전통이 확고히 자리 잡게 되었다. 모토라와 함께 수학한 후쿠라이 도모키치福来友吉는 도쿄 대학 심리학과 부교수가 되었다. 그의 초기 연구는 최면에 관한 것이었지만, 이후에 그는 심령 연구, 특히 천리안에 큰 관심을 갖게 되었다. 그의 이런 연구는 당연히 대중의 상당한 관심을 불러일으켰지만, 그의 연구 절차는 논란의 여지가 많았으며 동료들의 인정을 받지 못했다. 그리고 수차례의 귀띔과 경고 끝에 그는 1913년에 교수직에서 해

---

* 동아시아에 소개된 최초의 서구 심리학 관련 번역서로 평가되는 이 책은 일본의 니시 아마네西周가 『心理學』(1875년)으로 번역했고 중국의 옌용징顏永京은 『心靈學』(1889년)으로 번역했다.

임되었다. 그의 해임은 심리학을 철저히 과학적인 토대 위에 세우려던 당시의 분위기를 반영한 조치라 하겠다.

당시에 도쿄 제국대학으로 자리를 옮긴 마츠모토가 주최한 전 일본 심리학 회의에 뒤이어 1927년에 일본심리학회가 공식적으로 설립되었다. 당시에 일본의 여러 대학에서 심리학을 가르쳤기 때문에 심리학자들은 연구를 공유할 수 있는 이 기회를 환영했다. 이 새로운 단체는 학회지 〈심리학 연구心理學研究〉를 창간하고 마츠모토를 회장으로 선임했는데, 그는 사망할 때까지 이 직책을 유지했다. 당시에 일본 심리학은 게슈탈트 심리학의 영향을 많이 받았으며, 이를 반영한 대다수 연구는 특히 사회과정과 인지과정 및 이의 교육적 응용에 초점을 맞추었다.

그러나 전쟁의 발발과 함께 상황이 극적으로 바뀌었다. 전시에도 학회를 개최하고 학술지를 발간하려는 노력은 계속되었지만, 일본 심리학이 정상을 되찾기 시작한 것은 1947년 이후에나 가능했다. 전후 일본은 새로운 세대의 주도로 폐허가 된 국가의 재건 사업을 추진했다. 일본 심리학은 항상 교육과 밀접하게 관련되어 있었으며, 일본의 교육제도는 신속하게 세계 최고 수준의 문해력과 기술 표준을 확립했다. 산업화의 진행과 함께 응용심리학도 번성했으며 관련 개념들이 제조업 분야에 널리 적용되었다. 오늘날에도 일본 심리학은 응용심리학에 강점을 보이고 있지만, 인지·사회·교육·임상심리학도 매우 발전했다. 일본 심리학은 전반적으로 미국식 모델을 따르고 있지만 정서적 경험과 복지를 훨씬 더 강조하는 편이다. 예를 들어 일본 심리학자들은 직원 복지에 대해 광범위한 연구를 수행했는데, 이는 서구 직업심리학에서 최근에야 주목받기 시작한 분야이다.

일본과 마찬가지로 중국에서도 심리학적 사고는 유교, 도교, 선종禪宗 등의 장구한 지적 전통 속에서 발전해왔다. 현대 심리학을 독립된 과목으로 중국에 도입한 사람은 차이위안페이蔡元培였다. 이 교육개혁가는 라이프치히의 분트 실험실에서 수학했으며 중국 교육기관의 심리학 교육을 장려했다. 또한 그는 1917년 베이징 대학에 중국 최초의 심리실험실을 설립했다. 그로부터 3년 후에는 난징의 둥난 대학에 최초의 독립된 심리학과가 문을 열었으며, 1921년에는 중국심리학회가 설립되었다. 당시에 중국 심리학은 주로 서구의 접근법을 채택해 행동주의와 정신분석 및 학습과 기억 등의 인지과정을 연구했다. 그러나 1937년에 발발한 중일전쟁으로 인해 중국 심리학의 공식적인 발전은 중단되었으며, 1949년에 중화인민공화국이 건국된 후에야 심리학의 재건 작업이 이루어졌다.

초창기에 가장 영향력 있는 중국 심리학자 중 한 명은 런던에서 스피어먼과 함께 수학한 첸리陳立였다. 그는 중국 산업심리학의 창시자로 알려졌으며 지능 연구 분야에서도 유명한 인물이었다. 심리측정 분야의 발전은 중국의 사회정책과 궤를 같이했다. 중국은 이미 고대에 공무원 선발을 위한 국가고시제를 도입했으며, 한 왕조(기원전 206~서기 220년) 때부터는 시험제도가 정기적으로 시행되었다. 영국의 동인도회사가 식민 활동에 적용해 대성공을 거둔 채용 및 승진을 위한 시험제도는 중국의 제도를 그대로 베낀 것으로 추정된다.

인민공화국 치하에서 중국 심리학은 다른 방향을 택했다. 마르크스-레닌주의와 마오쩌둥 사상을 따라야만 하는 사회 분위기 속에서 서구 심리학은 자본주의 사상의 또 다른 표현으로 간주되었고 독립된 심리학과들은 모두 폐지되었다. 심리학자들은 파블로프의 연구를 비롯한 러시아식 모델을 따르도록 요구받았으며 교육학과나 철학과에 편입되어 근무했다.

심리측정법 자체도 개인의 능력에 초점을 맞춘다는 이유로 의심의 대상이 되었다. 현대 중국 심리측정법 및 이의 교육적 응용의 '어머니'로 불리는 장후찬 张厚粲은 1950년대 중반에 베이징 사범대학 교수였다. 문화대혁명 시기에 고등교육이 유예되자 그녀는 몇 년간 수감되어 다른 학자들과 마찬가지로 들판에서 반기아 상태로 장시간 노동을 하는 등 '재교육'을 받아야만 했다. 그 후에 그녀는 마침내 베이징 사범대학 심리학과로 복귀해 검사연구팀을 조직할 수 있었다. 그녀는 심리측정 분야를 수정 및 재활성화해서 중국 공무원 시험에 새롭게 적용했으며 인지 및 중국어에 대한 연구도 수행했다.

중국의 현대 심리학은 격동의 시기를 거쳐 본래의 모습을 상당 부분 되찾았으며, 오늘날 심리학은 중국에서 한참 번창하는 학과다. 중국의 독특한 유산과 현대 사회를 동시에 조명하는 토착심리학을 발전시키려는 노력이 계속되고 있으며 인지·발달·사회심리학 연구 외에 행동유전학에 대한 강력한 연구 프로그램도 진행 중이다. 그러나 변화의 속도가 매우 빠르므로 이 설명도 조만간 구식이 되기 쉬울 것이다.

러시아 심리학도 중국과 마찬가지로 처음에는 다른 유럽의 발전과 밀접한 관계 속에서 시작되었다. 파블로프는 라이프치히의 분트 실험실을 방문했으며 사비나 슈필라인은 프로이트가 이끈 정신분석 모임의 열성 회원이었고 러시아, 유럽 및 미국 심리학자들 사이에 활발한 서신 왕래가 이루어졌다. 19세기 말경에는 거의 모든 러시아 대학에서 심리학과가 번창했다. 그러나 러시아 혁명 이후 서구 심리학이 자본주의 사상의 도구로 간주되면서 상황은 급변했다.

마르크스-레닌주의 이데올로기가 과학행정에 침투해 학술활동을 규제했다. 예를 들어 다윈의 이론은 거부되었고 후천적 특성의 유전, 즉 인간이나 동물이 살면서 습득한 능력이나 기타 특성이 자손에게 유전될 수 있다고 주장한 장 바티스트 라마르크Jean-Baptiste Lamarck의 진화론으로 대체되었다. 인간을 새로운 존재로 훈련해 이를 대대로 전승할 수 있을 것이라는 라마르크 진화론의 함의는 '신소비에트인' 육성을 위한 교육 프로그램의 기초가 되었다. 그러나 라마르크 유전학의 강조는 관련 분야에 종사한 많은 생물학자와 심리학자에게 이데올로기적 족쇄가 되었다.

그러나 예외도 있었다. 기초적인 신경학적 수준에서도 학습이 일어날 수 있음을 보여준 이반 파블로프의 연구는 알렉산더 루리아Alexander Luria나 레프 비고츠키 같은 저명한 심리학자들의 연구와 마찬가지로 이 패러다임에 끼워 맞추기가 가능했다. 앞서 살펴본 것처럼 비고츠키의 이론은 50년 뒤에 서구 발달심리학계에서 큰 주목을 받았으며, 뇌기능에 대한 루리아의 연구도 서구 신경심리학에 매우 큰 영향을 미쳤다. 심리학 연구는 마르크스-레닌주의 패러다임과 소비에트 이데올로기의 틀 안에서 계속 발전했다. 예를 들어 우주심리학이 활발히 연구되었으며, 선구적인 우주비행사 유리 가가린Yuri Gagarin과 심리학자 블라디미르 레베데프Vladimir Lebedev가 쓴 『심리학과 우주Psychology and Space』는 베스트셀러가 되었다.

최근 몇 년간 러시아 심리학은 문화적 영향의 연구에 주목하게 되었으며, 더욱 최근에는 러시아에 고유한 심리학을 발전시키고 명확히 드러내려는 목표를 세우기도 했다. 이것은 다른 많은 국가에서도 심리학자들이 자국의 특별한 문화와 역사의 관점에서 서구식 접근법의 적합성을 재평가하고 있는 세계적인 흐름을 반영한 것이다.

인도 심리학에서는 이런 흐름이 특히 뚜렷하다. 인도는 중국이나 일본과 마찬가지로 개인의 정체성과 생사의 문제에 주목하는 사고의 장구한 전통을 가지고 있다. 인도의 현대 심리학은 영국 식민지 시대에 도입되었으며 대학에서 가르치는 영국과 미국 심리학자들의 연구에 기초했다. 그러나 독립 이후 특히 금세기에 들어와 심리학의 주요 관심에 점점 더 인도 문화가 반영됨에 따라 인도에 고유한 심리학이 등장하게 되었다. 이런 의미의 인도 심리학은 전통 의학인 아유르베다Ayurveda나 명상 같은 인도의 전통적인 신념과 관행에 주목하며, 특히 행복이나 성취 같은 인간 존재의 긍정적 측면을 조명하는 심리학 연구 및 이의 응용에 초점을 맞추고 있다.

인도 심리학은 서구 심리학을 배척하지 않는다. 그 대신에 인도 심리학은 인도 문화에 적합한 개념과 이론적 발전을 수용하는 모습을 보이고 있다. 따라서 지각, 인지, 감정, 창의성과 같은 주제에 대한 연구뿐만 아니라 성격, 가치관, 영성 등 더 깊은 측면에 대한 연구도 활발히 이루어지고 있다. 인도 심리학은 엄밀한 실험 방법론에 국한되지 않고 내러티브 또는 이야기 분석, 연구 데이터의 정성·정량분석 등과 같은 다양한 방법을 사용한다.

여러 면에서 인도 심리학은 세계 다른 지역의 심리학과 같은 방향으로 나아가고 있다. 다문화주의가 점점 더 강조되고 있으며 토착민의 신념과 지식을 존중하는 심리학 연구법의 개발이 진행 중이다. 많은 경우에 이것은 심리학 자체의 재검토, 특히 식민지 시대의 가정에 기초한 이론 및 응용 사례와 그 밖의 맥락에서도 타당하거나 적절히 수정해 적용 가능한 이론 및 응용 사례를 구별하는 탈식민지화 작업을 포함한다. 예를 들어 사회적 정체성 이론을 동남아시아 문화에 적용할 경우 강조점이 달라질 것이다. 왜냐하면 기본 심리 과정은 본질적으로 같더라도 일상생활에서 이것이 표현되는 방식은 꽤 다를 것이기 때문이다.

토착심리학을 발전시키려는 움직임은 남아메리카 전역에서도 뚜렷이 관찰된다. 대학에서 공식적으로 가르치는 심리학은 유럽의 정신분석부터 미국의 행동주의까지 다양한 접근법을 포함하면서도 대개 각국의 식민지 역사를 반영하고 있다. 남아메리카 전역에 걸쳐 대학의 응용심리학 과목 채택이 증가해 심리학의 범위가 더욱 다양해졌으며, 직업심리학자들은 남미 대륙 전체에 걸친 네트워크를 구축해 정보를 수집하고 직업 자격 및 표준의 합리화 작업을 논의하고 있다. 그러나 남아메리카에는 엄청난 수의 다양한 토착민이 살고 있기 때문에 각국의 심리학자들은 토착민의 지식과 접근법을 기존 심리학 이론과 통합하기 위한 방법도 모색하고 있다.

비록 이 장에서는 매우 제한된 내용밖에 다룰 수 없었지만, 전통 또는 토착 문화에 맞게 심리학 지식을 조정하려는 전반적인 추세는 전 세계에 걸쳐 공통적으로 확인할 수 있었다. 그리고 북아프리카에서는 프란츠 파농의 연구를 통해 자아상과 정체성에 대한 새로운 급진적 접근법이 발전했는데, 다음 장에서 이를 더 깊이 살펴보기로 하겠다.

CHAPTER 30

문화와 자아상

프란츠 파농과 정체성에 대한 탈식민주의적 관점

분과 과학으로서 심리학의 출발은 19세기에 이루어졌지만, 심리학의 진정한 성장은 제2차 세계대전 후에 이루어졌다. 이것은 한편으로 교육기관의 팽창에 따른 결과로 볼 수 있으며, 다른 한편으로는 소비문화의 성장과 함께 인간 행동에 영향을 미쳐 더 많은 구매를 유도하려는 관심의 증가를 반영한 것이기도 하다. 적어도 서구화된 국가에서는 그렇다. 그러나 전 세계에 걸친 경제적·문화적 변화 및 마르크스주의와 사회주의 같은 정치사상의 강력한 영향으로 인해 세계의 나머지 지역에서도 상당한 변화가 일어났다. 이런 평등주의 사상은 미국과 같은 자본주의 국가의 지도자들에게 증오와 공포의 대상이 되었지만, 식민지 국가에서는 아마도 비슷한 이유로 꽤 매력적인 대안으로 간주되었다.

이런 쟁점은 심리학, 특히 자아상과 정체성에 관한 이론에도 반영되어 나타났다. 미국에서 자아 개념에 대한 심리학 연구는 거의 전적으로 개인에 초점을 맞추었다. 그래서 연구자들은 성취 욕구와 같은 동기를 조사하거나 개인의 자아 개념에 영향을 미칠 수 있는 요인 등을 탐구했다. 이런 접근법에 깔린 가정에 따르면 자아는 때때로 사회적 요인의 영향을 받지만 본질적으로 독립적인, 즉 사회와 분리된 자율적인 존재다.

개인주의는 미국 사회의 근본 가정이었지만, 세계의 나머지 지역에서 이런 견해를 똑같이 공유하지는 않았다. 미국인들이 이를 어렴풋이 깨닫게 된 것은 1960년대에 인도를 여행하고 돌아온 젊은 히피족이 대안적인 견해들을 서구 사회에 제시하면서부터였다. 그중에서 힌두교의 접근법에 따르면 우리의 자아는 가장 내밀한 '진정한' 자아와 완벽하게 합일된 상태인 아트만atman과 이를 둘러싼 여러 외층으로 되어 있다. 모두에게 아트만이 있지만 모두가 이 상태에 도달할 수 있는 것은 아니다. 이를 위해서는 자기 수련과 내적 명상이 필요하며, 자아의 상태는 결국 각자의 책임이다.

문제는 탐욕, 성욕, 이기심과 같은 무의식적 특성이 포함된 자아의 외층이 힌두교 문헌에서 지바jiva라고 부른 진정한 자아에 도달하는 것을 방해할 수 있다는 신앙이었다. 윤회Saṃsāra는 개인이 진정한 자아에 도달하기 위한 선행을 통해 쌓은 업보karma에 따라 사람이나 동물의 생사 세계를 계속 순환할 수 있다는 신앙이다.

매우 다른 형태이긴 해도 여전히 개인에 초점을 맞춘 이런 자아 개념은 티모시 리어리나 그 밖의 몇몇 덜 극단적인 심리학자와 심리치료사를 통해 심리치료 분야에 일부 반영되기도 했지만 미국 주류 심리학에는 거의 영향을 미치지 못했다. 유럽의 경우 주요 사회심리학 이론에서 제시한 자아 개념은 앞서 살펴본 것처럼 평범한 사람들이 집단적 편견과 사회운동에 휩쓸려 유대인 대학살로까지 이어진 과정과 이유를 나름대로 설명할 수 있었다. 그러나 이 경우에도 초점은 여전히 개인들이 어떻게 이런 영향을 받게 되었는지에 있었다. 다시 말해 이것도 다분히 개인주의적인 접근법이었다.

그러나 세계의 대다수 지역에서 개인주의는 그렇게 지배적이지 않다. 오히려 개인의 자아는 독립적인 것이 아니라 해당 사회의 문화 속에서 가족과 친구들로 구성된 사회관계망의 일부로 간주된다. 예를 들어 오스트레일리아 토착민 사회에서는 개인의 대학 진학이나 직업 선택 등과 같은 결정을 서구 사회에서처럼 개인의 결정이 아니라 사회 전체의 결정으로 본다. 다시 말해 이런 결정은 당사자의 의사와 성향뿐만 아니라 소속 집단이나 사회에 미칠 영향도 고려한 집단 전체의 결정으로 간주된다. 예를 들어 오스트레일리아 록 밴드 요투 인디Yothu Yindi의 원주민 구성원들은 자신이 오스트레일리아 토착 문화의 일원이라는 의식이 강했으며 자신의 진로와 선택에 관해 늘 부족 어른들과 상의했다. 그들은 음악계에서 개인적인 성공을 거두기도 했지만 자신이 기본적으로 소속 집단의 일원이라는 정체성을 한 번도 잃지 않았다.

　심리학의 역사

대다수 전통사회에서 자아는 사회에 깊이 뿌리박힌 것으로 간주된다. 다시 말해 소속 집단은 개인 정체성의 근본적인 측면이며 따로 떼어낼 수 없는 것이다. 개인은 서로 다른 개성과 재능을 지닌 존재인 동시에 개인이 속한 문화와 사회적 맥락을 통해 구체화되는 존재로 이해된다.

문화가 자아상에 반영되는 방식은 문화 자체만큼이나 다양하다. 예를 들어 일본 문화에서 아이들은 유아기부터 자신의 행동이 다른 사람에게 미치는 영향에 유의하도록 사회화된다. 그래서 일본인의 자아상은 체면과 내면화된 죄책감에 매우 민감하며 소속 집단과 소속감이 제공하는 사회적 보상의 측면을 매우 중요하게 여긴다. 따라서 일본인은 자신의 생각이 사회적으로 합의된 것과 다를 경우 이를 좀처럼 드러내지 않으며 공개적인 상황에서는 자신의 행동이 사회적으로 받아들여질 수 있는지를 따지는 경향이 더 강하다.

독립적 개인이라는 개념은 아프리카의 전통사회에서도 통하지 않는다. 심리학 및 인류학 연구에 따르면 남아프리카의 여러 국가에서 자아는 전적으로 자연 세계에서 펼쳐지는 사람들의 일상생활 속에서 이해된다. 이런 전통사회에서 완전히 독립적인 자아란 비현실적인 신화일 뿐이며, 만약 정말로 이런 사람이 있다면 그는 정상이 아니라 약간 미친 사람으로 간주될 것이다. 아프리카 전통사회 출신으로 서구 대학에 유학을 온 사람들은 종종 극심한 외로움과 절반만 살아 있는 듯한 느낌을 호소하는데, 이는 그들의 자아 개념에 고향과 문화가 얼마나 중요한지를 여실히 보여준다.

　서구의 전통적인 자아 개념이 지닌 한계와, 이것이 심리학의 다른 측면에까지 미치는 영향을 지적한 다른 문화권 출신 심리학자들의 연구에서도 이와 유사한 관찰들이 이루어졌다. 그러나 이들의 연구 결과는 학술지에 게재되더라도 주류 심리학계에서 보기에 인간 정체성에 대한 급진적 통찰이라기보다 호기심의 대상 정도로만 간주되었다. 개인은 독립적인 존재이며 사회적 영향력은 외적인 것이라는 견해가 여전히 위세를 떨치고 있다. 그러나 극단적 개인주의는 서구 문화의 특징일 뿐이며 대다수 사람, 즉 세계의 나머지 지역에서 살아가는 사람들을 대표하지 못한다.

　덧붙이자면, 과연 순수한 개인주의가 정말로 서구 문화를 대표하는지도 매우 의심스럽다. 비록 전통적인 그리스 철학과 이후의 주류 심리학에서는 독립적인 자아의 존재를 가정했지만, 실제로 가족, 친구, 사회 등이 우리의 일상생활에 미치는 영향은 공식적으로 인정된 것보다 훨씬 더 크다. 예를 들어 미국과 영국 문화에서 가족은 방송 드라마나 뉴스 보도에서 확인되는 것처럼 다른 무엇보다도 소중한 것으로 간주된다. 그리고 가족뿐만 아니라 친구, 동호회, 종교 단체 및 기타 사회적 유대 관계도 우리의 자아상에 엄청난 영향을 미친다. 유럽 사회심리학은 이를 인정하는 이론틀을 제시한 바 있지만, 서구 주류 심리학에서는 예나 지금이나 자아 개념을 떠받치는 사회문화적 맥락의 중요성을 심각하게 과소평가하고 있다.

　그러나 세계의 다른 지역에서는 그렇지 않다. 20세기 후반을 통틀어 비서구 심리학에서 가장 영향력 있는 책 중 하나는 프란츠 파농의 『검은 피부, 하얀 가면 Peau noire, masques blancs』이었다. 1950년대에 쓴 이 책은 북아프리카뿐만 아니라 전 세계의 식민지 체제에 엄청난 영향을 미쳤다. 소말리아에는 프란츠 파농 대학이 있을 정도다.

이런 엄청난 영향의 원인은 무엇이었을까? 파농은 프랑스 식민지였던 마르티니크 출신의 정신과의사이자 정치철학자였다. 흑인인 그는 본국 이주민과 식민지 원주민 간의 사회적 차별을 뼈저리게 의식하고 있었다. 그가 열다섯 살이던 1940년에 프랑스가 나치에 항복하자 마르티니크는 프랑스 해군 잔당이 장악했는데, 그들은 원주민을 차별하고 경멸하면서 폭력을 서슴지 않았다. 그는 나중에 프랑스 해방군의 일원으로 참전했는데, 당시의 경험으로 인해 인종차별에 대한 그의 문제의식은 더욱 강해졌다. 전쟁이 끝난 후 파농은 프랑스에서 교육 및 자격 취득 과정을 마치고 곧이어 『검은 피부, 하얀 가면』을 출간했다. 그가 프랑스와 그 전에 체험한 인종차별의 심리적 함의를 다룬 이 책은 원래 그의 박사학위 논문이었다. 그러나 정치적인 내용이 담겼다는 이유로 대학에서 학위 수여를 거부하자 그는 이것을 책으로 출간하게 되었다.

『검은 피부, 하얀 가면』은 식민지 또는 식민지 이후 사회에서 흑인의 정체성 및 자아 개념이 비슷한 계층에 속한 백인의 정체성 및 자아 개념과도 질적으로 매우 다르다는 점에 주목했다. 파농에 따르면 이런 차이는 언어 사용을 통해 더욱 강화되었다. 모

든 언어에는 각자의 고유한 세계관 및 세계의 일부로 이해된 화
자에 관한 사회적 가정과 암묵적 의미가 담겨 있다. 영국 식민지
에서 사용하는 혼성어인 피진어Pidgin와 마찬가지로 프랑스 식민
지에서 유럽인과 흑인의 혼혈인이 사용하는 크리올어Creole는 화
자의 교육 수준이나 지능이 낮음을 시사했다. 그리고 '백인' 언어
를 유창하게 구사하는 흑인은 경계의 대상이나 심지어 약탈자로
간주되었다. 그러나 마르티니크나 기타 프랑스 식민지에서는 흑
인들에게 '백인' 프랑스어 사용을 독려했는데, 이로 인해 흑인들
은 자신의 개인적 경험과 매우 다른 세계관을 강요받게 되었다고
파농은 지적했다.

파농의 책은 식민지 흑인의 본성에 관한 몇 가지 일반 가정에
의문을 제기했다. 그중 하나는 사회적 차별이 부분적으로 흑인들
의 종속 콤플렉스, 즉 개인적 열등감을 통해 유지된다는 견해였
다. 파농은 이에 이의를 제기하면서 백인과 흑인 간의 일상적인
접촉을 통해 열등감의 메시지가 끊임없이 강화된다고 지적했다.
다시 말해 열등감은 인종차별의 산물이라고 주장했다. 인종차별
의 또 다른 결과는 정신질환이었다. 정신과의사인 파농은 흑인에
대한 치료가 오히려 정서적 트라우마를 유발한다고 확신했으며,
프로이트나 그 밖의 유명한 정신분석가의 접근법이 이런 문제를
해결하기는커녕 깨닫지도 못한다고 신랄하게 비판했다.

파농이 심리학에 전한 핵심 교훈은 식민지 흑인의 삶이 완전
히 다른 유형의 자아 개념을 수반할 수밖에 없다는 것이었다. 파
농에 따르면 기초적인 신체 개념조차 보편적이지 않은데, 왜냐하

면 신체, 특히 피부색은 이른바 '역사적·인종적' 시각과 불가피하게 연결되어 있기 때문이다. 그는 개별 흑인이 그저 개인으로 지각되는 것이 아니라 흑인종과 그들의 사회적 조건을 대표하는 사례로 지각될 수밖에 없다고 주장했다.

파농의 후기 저서 『대지의 저주받은 사람들 Les damnés de la terre』에서는 식민지화와 탈식민지화의 과정을 다루었다. 식민지의 인종차별이 사람들의 마음속에 스며드는 과정을 이미 설명했던 파농은 이 책에서 계급, 인종 및 경제가 소수집단의 예속을 어떻게 떠받치는지를 탐구했다. 서구 심리학자들은 파농의 이 연구를 어쩌면 당연하게도 완전히 무시했다. 나는 심리학과 학생이었던 1970년대에 운 좋게도 이 책을 알게 되었는데, 이 책을 내게 소개해준 사람은 심리학자가 아니라 마르크스주의를 신봉하는 급진적인 친구였다. 당시에 파농의 연구는 전 세계의 반식민주의 단체뿐만 아니라 흑표당 Black Panther Party과 같은 서구의 흑인 무장단체에도 영향을 미쳤다. 또한 이 연구는 인종이 자아 개념에 미치는 영향에 대한 후속 분석 및 오늘날까지 이어지는 의식화 과정의 계기가 되었다.

파농 및 기타 비서구권 학자들의 연구는 주류 사회심리학에서 사용하는 많은 개념의 보편성에 의문을 제기한다. 그렇다고 해서 서구 심리학 전체가 타당하지 않다는 것은 아니다. 예를 들어 제37장에서 살펴볼 자기효능감과 같은 몇몇 심리 과정은 보편적일 것이다. 그러나 이것의 표현 방식은 문화와 맥락에 따라 다를 가능성이 높다. 또 다른 예를 들자면 카를 로저스가 말하는 긍

정적 관심의 욕구와도 관련되어 있는 소속욕구 같은 것도 보편적
일 것이다. 반면에 미국 문화에서 뚜렷이 관찰되는 성취욕구 같
은 것이 보편적인지는 꽤 의심스럽다. 이 문제는 제40장에서 다
시 살펴보기로 하겠다.

CHAPTER 31

신경심리학의 발전

신경전달물질, 약물, 수면 부족, 뇌 구조의 외과적 규명

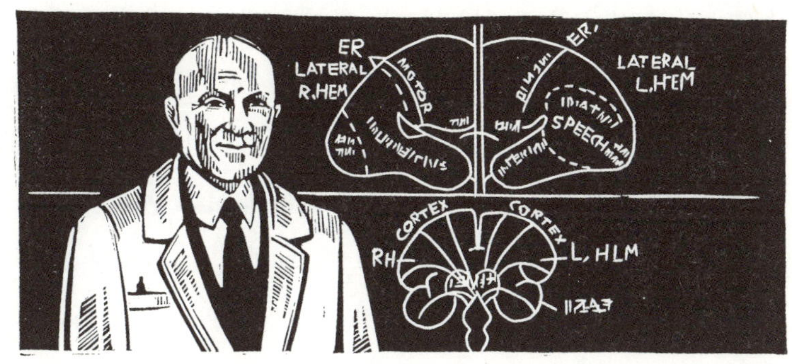

크리스는 약간 어리둥절했다. 실험에 자원한 그는 주사를 맞은 후 효과가 나타날 때까지 기다리고 있었다. 그런데 대기실에 함께 있던 다른 피험자는 약간 이상하게 행동했다. 크리스의 눈에는 그가 술 취한 사람처럼 보였지만 확실한 증거는 없었다. 그 남자는 마치 공을 치듯이 종잇조각을 이리저리 치면서 미소를 지었고 전체적으로 매우 행복해 보였다. 게다가 이것은 전염성이 있었다. 그의 터무니없는 행동을 바라보던 크리스도 미소를 짓지 않을 수 없었고 행복한 느낌마저 살짝 들었다.

크리스는 1962년에 스탠리 샥터와 제롬 싱어Jerome Singer가 수행한 몇 가지 연구의 참여자였다. 그중 한 연구에서는 무해한 식염수나 아드레날린(즉 에피네프린) 주사를 맞은 사람들을 다양한 사회적 상황에서 관찰했다. 이 연구의 목표는 생리적 반응에 따라 감정이 좌우된다는 윌리엄 제임스의 주장(제21장 참조)을 검증하는 것이었다. 그러나 연구 결과, 사람들이 느끼는 감정에 실제로 영향을 미친 것은 오히려 사회적 상황이었다. 또 다른 연구 조건에서는 피험자로 가장한 배우가 대기실에게 계속 기다리라는 사람에게 참을성 없이 화를 내며 대드는 연기를 했다. 그러자 이 배우와 함께 대기실에서 기다리던 사람도 화를 내는 경우가 많았는데, 이때 위약(즉 식염수) 주사를 맞은 사람은 약간만 화를 낸 반면에 아드레날린 주사를 맞은 사람은 더 심하게 화를 냈다. 그리고 이 흥분제를 투여한 사람은 '행복한' 조건에서도, 즉 행복한 척 연기한 배우와 함께 있는 조건에서도 식염수 주사를 맞은 사람보다 더 강력한 행복감을 느꼈다.

이 연구는 많은 비판을 받았는데, 누구는 연구가 제대로 통제되지 않았다고 했고 누구는 이런 현상 자체가 아예 일어나지 않았다고 주장했다. 그러나 이런 비판에도 이 연구의 영향력은 매우 컸다. 이 연구는 무엇보다도 우리의 일상 경험에 부합하는 생리적 상태와 환경 간의 관계를 보여주었다. 우리는 모두 스트레스를 많이 받으면 짜증이 난다. 그리고 격렬한 운동을 방금 마친 경우 우리는 주위에서 무슨 말을 듣는지 또는 무엇을 또 해야 하는지 등에 따라 행복감을 느낄 수도 있고 화가 날 수도 있다.

이 연구의 배경에는 인간 심리에 영향을 미치는 생화학적 과정에 대한 높아진 관심이 있었다. 1950년대와 1960년대에 신경세포 간에 전기신호를 전달하는 화학물질인 신경전달물질에 대한 이해는 큰 진전을 이루었다. 신경전달물질의 작용은 매우 다양하다. 노르아드레날린(즉 노르에피네프린)과 세로토닌은 감정 반응에 관여하는 것으로 알려졌으며 우울증 치료에 사용된다. 도파민은 예전에 '쾌락중추'라고 불렸지만 나중에 뇌의 '보상경로'로 확인된 것과 관련되어 있어 보인다. 엔도르핀과 엔케팔린은 운동 후 행복감을 유발하지만 헤로인과 같은 아편제를 통해서도 활성화된다. 반면에 아세틸콜린은 뇌가 근육에 운동 메시지를 전달할 때 사용하는 화학물질로 알려졌다. 연구 결과에 따르면 니코틴 약물은 이 메시지를 일부 차단하는데, 흡연 시 나른한 느낌이 들고(물론 흡연자는 이것을 마음이 편한 느낌으로 해석하기도 한다) 담배를 끊으면 기운이 더 생기는 이유도 이 때문이다. 오늘날에는 당연히 더 많은 신경전달물질이 알려져 있지만, 1960년대의 심리학자들에게 이런 연구 결과는 뇌의 화학물질과 심리적 경험 간의 명확한 연관성을 최초로 보여준 혁신적인 지식이었다.

또 다른 발견은 신경전달물질이 정보를 전달할 뿐만 아니라 억제할 수도 있다는 사실이었다. 예를 들어 세로토닌과 아드레날린은 수면을 방해한다. 1959년에 미국의 라디오 진행자 피터 트립Peter Tripp은 자선기금을 모으고 세계기록도 세울 겸 8일간 잠을 자지 않고 버티는 위험한 행동을 하기로 결심했다. 그는 타임스 퀘어에 설치된 유리 부스에 들어가 연속 생방송을 시작했다. 첫 이틀 동안은 괜찮았지만 나흘쯤 되자 머리 위로 생쥐가 뛰어다니거나 신발에 거미가 기어다니는 등과 같은 환영이 보이기 시작했다. 날이 갈수록 편집증이 점점 더 심해졌고 8일째가 되자 환각과 현실을 구별할 수 없었다. 이벤트가 끝난 후 그는 22시간 동안 잠을 잤고 상태가 회복된 듯했지만, 실제로는 뇌에 영구적인 손상을 입어 평생 동안 정신병 증상에 시달려야만 했다. 세로토닌과 노르아드레날린은 모두 LSD 같은 향정신성 약물의 작용에 관여하는 것으로 알려졌으며, 트립의 모험과 약물 장기 복용의 부작용 사이에 유사점이 있다는 보고가 있었다.

당시에 심리학자들은 24시간 주기에 따른 각성 수준의 체계적 변화와 같은 생체리듬도 발견했다. 생체리듬은 일광과 같은 시간 단서를 통해 일부 활성화되지만, 이런 단서가 없는 밀폐된 환경에서도 작동한다. 예전에는 이것이 문제가 되지 않았지만, 배나 기차로 여행할 때보다 다른 시간대에 훨씬 더 빨리 적응해야 하는 대륙 간 항공 여행의 증가로 인해 시차증이 생기면서 생체리듬이 주목받게 되었다. 또한 사람들의 각성 수준이 가장 낮은 새벽 시간대에 산업재해(및 나중에는 교통사고)가 꾸준히 증가했는데, 심리학자들은 그 원인이 생체리듬과 관련되어 있다는 것도 점차 이해하게 되었다.

수면에도 주기가 있음이 밝혀졌다. 심리학자들은 뇌전도를 사용해 뇌 활동을 밤새 측정한 결과, 수면이 얕은 수면부터 숙면까지 다섯 단계를 거친다는 사실을 발견했다. 수면 단계별로 뇌전도 형태가 다른데, 이것은 종종 잠자는 사람을 깨우기 어려운 정도와 관련되어 있기도 하다. 예외는 뇌전도상 얕은 수면 단계처럼 보이지만 급속안구운동Rapid Eye Movement, REM이 나타나면서 쉽게 깨어나지 않는 역설적인 단계다. 이럴 때 잠에서 깨어난 사람은 꿈을 꾸었다고 보고한다. 꿈을 꾸는 이유에 대해서는 터무니없고 놀라운 이론이 많았지만, 대다수 심리학자는 뇌가 낮에 입수한 엄청난 양의 정보를 분류하고 통합하는 과정이 꿈이라고 본다. 하룻밤 푹 자고 나면 가끔 문제가 저절로 해결되는 이유도 이 때문이다.

전후 시대에는 뇌기능의 다른 측면도 더욱 분명해졌다. 일찍이 1930년대에 에가스 모니스Egas Moniz는 공격적인 유인원의 전두엽을 완전히 제거하면 유인원이 유순해지는 것을 보여주었다. 뇌엽절제술lobotomy이라는 이 수술은 전후 시기에 폭력적인 정신질환자에게 시행되기 시작했다. 이 수술을 받은 환자는 확실히 폭력성이 사라졌으나 의사 결정 능력도 꽤 떨어졌다. 백질절단술leucotomy이라는 약간 더 가벼운 형태의 수술은 전두엽과 나머지 뇌 부위를 연결하는 신경섬유만 절단하고 전두엽은 건드리지 않는다. 이것은 그렇게 극단적이지 않으면서도 비슷한 효과를 냈기 때문에 1980년대까지도 정신과 치료법으로 인정받았다.

사고를 담당하는 뇌 표면의 작동 방식에 대한 이해는 1950년대에 캐나다 뇌외과의 와일더 펜필드Wilder Penfield의 연구를 통해 크게 진척되었다. 뇌에는 감각신경이 없으므로 펜필드는 의식이 있는 환자를 수술할 수 있었다. 그는 작은 전기 탐침으로 여러 영역을 자극하면서 환자에게 경험하는 것을 말하도록 요청했다. 이를 통해 그는 뇌 꼭대기를 가로지르는 두 개의 좁고 긴 운동영역과 체성감각영역의 지도를 작성했으며, 신체의 민첩한 부분에는 운동영역이 더 많이 사용되고 감각이 예민한 부분에는 감각영역이 더 많이 사용되는 것을 발견했다. 감각영역과 운동영역의 상대적 크기에 따라 왜곡된 신체를 그린 그의 '축소인간homunculus'은 오늘날의 많은 심리학 교과서에서도 찾아볼 수 있다.

신경심리학의 변화를 불러온 또 다른 뇌수술이 있었다. 펜필드는 뇌의 오른쪽이 신체의 왼쪽을 제어하고 그 반대도 마찬가지라는 것을 보여주었다. 중증 간질환자를 위한 새로운 수술법을 통해 연구자들은 뇌의 양쪽이 분리된 경우 무슨 일이 일어나는지를 조사할 수 있었다. 극심한 간질 발작의 경우 보통 뇌의 왼쪽에서 폭발적으로 개시된 전기 활동이 뇌 표면 전체로 퍼진다. 따라서 외과의사들은 두 반쪽을 잇는 섬유다발인 뇌량을 절단하면 발작이 제한되어 환자가 적어도 신체 절반은 제어할 수 있을 것이라고 추론했다. 실제로 이 수술을 시행하자 발작은 다행히 거의 0으로 줄어들었다.

이 수술로 인한 심리적 차이를 조사한 신경심리학자 로저 스페리Roger Sperry의 1961년 논문은 심리학계에서 큰 화제가 되었다. 그는 종종 한 손이 하는 일을 다른 손이 직접 방해하는 식으로 견해가 다른 두 개의 분리된 뇌가 있는 것처럼 뇌의 양쪽이 작동한다는 것을 보여주었다. 이런 '분리뇌'를 가진 한 환자는 한 손으로 셔츠 단추를 풀면 다른 손이 곧이어 셔츠 단추를 다시 채웠다. 또 다른 환자는 특정 드레스를 집으려고 옷장으로 갔는데 왼손이 엉뚱한 드레스를 집었다고 보고했다.

이런 차이는 실험에서도 나타났다. 실험에서 분리뇌 환자는 뇌의 왼쪽에 제시된 단어만 읽을 수 있었는데, 언어영역이 보통

     심리학의 역사

뇌의 왼쪽에 있는 것을 고려하면 이것은 그리 놀라운 일이 아니었다. 그러나 우반구는 기본적인 음성언어를 이해하는 것처럼 보였다. 환자는 뇌의 오른쪽에 제시된 물건을 말로 설명하지 못했지만 왼손을 뻗어 탁자 위의 여러 물건 중에서 해당 물건을 집었다. 또 다른 실험에서는 한쪽 눈에 한 개의 그림씩만 전달되도록 두 개의 그림을 제시하자 환자는 왼쪽 눈(즉 뇌의 오른쪽)에 제시된 그림만 말로 설명할 수 있었던 반면 왼손으로는 오른쪽 눈에 제시된 그림의 물건을 가리킬 수 있었다. 이 경우 무엇을 보았느냐는 질문에 환자가 입으로 말한 것과 왼손으로 가리킨 것은 전혀 달랐다.

신경심리학의 시야를 더욱 넓힌 또 다른 뇌수술이 있었다. 1950년대에 H. M. 환자라는 약칭으로 불린 헨리 몰레이슨Henry Molaison은 중증 간질을 제어하기 위한 뇌수술을 받았다. 외과의사는 수술의 일환으로 환자의 뇌 양쪽에 있는 해마hippocampus라는 영역을 파괴했다. 이를 통해 간질은 사라졌지만 환자에게 극심한 기억상실증이 생겼다. 그는 열여섯 살까지의 삶만 기억했고 새로운 기억은 저장하지 못했는데, 이런 증상은 평생 동안 지속되었다. 그는 어린 시절의 사진에 있는 자신을 알아보았지만 자신이 현재 어디에 살고 있고 누가 자신을 돌보는지를 기억하지 못했으며 거울에 비친 자신도 알아보지 못했다.

1980년대에 전염병에 걸려 뇌의 해마 영역이 손상된 음악가 클라이브 웨어링Clive Wearing도 비슷한 증상을 보였다. 즉 그에게는 역행성 기억상실증(그는 수술 전의 과거를 전혀 기억하지 못했다)과 순행성 기억상실증(그는 새로운 기억을 좀처럼 저장하지 못했으며, 매우 힘들게 저장한 경우에도 얼마 후엔 다시 잊곤 했다)이 모두 나타났다.

몇몇 신경심리학자는 전기 자극을 사용해 뇌를 조사했다. 뇌의 시각피질에 대한 일련의 연구로 로저 스페리와 함께 노벨상을 공동 수상한 데이비드 허블David Hubel과 토르스텐 비셀Torsten Wiesel은 미세전극을 사용해 고양이와 원숭이의 시각피질에 있는 개별 세포들을 자극했다. 이를 통해 그들은 개별 뉴런의 구체적인 기능 및 시야의 여러 측면과 영역에 대한 뉴런들의 반응을 확인할 수 있었다. 또한 우리의 시각계가 선과 모양을 지각하게 되는 과정 및 나란히 배치된 비슷한 메시지가 두 눈에서 전달될 경우 정확한 거리 지각에 필요한 비교를 위해 뉴런들이 반응하는 방식도 보여주었다.

피니어스 게이지, 폴 브로카, 카를 베르니케 등도 각자의 방식으로 신경심리학 연구에 기여했지만, 신경심리학의 진정한 확립은 1950년대부터 1980년대까지의 시기에 이루어졌다. 신경전달물질의 생화학적 작용, 피질의 특정 영역, 뇌 양쪽의 서로 다른 역할, 개별 뉴런의 작동 방식 등에 대한 규명이 모두 이 시기에 이루어졌다. 그리고 다음 세기에 신경심리학은 살아 있는 뇌의 작동 모습을 뇌 영상으로 볼 수 있게 되면서 또 한 번의 도약을 맞이하게 된다.

컴퓨터의 진입

인지, 주의, 기억에 대한 정보처리 모형

내가 다니던 심리학과에 첫 컴퓨터가 들어온 때는 1974년이었다. 먼지를 최소화하기 위한 환풍기와 필터가 장착된 공기조절기가 있는 컴퓨터 전용실에 배치된 이것은 여러 개의 큰 캐비닛으로 구성되어 있었다. 정보는 천공테이프 릴을 통해 입력되었고 소수의 사람만 컴퓨터를 사용할 수 있었다. 이것은 최첨단 장비였으며 학과 전체가 매우 들떠 있었다. 더 이상 연구 데이터를 손으로 계산할 필요가 없었으며 지하 어딘가에 있는 대학의 거대한 중앙 컴퓨터 사용 시간을 확보하려고 다른 사람들과 경쟁할 필요도 없었다.

그동안 세상이 얼마나 바뀌었는가! 요즘에는 가장 초보적인 스마트워치도 그 컴퓨터보다 더 뛰어난 연산 능력을 자랑한다.

그때부터 컴퓨터는 매우 빠르게 발전했다. 이후 10년 사이에 데스크톱 컴퓨터가 나왔고, 그다음 10년 사이에 컴퓨터가 일반 가정에서도 흔한 물건이 되었다.

컴퓨터의 전반적인 보급은 심리학에도 영향을 미쳤다. 인지심리학자들은 사람의 뇌를 컴퓨터에 비유하기 시작했다. 이런 흐름의 배경에는 전후 미국 심리학계에서 인지과정이 정당한 연구 대상으로 받아들여지기 시작하면서 철저한 행동주의의 지배력이 서서히 약화된 과정이 있었다. 제20장에서 살펴본 것처럼 제롬 브루너는 1945년부터 1972년까지 하버드 대학에서 인지심리학을 연구하면서 이런 흐름을 주도했다. 그는 인간의 사고방식 및 특히 사물을 동물, 가구, 나무 등으로 분류하고 개념화하는 과정에 관심을 가졌다. 그는 실험에서 사람들에게 낯선 상징이 있는 카드들을 제시한 후 이것들을 어떻게 범주로 묶는지를 관찰했다. 그의 연구 결과 중 하나는 우리가 낯선 물체들을 마주하면 이것들의 관계에 관해 먼저 여러 가설을 세운다는 것이었다. 그런 다음 우리는 가설들을 하나씩 배제해 가장 적합한 것을 찾는다. 따라서 이것은 그저 물체들을 수동적으로 관찰하는 과정이 아니다. 오히려 우리는 단순한 실험실 과제에서도 능동적으로 문제를 해결하려 한다.

당시에 기초심리학은 대부분 실험실 기반 연구였다. 엘리노어 로시Eleanor Rosch는 실험실 연구의 틀을 유지하면서도 개념들이 일상생활에서 실제로 어떻게 사용되는지를 탐구했다. 그녀의 주장에 따르면 현실 세계에서 사용되는 모든 개념의 힘은 똑같지

    심리학의 역사

않다. 우리가 습관적으로 사용하는 개념들은 세 수준으로 나뉘는데 '동물', '기구' 등과 같은 상위의 일반 수준, '개', '의자' 등과 같은 기본 수준, '푸들', '흔들의자' 등과 같은 하위의 더 구체적인 수준이 그것이다. 우리가 앉기 위해 사용하는 의자처럼 기본 수준은 우리의 실제 행위에 상응한다. 그렇기 때문에 이런 개념들은 우리에게 일상적인 의미를 지니며 우리가 이해하고 머릿속에 떠올리기도 더 쉽다.

개념 형성에 대한 연구는 단어의 상징적 사용, 아동의 읽기 학습과 언어 습득 등의 다른 영역에 대한 연구로 이어졌다. 촘스키의 행동주의 비판(제13장 참조)을 지지한 로저 브라운Roger Brown은 아동이 초보적인 문법을 구사하는 이른바 '전보식 구어telegraphic speech' 단계를 거친다고 주장했다. 이것은 물체나 명사를 가리키는 개방어open word와 행동이나 소유관계를 가리키는 주축어pivot word로 구성된 두 단어 발화(예를 들어 '내 공', '우유 더')가 이루어지는 단계다. 이때 개념적 또는 문법적 연결의 습득은 개인 경험에 따라 좌우된다고 그녀는 주장했다.

영국 심리학자들은 인지의 다양한 측면에 초점을 맞추었다. 전후 인지심리학의 주요 인물인 도널드 브로드벤트는 케임브리지 대학에서 프레더릭 바틀렛의 지도로 심리학을 수학한 후 1949년에 케임브리지 대학 응용심리학센터에 합류했다. 그는 전쟁 중에 영국 해군에 소속되어 공식적으로는 인사 선발 업무를 담당했지만, 그가 블레츨리 파크에서 일했다는 소문이 끊이질 않았다. 그러나 사람들은 당시의 이야기를 입 밖으로 꺼내지 않았기 때문에 소문의 진상을 확인할 길은 없었다. 어쨌든 그는 해군 경험을 토대로 주의력에 특별한 관심을 갖게 되었다. 이때 주의력에는 특정 정보에 집중하고 잡다한 것들은 걸러내는 선택적 주의와, 항공교통관제소나 레이더 요원이 지속적이고 정확한 경계심을 오랫동안 유지하는 능력과 관련된 지속적 주의가 모두 포함되었다.

브로드벤트는 주의력의 여과 모형을 개발했는데, 이것은 복잡한 과제 수행을 위한 최적의 작업 조건을 설계할 때 매우 유용한 것으로 증명되었다. 그가 촉발한 인지 모형에 대한 관심은 전후 시기에 꾸준히 증가했으며, 그의 연구는 훗날 '인지혁명'이라 불리게 된 것, 즉 1970년대와 1980년대에 걸친 인지심리학의 대대적인 팽창의 확고한 토대가 되었다.

미국과 영국 심리학자들은 모두 정보가 머릿속에 저장되는 방식과 관련된 표상에 관심을 가졌다. 일찍이 바틀렛은 도식 모형을 사용해 개인이 특정 관념에 관해 가지고 있는 복합적인 지식 전체의 서술을 시도했다. 도식schema은 개념보다 더 광범위한데, 왜냐하면 개념은 사실이나 정보와 관련된 지식인 반면에 도식은 개인적 이해나 뇌의 체성감각연합somatosensory association 작용도 포함하기 때문이다. 물론 이 때문에 도식을 명확히 정의하기란 쉽지 않다. 몇몇 인지심리학자는 도식을 매우 좁게 정의한 다음에 이런 정의로는 다양한 유형의 기억을 설명하기에 부적합하다고 주장한 반면 다른 인지심리학자들은 더 포괄적인 정의를 토대로 일상생활에서 도식이 어떻게 사용되는지를 탐구했다.

도식의 사용 방식을 설명한 로저 생크Roger Schank와 로버트 아벨슨Robert Abelson의 '사회적 각본social script' 모형에 따르면 특정 상황에 맞는 행동 지침에 해당하는 사회적 각본 또는 도식은 사회적 단서와 참여자들의 기대에 따라 작동한다. 예를 들어 '식당에서 식사하기'라는 사회적 각본은 다음과 같은 일련의 행동을 포함할 것이다. 내가 자리에 앉으니, 종업원이 오고, 내가 주문하자, 음식이 나오고, 빈 접시는 가져가고, 다음 요리가 나온다……. 이런 모든 행동은 연극 대본처럼 누가 무엇을 어떤 방식과 순서로 해야 하는지에 대한 참여자들의 공동이해를 토대로 조직된다. 생크와 아벨슨은 세 유형의 각본을 구별했는데, 식당의 예와 같은 상황적 각본, 동료나 친구를 상대할 때 사용하는 개인적 각본, '직장으로 출근하기'와 같은 목표 달성을 위한 도구적 각본이 그것이었다.

기억은 행동주의에도 불구하고 늘 심리학자들의 관심사였으며, 두 유형의 기억이 있다는 윌리엄 제임스의 독창적인 주장이 다시 주목을 받았다. 제임스는 몇 달 또는 몇 년간 지속되는 장기기억과 일회용 보안코드를 기억해 입력할 때처럼 빠르게 사라지는 단기기억을 구별했다. 1968년에 리처드 애킨슨Richard Atkinson과 리처드 시프린Richard Shiffrin은 외부에서 들어오는 정보가 먼저 감각 버퍼를 거쳐 관련 없는 정보가 걸러진 다음에 단기기억으로 이동한다고 주장했다. 이 모형에 따르면 단기기억에 있는 정보는 반복되어야만 장기기억 저장소로 이동한다. 다시 말해 정보는 계속 반복되기만 해도 단기기억에서 장기기억으로 이동할 가능성이 높다.

이 모형은 상당한 비판을 받았다. 연구자들은 반복만으로는 불충분하며 의미가 중요하다는 것을, 따라서 인지 처리의 양도 중요하다는 것을 증명했다. 장기기억의 지속 시간 또한 다양할 수 있다. 어떤 기억은 한 시간 정도만 지속되는 반면에 어떤 기억은 몇 주, 몇 달 또는 몇 년간 지속될 수 있다. 시험공부와 관련된 기억은 보통 시험 전 몇 주간 지속되지만 시험이 끝나면 매우 빨리 사라진다. 몇몇 심리학자에 따르면 기억 저장소는 하나뿐이지만 정보처리 양에 따라 차이가 생긴다.

단기기억의 경우에는 우리가 정보를 가지고 많은 것을 하지 않는다. 우리는 보통 해당 정보를 사용할 때까지만 정보를 반복하면서 유지하고 그 후에는 잊어버린다. 1972년에 퍼거스 크레이크Fergus Craik는 반복이 가장 피상적인 수준의 처리라고 주장했다. 어떤 것의 모습을 서술할 때처럼 정보에 관해 이야기하는 경우에는 더 많은 처리가 일어나는데, 왜냐하면 시각적 양식의 정보처리와 언어 처리가 모두 필요하기 때문이다. 그러나 가장 깊은 수준의 처리는 정보의 의미를 탐색하고 적용하는 것이다. 크레이크의 모형에 따르면 정보가 기억되는 시간을 좌우하는 것은 애킨슨과 시프린의 모형에서처럼 그저 반복이 아니라 정보의 처리 수준이다. 이 이론도 많은 학술 논쟁을 불러일으켰지만, 그 핵심은 이후로 학생들의 시험공부에 유용한 지침이 되었다.

1980년대에 앨런 배들리Alan Baddeley와 그레이엄 히치Graham Hitch는 단기기억 저장소를 더 정교하게 수정한 모형을 제시했다.

몇 년간의 연구 끝에 그들이 제시한 최종 모형에 따르면 인간에게는 컴퓨터의 처리장치와 비슷한 일종의 작업기억이 있으며, 이곳에서 여러 유형의 입력이 통합된다. 작업기억은 시각 정보를 수집해 부호화하는 시각-공간 임시기억장치, 소리를 저장하는 음향저장소, 구어의 의미를 해독하는 음운회로, 단어를 습득하는 발성회로를 포함한다. 그리고 이 모든 것은 일종의 중앙처리장치에서 통합되는데, 이것은 특히 인지부담이 커서 많은 주의가 필요한 과제에 사용된다. 작업기억은 단기기억에 대한 예전 견해처럼 수동적인 저장소가 아니라 뇌가 정보를 처리하고 분류할 때 필요한 주의력과 밀접하게 연관된 능동적인 저장소다.

다양한 유형의 장기기억에 대한 실험연구뿐만 아니라 뇌손상으로 인해 특정 유형의 기억을 상실한 사람들의 사례연구와 같은 임상신경학적 연구도 이루어졌다. 연구자들은 예를 들어 우리의 기초적인 능력이나 도식과 관련된 절차기억과, 특정 사실이나 일화와 관련된 서술기억을 구별했다. 예를 들어 사고로 기억상실증이 생긴 사람은 종종 서술기억을 상실하지만 차 끓이기, 옷 입기와 같은 일상적인 활동 방법은 잊지 않는다.

그런가 하면 캐나다의 영향력 있는 신경심리학자 엔델 툴빙Endel Tulving은 일화기억과 의미기억을 구별했다. 일화기억은 지난 크리스마스 때 연로한 고모를 방문했던 기억처럼 일상생활에서 일어나는 온갖 일시적인 경험에 관한 기억이다. 그와 달리 의미기억은 세계에 관한 체계적 지식인데, 예를 들어 벨벳은 부드럽다거나 개와 고양이는 모두 동물이라는 등의 지식이 이에 해당한다. 또한 어떤 행동의 옳고 그름을 아는 것과 같이 말로 표현하기가 쉽지 않은 지식도 이에 해당한다. 결국 일화기억은 실제로 일어난 일에 대한 사실적 기억이고 의미기억은 사물의 의미나 함의와 더 관련되어 있는 셈이다.

우리의 대다수 기억은 마치 현실에서 일어난 일의 사실적 기록처럼 느껴지지만 실제로는 그렇지 않다. 엘리자베스 로프터스Elizabeth Loftus는 목격자 증언에 관한 연구를 수행했다. 그녀의 가장 유명한 연구에서는 사람들에게 교통사고 영상을 보여준 후 '자동차가 서로 충돌했을 때 얼마나 빨리 주행했나요?' 또는 '자동차가 서로 충돌해 박살났을 때 얼마나 빨리 주행했나요?'라고 물었다. 1주일 후에 이 영상을 기억하는 과제를 주었을 때 '박살'이라는 표현이 들어간 질문을 받았던 집단은 영상에서 깨진 유리를 분명히 보았다고 기억했지만, 실제로 그런 것은 영상에 없었다. 이 연구는 우리의 해석 및 이후 사태에 따라 우리의 기억이 미묘하게 조정된다는 것을 생생하게 보여주었다.

울릭 나이서도 동일한 사태를 두 사람이 다르게 기억하는 경우 등과 같은 실생활 기억에 관심이 있었다. 그는 우리 자신의 삶에 관한 자전기억autobiographical memory을 많이 연구했는데, 예를 들어 아주 특별한 사건과 관련해 사건 당시에 자신이 있던 곳과 자신이 한 일 등을 아주 자세하고 생생하게 기억하는 '섬광기억flashbulb memory'도 일종의 자전기억이다. 섬광기억은 강렬하고 생생하지만 항상 정확하지는 않으며, 실제로는 그 후에 일어난 일들이 기억에 뒤섞이기도 한다.

구성된 기억의 명확한 사례를 보여준 연구에서 나이서는 대화의 테이프 녹음과 대화 장소에 있었던 사람의 증언을 비교했다. 백악관 법률고문이었던 존 딘John Dean은 1974년에 닉슨 대통령의 사임으로 이어진 워터게이트 재판에 증인으로 출석했다. 매우 정확한 기억을 가진 것으로 알려졌던 그는 증언대에서 대통령과 참모들이 주고받은 대화 내용을 말한 그대로 증언했다. 그러나 나중에 이 대화의 테이프 녹음이 공개되자, 비록 딘은 대화의 의미를 전체적으로 정확히 전달했지만 그가 기억했던 단어들은 실제로 말한 것들과 다른 경우가 많다는 사실이 밝혀졌다. 이것은 기억이 사실적 기록이 아니라 우리 자신의 도식을 통해 해석된 것임을 보여준다고 나이서는 주장했다. 일찍이 바틀렛이 수십년 전에 보여준 것처럼 기억은 수동적인 과정이 아니라 능동적인 과정이었다. 지각 연구에서도 비슷한 결론이 도출되었는데, 이에 관해서는 다음 장에서 살펴보기로 하자.

CHAPTER 33

지각의 이해

우리가 지각한 것을 이해하는 방식에 관한 이론

기차나 자동차를 타고 갈 때 창밖 풍경을 바라보면 바깥에 있
는 물체가 움직이는 것처럼 느껴진 적이 있지 않은가? 이때 가까
이 있는 물체는 빠르게 지나가는 반면 멀리 있는 물체는 나와 같
은 방향으로 천천히 움직이는 것처럼 보인다. 그러나 중간 거리
에 있는 물체까지 포함해 정지해 있는 것은 아무것도 없다. 우리
지각의 다른 많은 측면처럼 수수께끼 같은 이 현상은 전후 시기
에 많은 심리학자의 관심을 끌었다.

20세기 후반에 인지심리학에 대한 미국과 영국의 접근법
에서 드러난 한 가지 주요한 차이는 지각이론의 강조 여부였다.
1920년대와 1930년대에 게슈탈트 심리학자들이 밝힌 지각 조직
화의 기본 원리는 대체로 받아들여졌지만, 지각에 대한 다른 연

구들은 미국에서 그리 주목받지 못했다. 반면에 영국에서는 아마도 케임브리지 대학 응용심리학센터의 활동과 브로드벤트의 주의 연구, 컴퓨터 모형화와 컴퓨터 시뮬레이션에 대한 큰 관심 등으로 인해 지각을 설명하는 심리학 이론들이 훨씬 더 큰 주목을 받았다.

이 분야의 핵심 인물 중 한 명은 리처드 그레고리였는데, 그는 제17장에서 살펴본 것처럼 제2차 세계대전 때 영국 공군에서 복무했고 전후에는 케임브리지 대학에서 프레더릭 바틀렛, 신경심리학자 올리버 장윌 Oliver Zangwill 등과 함께 수학했다. 그는 잠수함에서 탈출하는 방법을 연구하면서 몇 년을 보낸 후 특수감각연구소를 설립했으며, 그곳에서 실명 후 시력을 회복한 사람들의 사례연구, 달 착륙과 우주선 결합 시 생기는 지각 문제와 관련된 미국 공군의 위탁 연구 등 다양한 연구를 수행했다.

그레고리는 심리학에 대한 관심 외에도 앞서 언급했듯이 기계 관련 적성이 탁월했다. 그는 달 프로젝트에서 대기권 재진입 및 착륙 시 대기난류의 영향을 최소화하기 위해 사용된 특수 카메라를 비롯해 많은 장비를 발명했다. 1967년에 에든버러 대학으로 자리를 옮긴 그는 물체를 지각하고 다룰 수 있는 최초의 지능형 로봇 중 하나인 '프레디'를 개발했다. 그러나 당시에는 인공지능 연구에 대한 지원금이 거의 없었기 때문에 그는 다시 브리스틀 대학으로 자리를 옮겨 이번에는 뇌지각연구소를 설립했다. 그는 지각에 대한 관심과 자신의 기계적 재능을 결합해 최초의 체험형 과학전시관 중 하나인 브리스틀 과학관을 설립했다.

이런 폭넓은 배경을 바탕으로 그는 지각하는 사람을 일종의 과학자로 보는 이론을 발전시켰다. 이 이론에 따르면 인간의 지각은 무엇보다도 우리가 보는 것을 이해하기 위해 과거 경험을 바탕으로 가설을 세우는 작업에 기초한다. 그의 모형에서 뇌는 양안시를 통해 얻은 깊이 단서나 전경이 배경 앞에 있음을 시사하는 단서와 같은 지각 단서들을 이용한다. 이런 단서들을 이용해 뇌는 무엇을 보고 있는지에 관해 경험에 기초한 추측을 한다. 때때로 추측이 잘못되어 착시가 생기는데, 이런 오류는 지각 과정에 관해 많은 것을 알려준다고 그레고리는 생각했다.

그레고리는 수중 지각 연구, 초기 인공지능 등에 관한 자신의 폭넓은 경험을 지각 연구에 활용했다. 그는 착시가 일상적인 깊이 단서를, 즉 멀리 있는 물체가 가까이 있는 물체보다 작게 보이는 현상이나 3차원 형태를 시사하는 그림자와 같은 단서를 뇌가 부적절하게 적용한 결과라고 주장하기도 했다. 그리고 우리가 예를 들어 흰색 자동차를 주황색 가로등 아래에서도 흰색으로 지각하는 까닭은 불변성의 지각 규칙을 적용하기 때문이다. 착시에 대한 광범위한 연구 및 대중의 과학 이해에 기여한 브리스틀 과학관 설립 등을 통해 그는 학계와 대중의 인정을 모두 받았다.

그러나 지각하는 사람이 곧 과학자라는 그의 이론에 모두가 동의하지는 않았다. 미국 심리학자 제임스 제롬 깁슨은 뇌가 시각 정보를 이해하기 위해 가설을 세운다는 견해를 강력히 비판했다. 깁슨은 지각이 현실 세계에서 일어난다고 주장했다. 그에 따르면 우리는 물체를 고립된 대상이 아니라 많은 배경 및 맥락과 함께 지각한다. 그뿐만 아니라 우리는 세계에서 활동하고 있기 때문에 지각을 움직임과 분리해 이해하려는 것은 비현실적이라고 그는 주장했다.

깁슨에 따르면 지각은 동물과 인간이 하루하루 생존하는 데 도움이 되기 때문에 진화했다. 따라서 지각은 생태학적 맥락에서 이해해야 한다. 동물의 생존은 동물이 능동적으로 움직이는 현실 세계에서 이루어진다. 이런 움직임이 낳는 시각 경험은 종이나 화면 위의 정지된 이미지를 보는 것과 전혀 다르다. 지각하는 사람 또는 동물의 움직임으로 인해 시야가 끊임없이 변화하는데, 이렇게 변화하는 시각자극을 가리켜 그는 '광학적 흐름optical flow'이라고 불렀다. 우리가 움직이면 물체가 다른 각도에서 보이고 일부 배경이 가려지거나 드러나며 물체 표면의 질감과 광도차가 달라져 시야 전체가 변화한다. 이런 변화는 몸 전체를 움직일 때뿐만 아니라 머리만 살짝 움직여도 일어난다. 깁슨은 우리 자신의 움직임을 이용해 물체를 다양한 각도에서 보면서 시각 정보를 해석하는 능력이 지각의 핵심 측면이라고 보았는데, 왜냐하면 이제 더 이상 추론이 필요 없기 때문이다. 눈으로 들어오는 정보 속에 필요한 모든 정보가 있다는 것이다.

깁슨은 자신의 이론이 '직접지각direct perception'에 관한 이론이라고 말했다. 그에 따르면 그레고리의 모형처럼 인지적 추론이 필요한 이론은 기하학적 착시나 가용 정보가 매우 제한되어 가설을 세워야만 하는 지각 실험실의 자극처럼 인위적으로 제한된 상황에서 일어나는 지각을 설명할 때만 유용하다. 현실 세계의 정보는 훨씬 더 풍부하다. 우리가 가진 정보는 넘칠 만큼 많으며 우리 자신의 신체 활동을 통해 끊임없이 갱신된다. 이런 변화에 맞게 조율된 신경계 덕분에 우리는 광학적 배열의 차이가 시사하는 바를 자동으로 알아차린다.

나아가 물체가 우리에게 제공하는 가능성도, 즉 우리가 물체를 이용해 할 수 있는 것들도 우리의 자동 시각 처리의 일부를 이룬다. 예를 들어 통나무는 그 위에 앉을 수 있는 가능성을 제공하고, 막대기는 무엇을 받치거나 땅을 파거나 던지는 무기로 쓰거나 그때그때 필요한 그 밖의 무슨 용도로는 사용할 수 있는 가능성을 제공한다. 깁슨은 이런 '행동유도성'이 현실 세계 지각에 자동적으로 포함되어 있다고 보았다. 다시 말해 행동유도성은 지각 과정 자체의 일부다. 깁슨이 제시한 생태학적 지각이론의 초점은 생존, 즉 세계에 능동적으로 대처하는 활동에 맞추어져 있었다.

울릭 나이서는 깁슨의 이론을 출발점으로 삼았는데, 다만 그는 깁슨과 달리 지각하는 사람의 사전 지식도 함께 고려했다. 나이서에게 지각의 핵심은 우리의 직접경험을 이해하는 것이었다. 나이서는 예전에 인지심리학의 여러 측면을 연구했으며 쾰러, 매슬로 등과 함께 수학하거나 연구했다. 이들의 영향을 받은 그는 심리학이 선을 위한 세력이 되어야 하며, 따라서 인간 본성의 긍정적인 측면을 강조해야 한다는 확신을 갖게 되었다. 그래서 그는 인간과 현실 세계의 상호작용에 지속적인 관심을 가졌는데, 이것은 앞 장에서 살펴본 기억 연구뿐만 아니라 지각 연구에도 적용되었다.

　　나이서의 첫 번째 지각 연구 주제는 시각 검색이었다. 그는 당시에 인기 있던 여과 모형을 거부하면서 깁슨과 마찬가지로 오감을 통해 얻을 수 있는 풍부한 정보가 우리 주위에 널려 있으며 우리는 이런 정보를 이용해 지각적 선택을 한다고 주장했다. 누가 나무에서 사과 한 개를 따는 행동을 설명하기 위해 나무에 있는 다른 모든 사과를 따지 못하게 막는 여과기를 가정할 필요가 없다고 그는 주장했다. 왜냐하면 그 사람은 그냥 자신이 원하는 사과를 딸 뿐이기 때문이다. 마찬가지로 우리는 현재 상황과 우리에게 중요해 보이는 것을 토대로 무엇에 주목할지를 선택한다. 우리는 세계 안에서 활동하면서 무엇에 주목할지를 선택하는데, 이때 몇몇 정보는 다른 정보보다 우리의 활동에 더 중요하다.

　　깁슨과 마찬가지로 나이서는 지각의 불확실성이 크지 않다고 주장했다. 왜냐하면 광학적 배열에는 보통 지각하는 사람에게 유용한 정보가 넘칠 만큼 많이 담겨 있기 때문이다. 우리는 촉각, 청각 등의 다른 감각도 고려해 이런 정보를 선택적으로 조사한다. 우리는 예상 도식을 바탕으로 가용 정보에서 무엇을 찾을지 또는 선택적으로 조사할지를 결정한다. 이 조사 결과에 따라 우리의 행동이 결정되고 행동 결과에 따라 예상 도식이 수정되어 다음에 찾을 것이 결정된다. 이렇게 지각은 연속적인 순환 과정이라고 나이서는 주장했다. 도로를 건너는 상황을 생각해보자. 우리는 예상 도식에 따라 차들이 지나갈 것을 대비해 교통 관련 정보를 찾기 위해 우리가 보고 듣는 것을 선택적으로 조사한다. 이 조사 결과에 따라 우리는 무엇을 할지 결정하고 이에 따라 행동한다. 그리고 이 행동 결과에 따라 다음 행동을 위한 예상 도식이 수정된다.

나이서에게 지각은 시간 속에서 일어나는 숙련된 활동이다. 그는 맥락과 완전히 분리된 자극에 대해 사람들이 일상생활에서처럼 반응할 것이라고 예상하는 전통적인 실험실 연구를 강하게 비판했다. 이런 자극은 실험실 과학자들의 가정처럼 실제 사물의 '순수한' 형태가 아니라 아예 다른 것이다. 나이서의 지적처럼 실생활에서 일어나는 일들은 전혀 예상치 못할 때가 거의 없다. 전혀 모르는 사람이 찾아오더라도 그는 창분으로 들어오기보다 문 앞으로 갈 것이다. 그리고 그가 문을 두드리거나 초인종을 누르면 우리는 누가 밖에 있다는 것을 알게 된다. 반면에 실험실 연구에서 맥락과 분리되어 제시된 자극은 마치 유령과도 같다고 나이서는 지적했다.

실생활에서 지각된 사태에는 동시에 여러 개의 예상 도식이 관련되어 있다. 우리는 미소를 사회문화적·개인적·상호작용적 수준 등 여러 수준에서 해석할 수 있다. 따라서 우리는 과거 경험을 현재 상황 및 미래 행동의 예측과 연결하면서 여러 개의 지각 순환perceptual cycle을 동시에 거친다. 그렇다고 해서 우리가 예상하는 것만 보는 것은 아니다. 왜냐하면 현실 세계의 정보를 통해 우리의 예상 자체가 끊임없이 바뀌기 때문이다. 그러나 예상 도식으로 인해 특정 시점에 특정 사물을 볼 확률이 높아지는 것은 사실이다.

지각 과정의 완전히 다른 측면에 초점을 맞춘 연구도 있었다.

제31장에서 살펴본 것처럼 허블과 비셀은 지각의 기본 형태에 깔린 신경적 기초를 밝혀냈다. 그리고 이 연구 결과를 토대로 데이비드 마David Marr는 시지각이 가장 기초적인 수준에서 어떻게 작동하는지를 설명하는 모형을 제시했다. 1982년에 유작으로 발표된 마의 이론은 뇌가 기초적인 신경 입력을 사용해 어떻게 전경-배경 지각과 같은 기초적인 지각을 생성하는지를 보여주었다.

마는 지각에 필요한 모든 정보가 우리 눈에 도달하는 빛 속에 들어 있다고 주장했다. 우리 눈의 망막세포에서 대비와 윤곽에 대한 정보를 제공하면 우리는 이를 토대로 오목하거나 볼록한 표면을 알아보고 형태나 외곽선을 나타내는 유사한 영역들을 구별할 수 있다. 우리는 이것들을 토대로 기본 이미지를 구축하는데, 마는 이것을 '원시 초벌 스케치raw primal sketch'라고 불렀다. 여기에 근접성, 유사성과 같은 게슈탈트 원리가 추가되면 예술가의 초안과 비슷한 이미지를 얻게 되는데, 마는 이것을 '완전 원시 스케치full primal sketch'라고 불렀다.

여기에 신경처리 과정을 통해 깊이와 거리 정보가 추가되면 우리는 이미지의 어느 부분이 다른 부분 앞에 있는지를 구별할 수 있게 된다. 마는 이것을 2.5차원 스케치라고 불렀는데, 왜냐하면 아직 3차원은 아니지만 그에 근접하고 있기 때문이다. 이제 여기에 움직임과 행동에 따른 광학적 배열의 변화 및 이미지의 질감과 색조 변화가 모두 추가되면 완전한 3차원 이미지를 얻게 된다. 사람, 나무, 동물 등의 구체적인 이미지는 처음에 막대기 같은 형상으로 보이다가 대상에 접근하는 우리의 행동 등으로 인해 더

많은 세부 정보가 추가될수록 점점 더 분명해진다. 마는 소묘와
예술에서 막대기 인간과 실루엣이 그렇게 강력한 이미지로 통하
는 까닭도 이런 사정 때문일 것이라고 주장했다. 마의 계산주의
이론은 다른 이론과 충돌하지 않으면서도 신경 수준의 기초적인
시각 처리 과정을 통해 유용한 시각 정보가 생성되는 과정을 설
명했다. 또한 그의 이론은 초기 인공지능 분야에도 중요한 기여
를 했다.

CHAPTER 34

통제감과 주체성

학습된 무기력, 통제소재, 귀인이론

모든 것은 개와 함께 시작되었다. 1960년대에 대다수 심리학자는 이따금 동물실험을 했다. 대개는 쥐나 다른 동물에게 미로 찾기나 이와 비슷한 과제를 수행하도록 가르치는 학습 실험이었다. 영국의 많은 대학에서 이런 종류의 동물실험은 학생 평가의 필수 항목이었다. 이것이 바람직하지 않다는 주장은 1970년대 후반에야 점차 받아들여지게 되었다. 이 주장은 영국 동물보호단체인 동물해방전선의 많은 극단 행동을 통해 주목받게 되었으며, 1980년대 말경에는 동물실험이 거의 사라졌다. 그 후로 동물실험은 의학 연구 분야에서는 계속되었지만 심리학의 경우에는 소수의 전문 학과에서만 수행되었다. 그리고 모두 명시된 윤리 기준을 준수해야만 했다.

비록 대다수 실험은 쓸모없어 보였지만, 모든 실험이 그랬던 것은 아니다. 심리학자들은 파블로프의 개를 통해 조건화를 알게 되었고, 스키너의 쥐와 비둘기를 통해 보상이 처벌보다 훨씬 더 효과적이라는 것을 배웠으며, 할로의 원숭이를 통해 애착에 관해 많은 것을 알게 되었다. 그리고 동물실험을 통해 얻은 또 다른 중요한, 어쩌면 그러한 것들보다 더 중요한 통찰은 학습된 무기력learned helplessness에 관한 것이었다. 개를 대상으로 한 일련의 실험에서 개는 가벼운 전기 충격을 예고하는 빛 신호가 보이면 전기 충격을 피하기 위해 한 상자에서 다른 상자로 뛰어다니기를 반복하는 학습을 했다. 그러나 '만약 신호가 틀렸거나 아예 없어서 전기 충격을 피할 수 없는 상황에 처한다면 어떻게 될까?'라고 마틴 셀리그먼Martin Seligman은 스스로에게 물었다.

실제로 그런 상황에 처하자 개는 처음에는 한 상자에서 다른 상자로 뛰어다니기를 반복했다. 그러나 도피가 불가능하다는 것을 알게 되자 개는 수동적이고 무기력해졌으며 우울해 보였는데, 연구자들은 이것이 충분히 과학적이라고 생각하지 않았기 때문에 이를 공개적으로 밝히지는 않았다. 더 중요한 점은 실험 상황이 다시 원래대로 바뀌어 정확한 신호를 주었는데도 개는 더 이상 전기 충격을 피하려 하지 않았다는 것이다. 이제 개는 그저 수동적으로 충격을 참으며 버텼다. 이제 개는 무기력을 학습한 셈이라고 셀리그먼은 말했다. 개는 처음에는 문제에 반응하고 적절히 대처했지만, 자신이 할 수 있는 것이 아무것도 없다는 것을 경험을 통해 알게 되었다. 그러자 상황이 다시 바뀌어 문제에 대처하기 위해 무언가를 할 수 있게 되었는데도 개는 여전히 아무것도 하지 않았다.

셀리그먼 등은 이 개의 행동이 삶의 충격을 너무 많이 받은 나머지 수동적으로 바뀌어 무언가를 할 수 있는 상황에서도 아무런 노력을 하지 않는 몇몇 사람의 행동과 유사하다고 보았다. 학습된 무기력은 동물에게만 나타나는 것이 아니라 사람에게도 나타날 수 있다. 이 통찰이 계기가 되어 개인의 주체성personal agency에 대한 관심이 커졌으며, 자신에게 일어나는 일을 어느 정도 통제할 수 있다는 느낌이 얼마나 중요한지에 대한 연구가 이루어졌다.

심리학자들은 통제의 다양한 측면과 이에 대한 사람들의 반응을 조사하기 시작했다. 학습된 무기력에 관한 셀리그먼의 연구 결과는 빠르게 통제소재locus of control에 관한 연구와 연결되었다. 이것은 거의 같은 시기에 줄리안 로터Julian Rotter가 개발 중이던 성격 개념이기도 했다. 로터는 통제감sense of control을 연속선상의 변수로 다루었다. 한쪽 끝에는 자신의 삶을 전혀 통제할 수 없으며 자신에게 일어나는 일은 정부나 운명과 같은 강력한 외부 힘의 손에 달려 있다는 사람들의 신념이 있었다. 그리고 다른 한쪽 끝에는 자신에게 일어나는 일을 언제나 어느 정도는 통제할 수 있다는 신념, 즉 자신의 삶에 대한 통제가 전적으로 자신의 손에 달려 있다는 신념이 있었다. 로터는 이것을 이분법적으로 나누는 대신에 연속적인 척도로 사용했으며, 대다수 사람의 신념은 그 중간 어딘가에 있지만 어느 한쪽 극단으로 향하는 경향이 있다고 보았다.

로터의 연구에 따르면 생활사건을 통제할 수 있다는 신념은 사람들이 경험하는 스트레스의 양에 상당한 차이를 가져온다. 통제에 대한 신념은 사람들의 귀인행동attribution, 즉 사태 발생의 원인을 설명하는 방식을 통해 확인할 수 있다. 외부 통제소재를 가진 사람은 원인을 불가피한 것으로, 즉 자신이 바꾸거나 영향을 미칠 수 없는 것으로 보는 경향이 있다. 반면에 내부 통제소재를 가진 사람은 자신이 영향을 미칠 수 있는 것에서 사태의 원인을 찾으며 자신이 노력하면 상황을 개선할 수 있을 것이라고 믿는다.

로터의 이론을 확장한 버나드 와이너Bernard Weiner는 사람들이 사태의 원인으로 언급한 것의 지속성 여부와 관련된 또 다른 귀인 차원을 제시했다. 안정된 원인은 사실상 변하지 않거나 적어도 가까운 미래에 바뀔 가능성이 없는 반면 불안정한 원인은 그저 일시적일 것이다. 나중에 연구자들은 전반적 귀인행동과 구체적 귀인행동의 또 다른 차원을 추가했다. 전반적 귀인행동의 경우 원인이 다른 많은 것에도 영향을 미치는 광범위한 것이라고 보는 반면 구체적 귀인행동의 경우에는 원인이 특정 상황에만 관련되고 다른 것에는 별다른 영향을 미치지 않는다고 본다.

사람들의 귀인 유형을 조사하는 귀인분석법은 소중한 심리치료 도구가 되었다. 예를 들어 전형적인 우울성 귀인 유형은 주로 외부에 있는 안정되고 전반적인 원인을 찾는다. 피터 스트래튼Peter Stratton 등은 가족치료에서 귀인 유형을 사용해 가족의 기능장애 문제를 밝혔으며, 다른 연구자들은 이것을 사용해 조직 내 신념을 분석했다. 이렇게 주요 기본 기법으로 자리 잡은 귀인분석법은 20세기 후반에 시작되어 20세기의 마지막 20년간 본격적으로 탄력이 붙은 심리치료의 여러 발전에 기여했다.

20세기에 소비사회가 발전하면서 심리학은 개인에 대한 사회적 관심의 증가를 반영해 사람들의 문제 대처 방식을 연구하기 시작했다. 조지 켈리와 같은 심리학자들은 인지과정에 대한 높아진 관심을 반영해 사람들이 세계를 이해하는 과정에 주목하기 시작했다. 켈리의 다음 발언은 정신질환 문제에 대한 그의 시각을 잘 보여주었다. '환자의 문제가 무엇인지 모르겠으면 직접 물어보라. 그러면 그가 알려줄 것이다.' 이것은 내담자의 주체성을 점점 더 강조하던 당시의 흐름을 잘 반영하고 있었다. 이것은 근본적인 변화였다. 이제 환자는 단순히 '질환'의 피해자가 아니라 삶의 능동적인 주체로 간주되었다.

켈리는 우리가 세계를 이해하는 과정에 관한 이론을 발전시키면서 우리가 과학자처럼 사고한다고 주장했다. 그러나 우리의 세계 이해는 각자에게 독특한 것이며 굳이 다른 사람의 이해와 같을 필요가 없다. (여기서 '우리'는 정신질환자뿐만 아니라 모든 사람을 의미한다.) 켈리에 따르면 우리는 각자 세계에 대한 경험을 바탕으로 사태나 사람들을 해석하는 틀이 되는 개인적 구성물personal construct들을 발전시킨다. 이런 구성물은 '친절한-잔혹한', '사려 깊은-부주의한' 등과 같이 본질적으로 양극성을 띠며, 우리는 이것을 사용해 우리가 알고 있거나 만나는 사람들을 이해한다. 켈리의 연구는 치료에 널리 사용되었을 뿐만 아니라 시장조사에서 신제품이나 기존 제품에 대한 사람들의 시각을 중시하게 되면서 상업계에도 빠르게 적용되었다.

또 다른 중요한 발전은 1960년대에 에런 벡이 제시한 인지치료였다. 이것은 사람들의 쓸모없는 사고방식을 찾아 바꾸면 삶의 문제에 더 건설적으로 대처할 수 있을 것이라는 가정에 기초했다. 그는 자신의 문제에 관해 매우 부정적으로 생각하는 우울증 환자들을 상대하다가 이 접근법을 개발하게 되었다. 벡은 이런 사람들이 더 긍정적으로 살아가려면 사고방식을 재구성할 필요가 있다고 생각했다. 그가 제시한 인지 재구성 개념은 새로운 사고방식과 행동 방식을 통해 다른 행동을 취하도록 사람들을 훈련하는 실용적 접근법을 비롯한 여러 다른 기법과 결합되었다. '인지행동치료cognitive behaviour therapy'라고 불린 이것은 사고, 감정, 행동의 완전한 순환 과정을 통해 문제 해결을 시도하는 치료법이었다.

같은 시기에 앨버트 엘리스도 유사한 심리치료 접근법을 개발했다. 엘리스도 다른 사람들과 마찬가지로 부정적인 신념이나 사고방식이 심리 문제와 연결되고, 때로는 심리 문제의 원인이 될 수 있다는 점에 관심을 갖게 되었다. 그의 심리치료 접근법은 독특했는데, 그는 환자를 정서적으로 지원하면서도 환자의 신념에 정면으로 맞서서 합리적인 논증을 통해 환자의 신념이 얼마나 불합리한지를 보여주었다. '합리정서치료rational emotive therapy'라고 불린 이 접근법은 얼마 지나지 않아 새로운 습관과 행동 방식을 훈련하는 행동 기법과 결합해 '합리정서행동치료rational emotive behaviour therapy'가 되었다.

이런 접근법들은 모두 정신분석 접근법이나 초기의 정신의
학적 모형과 달리 개인의 주체성에 초점을 맞추었다. 주체성의
문제를 약간 다른 방식으로 탐구한 심리학자들도 있었다. 예를
들어 스탠리 밀그램은 복종에 대한 연구 결과(제19장 참조)를 설명
하면서 마음 상태를 두 가지로 구별했다. 그에 따르면 우리는 대
부분 스스로 결정을 내리지만 경우에 따라 이른바 '대리인' 상태
에 빠질 수도 있다. 이 상태에 빠지면 개인적 책임감을 내던지고
자신이 다른 권위자를 대행하는 대리인이라고 여긴다. 그는 이런
대리인 상태 개념을 사용해 사람들이 극도로 잔혹한 행동을 벌인
후 스스로 놀라거나 심지어 공포감을 느끼게 되는 현상을 설명했
다. 그러나 앞서 살펴본 것처럼 '명령을 따랐을 뿐'이라는 변명은
뉘른베르크 재판에서 받아들여지지 않았으며, 후속 연구들도 대
리인 상태 개념에 의문을 제기했다.

이른바 '몰개성화'에 대해 많은 연구를 수행한 필립 짐바르
도Philip Zimbardo도 비슷한 접근법을 제시했다. 그의 연구 주제는 개
인적 정체감이 사라진 군중이 제정신이라면 하지 않을 극단 행동
을 범하는 폭도로 변할 수 있다는 군중심리학의 오래된 신념이
었다. 이 이론을 현대적인 형태로 설명한 짐바르도의 연구는 신
원이 위장된 사람들이 신원이 분명히 노출된 사람들보다 더 공격
적으로 행동한다는 것을 보여주었다. 그러나 그가 사용한 위장술
자체에 사회적 메시지가 담겨 있었다. 즉 그는 폭력적인 백인우
월주의 비밀결사단체인 KKK단을 연상시키는 복면과 정장을 사
용했는데, 이것은 이런 복장을 한 사람들에게 무슨 행동을 기대

하는지를 미묘하게 전달하는 효과가 있었다. 나중에 짐바르도가 수행한 고문자 연구는 고문자의 익명성이 피해자에게 가한 스트레스의 양뿐만 아니라 고문자 자신이 받은 스트레스와 관련해서도 중요하다는 것을 보여주었다. 즉 익명성 뒤에 숨은 고문자는 마치 자신이 자신의 정체성과 완전히 무관한 '업무'를 수행 중인 무명인인 것처럼 자신을 몰개성화할 수 있었다.

몰개성화가 항상 나쁜 것은 아니다. 사람들은 군중 속에서 강력한 공동정체성을 느낄 수도 있다. 축구 경기, 축제 및 기타 대규모 행사에 참여하는 것은 상당 부분 이런 매력 때문이다. 참여자들은 모두가 자발적으로 함께 행동하는 통일체처럼 작동하는 군중의 일원이 되었을 때 종종 일체감과 소속감을 느낀다고 말한다. 관련 연구에 따르면 스포츠나 음악 행사 외에 종교 집회에서도 공동경험은 많은 사람에게 정말로 특별한 경험이 된다.

공동경험에 참여하는 것은 폭력적인 군중의 맹목적인 일원이 되는 것과 매우 다르다. 19세기에 유행한 '군중심리'라는 개념은 특히 정치인들이 분노한 군중의 행동을 설명할 때 자주 사용했다. 그러나 최근 연구에 따르면 이런 종류의 사회적 폭동이나 집단행동은 '군중심리' 모형의 주장처럼 사람들을 동물적 상태로 되돌리는 것이 아니라 거의 항상 실재하는 불의감에 대한 공동반응이다. 도시 폭동의 여러 사례를 조사한 스티븐 라이처Stephen Reicher 등에 따르면 상충하는 사회적 표상을 가진 집단 간의 충돌 또는 사회적 불평등에 대한 의식에는 항상 배후 요인이 있었다. 라이처 등은 짐바르도가 몰개성화라고 부른 현상을 주로 사람들의 주의가 자기 자신이 아닌 다른 곳으로 향해서 생기는 자기 인식의 약화로 보았다.

몰개성화라는 개념은 거의 항상 군중의 행동에 대한 매력적인 정치적 설명으로 사용되면서 많은 논란의 대상이 되고 있다. 그러나 이 개념은 사회적 불만의 근본 원인을 가리는 경향이 있다. 이것은 몇몇 상황에 대한 설명이 될 수 있겠지만 공동경험의 특별한 성질을 이해하는 데는 별로 도움이 되지 않는다. 공동경험을 이해하려면 우리의 사회적 본성을 더 깊이 살펴볼 필요가 있다. 다음 장에서는 어린아이조차 우리가 생각했던 것보다 훨씬 더 정교한 사회성을 가지고 있다는 것을 살펴보기로 하자.

아동의 사회성

피아제 이론의 재평가와 아동의 사회적 지식

세 살이 된 크리시는 유아원을 좋아했다. 크리시는 그림을 그렸고 특별한 장난감들을 가지고 놀았으며 매일 교사가 읽어주는 이야기를 들었다. 어느 날 낯선 여성이 왔다. 그녀는 크리시에게 미소를 지으면서 옆에 앉으라고 했다.

그녀는 탁자 위에 여러 개의 단추를 두 줄로 늘어놓았다. "어느 줄에 단추가 더 많아?"라고 그녀가 물었다. 두 줄을 살펴본 크리시는 단추 수가 같았으므로 같다고 답했다. 이 여성은 한 줄을 더 길게 펼친 후 다시 물었다. "어느 줄에 단추가 더 많아?"

크리시는 그녀가 자신의 첫 번째 대답을 좋아하지 않는다고 생각했다. 그래서 뭔가 다르게 답해야 한다고 생각했다. 크리시는 더 긴 줄을 가리키면서 "이거요"라고 답했다.

여성은 고개를 끄덕이면서 미소를 지었다. "이번엔 다른 걸 해볼까?"라면서 그녀는 탁자 위에 물컵 두 개를 놓았다. 그녀는 두 컵에 물을 부은 후 크리시에게 어느 컵에 물이 더 많은지를 물었다.

크리시는 똑같다고 말했다. 그러자 이 여성은 한 컵에 담긴 물을 길고 가느다란 컵에 따른 후 똑같은 질문을 했다. 이번에도 크리시는 자신이 틀린 답을 말했다고 생각해 답을 바꾸기로 했다. "이거요"라고 말하면서 크리시는 더 긴 컵을 가리켰다. 이번에도 여성은 고개를 끄덕이면서 미소를 지었다.

앞서 살펴본 것처럼 심리학은 전후 수십 년간 과도기를 지나고 있었다. 인지 실험이 행동주의를 밀어냈으며 전쟁 경험이 많은 심리학 연구의 주제가 되었다. 그러나 1980년대에는 전후 '베이비붐 세대'의 새로운 이론과 통찰이 쏟아지면서 새로운 관점들이 등장하기 시작했다. 물론 이것은 갑작스러운 변화가 아니었다. 새로운 통찰과 이론도 일부 있었지만, 1980년대부터 꽃을 피운 많은 분야는 양차 대전 사이에 수행된 연구들의 재개 및 재평가에 기초했다.

피아제의 인지발달이론은 이 장을 시작할 때 소개한 것과 같은 연구들에 기초했으며 그의 이론은 당시의 교육계에 엄청난 영향을 미쳤다. 그러나 이 이론도 재평가를 피할 수는 없었다. 그 한 가지 이유는 인지발달단계라는 개념이 (피아제 자신은 이론의 사소한 일부로 여겼지만) 교사들이 보기에는 몇몇 아동이 다른 아동들보다 뒤처지는 이유를 정당화하는 근거처럼 보였기 때문이다. 적어도 영국에서는 선천적 지능에 대한 신념이 강했으며 영국 정부의 주요 교육 고문으로 활동한 시릴 버트Cyril Burt와 같은 영향력 있는 심리학자들도 이를 지지했다. 대학 진학을 준비하는 중등학교나 미래의 공장 노동자 등을 가르치는 기초교육과정의 선발은 모두 11세에 이루어졌는데, 이것도 아동의 선천적 지능이 이 연령대에 분명히 드러난다는 신념 때문이었다. 제14장에서 살펴본 것처럼 피아제의 이론은 유전적 성숙이라는 개념을 중심으로 전개되었으며, 교육은 본질적으로 아동의 선천적 능력이 성숙하도록 돕는 활동으로 간주되었다.

소련의 상황은 매우 달랐다. 그곳에서는 선천적 자질이 아니라 사회적 영향을 통해 이상적 인간이 형성된다는 공식 신념에 따라 학교에서 사회적 기술과 상부상조의 정신을 의도적으로 함양했다. 각 학급의 아동들을 소모임으로 묶어 학교 공부를 서로 돕도록 했다. 개인 간 경쟁은 탐탁지 않게 여겼으며 팀의 성과는 높게 평가했다. 그렇다고 모든 아동을 똑같이 간주하지는 않았다. 예를 들어 스포츠, 과학, 음악 등에서 재능이 뛰어난 아동은 재능을 육성하는 특수학교로 보냈다. 그러면서 이런 기회가 모든 소련 아동에게 열려 있다는 원칙을 적극 홍보했다.

제14장에서 살펴본 것처럼 1962년에 아동의 인지발달에 관한 소련의 주요 서적이 마침내 영어로 번역되어 나왔다. 이 책은 1934년에 집필되었지만, 제롬 브루너의 주도로 번역이 이루어진 후에야 서구 심리학자들은 레프 비고츠키의 견해를 접할 수 있었다. 번역이 늦어진 까닭은 중간에 전쟁이 일어나 소련과 서구 학

자들의 교류가 단절된 탓도 있었고 1930년대에 스탈린이 트로츠키의 저술과 함께 트로츠키 지지자였던 비고츠키의 책까지 금지한 탓도 있었다.

비고츠키는 피아제의 연구를 알고 있었으며 많은 면에서 피아제의 의견에 동의했다. 그러나 비고츠키가 정말로 동의할 수 없었던 부분은 아동 학습과 발달 과정에 관한 것이었다. 피아제에게 인지발달은 전적으로 환경을 조작하는 아동의 활동에 기초했다. 다시 말해 그는 환경에 영향을 미치는 활동을 통해 아동의 학습이 이루어진다고 보았다. 피아제의 이론에 따르면 사람들은 본질적으로 아동을 둘러싼 환경의 일부에 불과했으며 인지발달에 미치는 영향의 측면에서 물리적 환경과 크게 다르지 않았다. 비고츠키의 견해는 매우 달랐다. 그는 다른 사람들과 아동의 상호작용이 인지발달에 결정적이라고 주장했다. 아동은 물리적 세계와 상호 작용하여 기본 지식을 습득할 수 있지만, 이런 지식을 확장하고 더욱 발전시키는 것은 다른 사람들의 몫이라고 그는 주장했다.

아동은 여러 면에서 다른 사람들로부터 학습한다. 즉 다른 사람을 모방하거나 직접 질문하기도 하고 다른 사람의 말을 듣거나 행동을 관찰하기도 하며 책이나 그 밖의 자료를 통해 간접적으로 학습하기도 한다. 비고츠키는 성인의 지식을 접하는 것이 완전한 인지발달을 위해 반드시 필요하다고 보았다. 성인의 지식은 아동이 추가 학습을 통해 지식을 쌓도록 도와주는 이른바 '비계' 역할을 한다고 보았다. 아동은 피아제의 주장처럼 환경과 직접 상호

작용하여 학습하기도 하지만 사회적 지원을 받으면 훨씬 더 많이 학습할 수 있다. 비고츠키는 이렇게 확장된 인지발달 영역을 가리켜 근접발달영역이라고 불렀는데, 이 개념은 교육계의 큰 환영을 받지 못하다가 1980년대에 들어와서야 완전히 수용되었다.

많은 교육학자에게 복음과도 같았던 피아제의 연구는 다른 쪽에서도 도전을 받았다. 도전을 받은 한 가지는 물체가 아기의 시야에서 사라져도 계속 있다는 것을 아기가 모른다는 피아제의 견해였다. 대상영속성object permanence을 이해하는 이런 인지능력을 가리켜 피아제는 '대상개념'이라고 불렀는데, 그에 따르면 대상개념은 생후 18개월부터 2세 사이에 발달한다. 그러나 적외선 촬영을 사용한 연구자들은 장난감이 전혀 보이지 않는 암흑 속에서도 훨씬 어린 아기가 장난감을 향해 손을 뻗는다는 것을 보여주었다.

인지발달에 관한 피아제의 견해는 쉽게 재현 가능한 증명들을 통해 뒷받침되었으며, 이런 것들은 특정 연령대에 도달해야만 특정 유형의 사고가 가능하다는 것을 증명하는 것처럼 보였다. 예를 들어 고전적인 한 연구에서는 어린아이가 타인의 시각에서 물체를 바라보지 못한다고 주장했다. 이 연구에서 피아제는 탁자 위에 놓인 산 모형의 여러 지점에 인형들을 배치했다. 그런 다음 아이들에게 여러 장의 사진 중에서 특정 인형이 보고 있는 풍경을 고르도록 했다. 그러자 더 어린 아이들은 일관되게 자신의 시각에서 본 풍경만 골랐다. 피아제에게 이것은 어린아이들이 너무 자기중심적이어서 타인의 시각에서 물체를 보지 못하는 것을 보여주는 증거였다. 그러나 이 연구를 현대적으로 재구성한 실험에서 탁자 위에 여러 개의 벽을 세운 후 소년 인형이 어디에 숨어야 경찰 인형의 눈을 피할 수 있는지를 물었을 때는 이런 효과가 나타나지 않았다. 즉 꽤 어린 아이들도 어디에 숨어야 할지를 제대로 말했다. 연구자 마틴 휴즈Martin Hughes는 어린아이의 인지능력이 부족했기 때문이 아니라 어린아이가 '산' 문제에 관심이 없었기 때문에 피아제의 연구 결과가 나온 것이라고 주장했다.

피아제는 어린아이가 한 번에 한 가지 속성에만 집중할 것이라고 생각해 이를 증명하기 위한 실험을 했다. 낮고 넓적한 컵과 높고 가는 컵에 같은 양의 액체를 담아 보여주면 아이들은 더 높은 컵에 더 많은 액체가 들어 있다고 말할 것이며, 같은 수의 단추를 늘어놓은 두 줄을 보여주면 더 긴 줄에 더 많은 단추가 있다고 말할 것이라고 피아제는 예측했다. 이 실험들은 면밀한 절차에 따라 진행되었고 신뢰도가 매우 높은 결과를 얻었지만, 이것들도 재평가되었다. 한 가지 비판은 아동의 사회적 지식과 관련된 것이었다. 일상생활에서 성인이 아동에게 똑같은 질문을 두 번 하면 이것은 첫 번째 답변이 만족스럽지 않기 때문이다. 따라서 아동이 답변을 바꾼 이유는 처음에 오답을 말했다고 생각하기 때문이라고 연구자들은 주장했다. 연구자들은 피아제의 실험을 반복하면서 같은 질문을 한 번만 하자 아이들은 훨씬 더 자주 정답을 말했다. 결국 피아제의 실험은 아이들의 지식수준을 보여준 것이 아니라 성인을 어떻게 상대해야 하는지에 대한 아이들의 생각을 보여준 셈이었다.

이런 문제의식에 대한 또 다른 뒷받침은 제임스 맥가리글James McGarrigle과 마가렛 도널드슨Margaret Donaldson이 수행한 고전적인 실험에서 나왔다. 이 실험에서 아이들은 실험자의 탁자 위 상자 안에서 살고 있는 것으로 보이는 작은 곰 인형을 소개받았다. '장난꾸러기 곰 인형'은 탁자를 어지럽히는 등 종종 엉뚱한 짓을 해서 지켜보던 아이들의 환호성을 받았다. 피아제의 실험을 본떠서 아이들에게 두 세트의 물건들을 보여주자 아이들은 둘이 똑같다고 답했다. 그때 '장난꾸러기 곰 인형'이 상자에서 뛰쳐나와 단추들을 넓게 떼어놓거나 액체를 다른 용기에 붓는 등 물건들을 엉망으로 만들었다. 어린아이들은 이 장난을 좋아했다. 그러나 더 중요한 것은 물건들이 여전히 똑같은지 물었을 때 아이들이 그렇다고 답했다는 사실이었다.

피아제의 고전적 증거들에 대한 이런 재평가는 이론 자체의 재평가 필요성뿐만 아니라 아동의 사회적 지식이 사람들의 생각보다 더 정교하다는 것을 시사했다. 아동의 사회적 지식에 대한 관심은 비고츠키의 대안적 접근법이 널리 수용되는 계기가 되었으며 아동의 마음이론을 탐구한 일련의 연구를 통해 더욱 강화되었다.

우리가 알다시피 피아제는 다른 사람이 사물을 자신과 다르게 볼 수 있다는 것을 아동이 이해하려면 9~10세쯤 되어야 한다고 믿었다. 그러나 나중에 연구자들은 이 능력이 훨씬 더 일찍, 보통 세 살 반쯤에 발달한다는 것을 발견했다. 이와 관련된 표준 실험에서는 두 아이가 보는 앞에서 인형이나 사탕을 특정 장소에 숨긴다. 그런 다음 한 아이가 방을 나가면 실험자는 다른 아이가 보는 앞에서 인형이나 사탕을 숨긴 장소를 바꾼다. 그런 다음 방을 나간 아이가 돌아오면 어디에서 물건을 찾겠냐고 다른 아이에게 묻는다. 이럴 때 세 살 된 아이는 보통 두 번째로 숨긴 장소를 가리키는 반면 네 살 된 아이는 자리를 비운 아이가 변화를 알지 못한다는 것을 고려해 첫 번째 장소를 가리킨다.

아동의 사회적 지식에 대한 관심은 영국의 2개 연구 사업 결과를 통해 더욱 강화되었다. 당시에 옥스퍼드 대학에 재직 중이던 제롬 브루너가 이끈 연구 사업은 영국 보육제도의 여러 형태를 비교했고, 케임브리지 대학의 주디 던Judy Dunn이 이끈 연구 사업은 아동의 가정생활을 조사했다. 옥스퍼드 취학전교육 연구 사업에서는 유아원, 보육원, 보모, 주간 탁아 시설이 어린아이의 사교성, 창의성, 취학 준비를 얼마나 촉진하는지를 비교했다. 연구 결과에 따르면 전체적으로 볼 때 여러 아이와 함께 놀 수 있는 기회를 가진 아동은 개별적으로 또는 한두 명의 다른 아이와 함께 보살핌을 받은 아동보다 사회적 기술이 더 능숙했고 정서적으로 더 균형 잡힌 것으로 나타났다.

케임브리지 연구 사업은 어린아이들이 형제자매와 어떻게 어울리는지를 평소 생활환경에서 관찰한 일련의 현장 연구로 이루어졌다. 연구자는 해당 가족과 일정 시간을 같이 보내면서 연구자가 곁에 있어도 아이들이 최대한 자연스럽게 행동하도록 사전 준비 과정을 거쳤다. 그런 다음 연구자는 2~3세 아동과 다른 가족 간의 놀이, 말다툼 및 기타 상호작용을 기록했다. 이 연구에서는 가정 밖의 보육원이나 유아원에서 수행한 연구에서보다 어린아이들의 사회적 지식이 훨씬 더 정교한 것으로 드러났다.

예를 들어 어린아이들은 나이 많은 형제자매가 좋아하는 것을 숨기거나 일부러 못쓰게 만들어 형제자매를 괴롭히곤 했다. 또는 부모가 금지한 행동을 하면서 부모를 놀리거나 비웃기도 했다. 어린아이들은 다른 사람의 감정을 잘 알고 있었다. 어머니가 화가 났거나 힘들어할 때는 어머니에게 안기거나 좋아하는 장난감을 가져다주는 식으로 어머니를 위로했고, 그와 정반대로 형제자매가 싫어하는 일을 해서 형제자매를 더욱 화나게 만들기도 했다! 그러나 아이들은 자라면서 다른 사람을 괴롭히기보다는 위로하는 행동을 더 자주 했다. 아이들은 가끔 규칙을 어겨 보호자를 힘들게 할 때도 무엇이 규칙인지, 무엇이 허용되고 무엇이 허용되지 않는지를 잘 알고 있었다. 사회적 세계에 대한 어린아이들의 이해는 피아제나 이전 심리학자들이 생각했던 것보다 분명히 훨씬 더 정교했다.

CHAPTER 36

본성 대 양육 논쟁의 재점화

지능검사의 유형 및 관련 논란

"이제 쥐 훈련은 지긋지긋해"라고 제시는 말했다. "내 쥐는 진짜 멍청해. 미로 찾기를 학습하는 데 너무 오래 걸리거든."

"그래?" 친구인 주디가 말했다. "내 쥐의 별명은 쿵쿵이인데, 개는 정말로 빨리 학습해. 나는 이것이 재밌어. 하루에도 두세 번씩 실험실에 가서 훈련을 시키지."

"나는 이미 마음이 떠났어"라고 제시는 말했다. "나는 하루에 한 번만 가. 어쨌든 학점은 따야 하니까. 그 이상은 내게 아무런 의미가 없어. 내 쥐는 로젠탈 교수님이 말씀하신 '미로에 둔한' 품종이라서 정말 오래 걸릴 수밖에 없어. 네 쥐는 틀림없이 '미로에 밝은' 품종일 거야."

"그런 것 같아"라고 주디는 말했다. "미로를 빨리 찾도록 특별히 사육된 품종이라고 교수님이 말씀하셨어. 그게 효과가 있는 것 같아."

그러나 이 학생들이 들었던 말과 달리 실제로 이 두 쥐는 차이가 없었다. 이 실험에 사용된 쥐들은 미로 찾기 능력이 서로 같도록 주의 깊게 선별되었다. 그런데도 쥐들의 과제 수행에 상당한 차이가 나타난 것은 전적으로 쥐를 취급하는 방식이 달랐기 때문이었다. 자신의 쥐가 미로에 밝다고 생각한 학생들은 쥐와 더 많은 시간을 보내면서 쥐를 더 조심스럽게 다루었고 별명까지 붙여주었다. 반면에 미로에 둔한 쥐를 받았다고 생각한 학생들은 최소한의 훈련 횟수만 채웠고 자신의 쥐를 전혀 좋아하지 않는다고 말했다. '미로에 밝은' 집단의 쥐들은 '미로에 둔한' 집단의 쥐들보다 훨씬 빨리 학습했고 미로를 더 빠르고 정확하게 달렸다. 그러나 쥐들의 과제 수행에 영향을 미친 것은 취급 방식의 차이였다.

1963년에 로버트 로젠탈Robert Rosenthal과 커밋 포드Kermit Fode가 보고한 이 실험은 20세기 후반에 교육적 기대 수준에 관한 논쟁을 촉발한 일련의 유명한 실험을 예고하고 있었다. 당시는 엄청난 사회적 변화의 시대였다. 낡은 가정들이 새로운 견해들로 대체되었고, 식민지들은 독립을 요구했으며, 국가의 번영에 공정하게 참여할 기회를 요구하는 목소리가 세계 곳곳에서 울려 퍼졌다. 1960년대의 미국 민권운동은 인종차별에 주목했고, 1970년대의 여성운동은 일상적인 성차별에 대한 여성들의 의식을 고취하기 위한 대대적인 의식화 프로그램을 개시했으며, 새로운 세대의 소비자들은 패션과 라이프스타일의 혁신을 지지했다.

앞서 살펴본 것처럼 심리학도 시대의 흐름에 따라 변화했다. 새로운 분야가 개척되었고 기존 이론을 확장하는 새로운 연구가 줄을 이었다. 그러나 변화는 점진적으로 이루어졌으며, 새로운 분야가 받아들여진 경우도 적지 않았지만 심리학의 몇몇 분야에서는 이미 확립된 견해에 대한 도전이 상당한 저항에 부딪혔다. 이런 저항은 종종 격렬한 논쟁의 형태를 띠었으며, 그중에서도 가장 격렬했던 것은 본성 대 양육 논쟁이었다. 이것은 본질적으로 심리적 능력이 선천적인 것인지, 즉 적정 연령에 유전적 변화를 통해 나타나는 것인지 아니면 경험을 통해 학습된 것인지에 관한 논쟁이었다.

유전학과 인간 유전체에 관한 지식이 증가하면서 이런 논쟁은 사실상 의미가 없어졌다. 왜냐하면 캐나다 심리학자 D. O. 헤브D. O. Hebb의 지적처럼 환경과 유전은 발달에 똑같이 중요하기 때문이다. 그러나 1970년대부터 1990년대 초반까지 심리학계에서는 이런 논쟁이 그치질 않았다. 이것은 새로운 것이 아니었다. 제6장에서 살펴본 것처럼 심리학자들은 20세기 초부터 육아에 관해 상반된 입장을 취했다. 즉 게젤은 아동발달이 유전적으로 결정된다고 주장했고 왓슨은 모든 것이 조건화, 즉 학습의 문제라고 주장했다. 그리고 제13장에서 살펴본 것처럼 스키너와 촘스키는 언어에 관해 다시 비슷한 논쟁을 벌였다. 특히 20세기 후반에는 교육 기회의 확대를 주장하는 사회운동이 활발해지면서 지능에 관한 본성 대 양육 논쟁이 뜨겁게 달아올랐다.

어찌 보면 당연하게도 논쟁의 출발점은 지능이 무엇인지를 정의하는 문제였다. 우리 모두가 이 단어를 사용하지만, 우리는 도대체 무슨 의미로 이 단어를 사용하는가? 이것은 끊임없이 우리를 멈춰 세우는 문제 중 하나다. 지능은 우리가 가진 일반능력인가? 그러나 어떤 면에서는 똑똑하지만 다른 면에서는 꽤 어리석은 사람도 많다. 그렇다면 지능은 다양한 능력의 집합인가? 만약 그렇다면 지능은 그저 정신적 능력인가, 아니면 신체적 능력도 포함하는가? 숙련된 장인도 지능이 뛰어나다고 말할 수 있는가?

20세기 초에 찰스 스피어먼은 지능을 좌우하는 하나의 일반요인general factor이 있다고 주장했다. 보통 'g요인g factor'으로 불리는 이것은 단일한 일반능력이며 지능지수IQ라는 단일 수치로 표현될 수 있다. g요인이라는 개념은 지능을 사람들이 어느 정도 가지고 있는 무언가로 보는 견해를 뒷받침하는 데 사용되면서 유전론적 주장의 핵심이 되었다. 그리고 이것은 다시 사람들과 집단의 차별적 지위를 정당화하는 근거로 사용되면서, 사람들이 태어날 때부터 각자의 사회계층이 정해져 있다는 전통적 가치관을 대체하는 지배적 견해가 되었다.

그러나 이것은 g요인에 대한 유일한 해석이 아니었다. 많은 학자는 이런 확대 해석을 경계하면서 g요인을 경험에 따라 달라질 수 있는 일반능력의 별칭 정도로만 여겼다. 그런가 하면 g요인이라는 개념을 사용하지 않으면서 지능을 정의하려는 시도도 있었다. 1955년에 J. P. 길포드는 지능이 사실상 다양한 정신 능력과 행동의 조합이라고 주장했다. 그에 따르면 개인의 전체 지능은 120~150개의 다양한 요소로 구성된다. 그 밖에도 지능을 정의하려는 여러 시도가 있었으며, 이는 지능검사에 대한 다양한 접근법으로 이어졌다. 이런 지능검사 및 다른 종류의 검사들을 통해 심리측정산업은 전후 수십 년간 기하급수적으로 성장했다. 그리고 지능검사는 주로 교육 분야에서 선발을 위해 사용되었다.

로젠탈은 만약 학생들의 기대와 관심을 받은 쥐들이 그렇지 않은 쥐들보다 실제로 미로 찾기를 더 잘하게 된다면 아이들의 경우에도 똑같이 가정할 수 있을 것이라고 추측했다. 그는 동료인 레노어 제이콥슨Lenore Jacobson과 함께 학교에서 비슷한 연구를 수행했다. 그들은 평범한 도시 학교의 학생들을 대상으로 꽤 표준적인 지능검사를 실시하면서 교사에게는 이것이 지능의 후속 발달을 예측하도록 고안된 새로운 검사라고 말했다. 검사 후 그들은 교사가 대화를 '우연히' 들을 수 있는 환경에서 내년에 성적이 오를 가능성이 높은 몇몇 학생의 이름을 언급했다. 그러나 실제로 이 학생들은 학업성적에서나 검사 결과에서나 반 친구들과 전혀 다르지 않았다. 연구자들이 연말에 그 학교를 다시 방문했을 때, 그들이 이름을 언급했던 학생들은 그사이 학업성적이 상당히 좋아졌다. 지능검사를 다시 실시했을 때 이 학생들은 이전보다 검사 점수가 더 높았고 동기 수준도 뚜렷이 향상되었다. 그사이 무슨 일이 있었을까? 이 학생들의 성취도에 더 큰 기대를 품게 된 교사는 이 학생들과 더 많은 대화를 했고 칭찬도 더 많이 하게 되었다. 그러자 이 학생들은 이것을 무의식적으로 알아차리고 이에 반응했다.

비판도 적지 않게 받았지만 여전히 자주 인용되는 이 연구는 가난한 가정의 아이들이 교육적 차별을 받는다는 견해에 기름을 끼얹었다. 예를 들어 미국의 흑인 아동들이 학교에서나 지능검사 결과를 통해 지속적으로 교육적 불이익을 받는다는 주장이 제기되었으며, 이를 보상하기 위한 수많은 교육사업이 있었지만 성과는 미미했다.

그러나 오래된 고정관념은 쉽게 사라지지 않았으며, 1966년에 물리학자 윌리엄 쇼클리William Shockley의 주장으로 인해 또다시 뜨거운 논쟁이 일어났다. 쇼클리는 미국 내 흑인과 백인 간의 일관된 집단 차이가 학교 교육 때문에 생긴 것이 아니라 지능지수의 유전적 차이를 보여주는 증거라고 주장했다. 이로 인한 논쟁은 교육심리학자 아서 젠슨Arthur Jensen이 쇼클리의 견해를 뒷받침하는 논문을 발표하면서 더욱 뜨거워졌다. 젠슨은 보상교육제도가 실패한 까닭이 미국 흑인과 백인 간 지능지수의 유전적 차이 때문이라고 주장했다. 그러자 이를 반박하거나 지지하는 목소리가 사방에서 터져 나왔다.

지능이 유전된다는 오래된 견해의 재부상에는 중요한 정치적 함의가 담겨 있었다. 연구에 따르면 차별이 덜한 지역일수록 흑인과 백인 간의 집단 차이가 덜했는데, 이것은 환경 요인과 기대가 이런 집단 차이의 원인이라는 것을 시사했다. 당시에는 발표한 학술지 논문 수와 논문의 피인용 수에 따라 학술적 기여도를 평가하는 학술평가제도가 도입되었는데, 어떤 면에서는 이로 인해 논쟁이 더욱 격화되었다. 몇몇 교수는 종신직을 확보하기 위해 이 기준을 이기적으로 이용했다. 예를 들어 '유전적 차이' 주장을 뒷받침하는 논문을 발표하면 이를 반박하는 논문이 쏟아지면서 자신이 발표한 논문의 피인용 수가 크게 증가했기 때문이다.

유전론을 지지한 심리학자인 아서 젠슨, 한스 아이젠크, 리처드 헌스타인Richard Herrnstein 등은 모두 지능이 지능검사로 정확히 측정되는 고정된 능력이며 지능의 정도가 거의 그대로(80퍼센트) 유전된다고 주장했다. 이에 동의하지 않은 대다수 심리학자는 ⓐ특정 개인의 측정된 지능도 해당 개인의 경험에 따라 증가할 수 있다는 점, ⓑ지능검사가 정확한 척도가 아니며 문화적으로 편향되었다는 점, ⓒ인용된 유전율 수치가 임의적이고 유전적으로나 사회적으로 이를 뒷받침하는 증거가 없다는 점 등을 지적했다. 반면에 유전학자들은 본성 대 양육 논쟁 자체를 꽤 어리석은 것으로 간주했다. 그들은 발달이 유전과 환경의 영향을 모두 받는다고 보았으며 어느 쪽의 비중이 더 큰지를 두고 다투는 것은 무의미할 뿐만 아니라 비과학적이라고 생각했다.

유전론자들이 제시한 많은 증거가 의심스럽다는 사실도 새롭게 드러났다. 1980년대 초반에 생물학자 스티븐 제이 굴드Stephen Jay Gould는 『인간에 대한 오해The Mismeasure of Man』에서 칼리카크가 이야기(제6장 참조)처럼 유전적 영향을 다룬 여러 '연구'가 명백히 위조된 것임을 보여주었다. 그런가 하면 영향력 있는 영국 교육심리학자이자 우생학자인 시릴 버트가 발표한 다수의 쌍둥이 연구는 언뜻 유전론을 뒷받침하는 강력한 증거처럼 보였다. 그러나 관련 자료를 면밀히 살펴본 결과, 수치의 상관관계가 비현실적일 만큼 지나치게 정확했으며, 이후에 그의 연구를 도왔던 사람들과 연구 대상이 되었던 가족들을 찾으려는 노력이 수포로 돌아가면서 과연 그런 사람들이 실재했는지에도 의문이 제기되었다.

이 논쟁의 여진은 이후에도 계속되었지만, 20세기 말경에는 연구자들의 관심이 문화와 맥락에 따른 지능의 차이에 더 쏠리게 되었다. 영국 신경과학자 스티븐 로즈Stephen Rose는 실생활에서 지능이 명사가 아니라 부사로 사용되므로 지능을 정의하려는 시도 자체가 쓸모없다고 주장했다. 우리는 어떤 사람이 특정 상황에서 영리하게intelligently 처신했다고 말하곤 하지만, 이것이 '지능intelligence'이라는 실체가 있다는 뜻은 아니다. 이것은 어떤 실체라기보다 문제를 다루는 방식에 관한 것이다. 지능을 정의하려는 시도가 그렇게 많은 논란을 야기한 까닭도 이 점을 오해했기 때문일 것이다.

그러나 모두가 지능 개념에 대해 회의를 품은 것은 아니었다. 예를 들어 하워드 가드너Howard Gardner는 지능이 단 하나의 어떤 것이 아니라 일곱 가지의 서로 다른 지능의 조합이며 각 지능의 정도도 다양할 수 있다고 주장했다. 그에 따르면 '언어지능'과 '논리수학지능'은 기존의 지능검사로 측정된 지능 유형에 해당한다. 그밖에 특히 음악가에게 발달했지만 일반인도 어느 정도 가진 '음악지능', 특히 운동선수와 무용수에게 두드러진 '신체운동지능', 특

          심리학의 역사

히 디자이너와 건축가에게 두드러진 '공간지능'도 있다. 또한 다른 사람들과 잘 어울리는 사람은 '대인관계지능'이 좋은 것이며, 자기 자신을 잘 이해하는 사람은 '내면지능'이 좋은 것이다.[*]

그런가 하면 로버트 스턴버그Robert Sternberg는 지능의 본질이 적응력이라는 관점을 취했다. 그에 따르면 현실 세계에서 지능은 매우 다양하기 때문에 단일 척도로 모든 지능을 설명하기는 불가능하다. 예를 들어 수학 과목에서 좋은 점수를 얻으려면 이른바 '요소지능componential intelligence'이 필요한데, 이것은 문제 해결 및 계산과 같은 지적 기능을 활용하는 지능이다. 그러나 서비스센터에서 화가 난 고객을 상대하려면 관련 규정과 절차에 대한 형식적 지식뿐만 아니라 자신의 경험을 통해 배운 지식도 필요한데, 스턴버그는 이것을 '경험지능experiential intelligence'이라고 불렀다. 또한 다른 문화권의 사람과 효과적으로 상호 작용하려면 사회문화적 감수성과 기술이 필요한데, 스턴버그는 이를 '맥락지능contextual intelligence'이라고 불렀다. 예를 들어 서구 문화권에서는 신속한 사고를 지능의 일부로 여기는 반면 몇몇 중동 문화권에서는 이것이 문제를 숙고하지 못하는 충동성의 표현이라고 본다.

20세기 말경에는 본성 대 양육 논쟁이 대중매체에서는 여전히 종종 언급되었지만 적어도 심리학계에서는 거의 사라졌다. 그러나 여러 검사의 세계적 확산은 특히 정확한 번역과 관련해 새로운 문제를 낳았다. 왜냐하면 서로 다른 언어가 정확히 일치하

---

[*] 대인관계지능interpersonal intelligence은 대인지능, 인간친화지능 등으로도 번역되며, 내면지능 intrapersonal intelligence은 개인내지능, 자기성찰지능, 자기이해지능 등으로도 번역된다.

는 경우는 드물며 문화적 맥락에 따라 질문의 해석 방식이 달라질 수 있기 때문이다. 이는 토착심리학에 대한 관심 증가와도 맞물려 있는데, 이에 관해서는 제40장에서 살펴보기로 하자.

CHAPTER 37

무기력에서 낙관주의로

셀리그먼과 긍정심리학의 확립

"아빠는 왜 맨날 그렇게 우울해?"

저명한 심리학자인 아빠는 뭐라고 답하기가 어려웠다.

"내가 그만 징징거리는 걸 배운 것처럼 아빠도 맨날 우울하지 않는 법을 배울 수 있을 거야!"

이 일곱 살 된 딸의 문제 제기가 마틴 셀리그먼에게 새로운 길을 열어주었다. 그는 학습의 작동 방식을 연구하면서 경력을 쌓았다. 제34장에서 살펴본 것처럼 그는 동물이 어떻게 무기력을 학습하며, 이것을 일단 학습한 동물을 재훈련하기가 얼마나 어려운지를 보여주었다. 그는 '단일 시행 학습'도 연구했는데, 이것은 사람이나 그 밖의 동물이 과거에 먹고 탈이 난 적이 있는 음식은 피하는 것과 같은 학습을 말한다. 다른 형태의 학습과 달리 단 한 번의 경험(단일 시행)으로 평생에 걸친 혐오감이 생기는 이것은 특별한 형태의 조건화로 간주된다. 셀리그먼은 과거에 자신이 베아르네즈Béarnaise 소스를 먹고 탈이 난 후 이에 대한 혐오감이 생겼던 일화를 언급하곤 했다. (당시에 그의 조건화된 혐오감을 되돌리려는 사람들 덕분에 그는 공짜 식사를 많이 했다고 한다.) 이것은 꽤 합리적인 물음이었다. 왜 나는 더 유쾌해지는 법을 배우지 못했을까?

학습된 무기력에 대한 셀리그먼의 연구는 통제감과 주체성에 대한 많은 연구를 촉발했다. 그리고 이런 연구를 통해 밝혀진 우울증의 인지행동적 과정은 주로 긍정적 사고 기법을 사용해 우울증을 극복하는 심리요법을 개발하는 데 기여했다. '어째서 주류 심리학은 이런 접근법을 취하지 않을까?'라고 셀리그먼은 생각했다. 예를 들어 감정 연구는 어째서 늘 공포와 분노만 강조하고 기쁨과 행복을 강조하지는 않을까? 지금까지 셀리그먼은 학습된 무기력의 연구자로 유명했다. 그러나 이제 그는 학습된 낙관주의의 연구자로 유명해지고 싶었다.

마침 그는 적당한 지위에 있었다. 2000년에 미국심리학회 회장으로 선출된 셀리그먼은 취임 연설에서 심리학의 새로운 방향을 제시했다. 이 연설에서 그는 '긍정심리학'이 긍정적 사고와 긍정적 감정에 대한 기존 심리학 연구를 종합하고, 딸의 문제 제기에서 영감을 얻은 셀리그먼 자신이 발견한 것처럼 귀인 유형의 변화를 통해 일상생활을 개선할 수 있는 방법을 제시하여, 전체적으로 세계를 (또는 적어도 인간의 심리 세계를) 더 낫게 만드는 데 기여할

 심리학의 역사

것이라고 말했다.

삶을 가치 있게 만드는 것에 대한 과학적 연구라고 정의되기도 한 이 새로운 접근법은 큰 호응을 얻었다. 심리학자들은 인간 존재의 더 밝은 면을 다양하게 탐구하기 시작했다. 긍정심리학이 아주 새로운 것은 아니었다. 긍정심리학은 행복을 향한 노력과 심리적 안녕감의 개선을 강조한 매슬로와 로저스의 인본주의 학파(제16장 참조)에 뿌리를 두고 있었다. 그러나 긍정심리학은 다양한 심리학 분야의 이후 연구를 종합한 결과이기도 했다.

예를 들어 주체성에 관한 연구는 상당한 성과를 거두었다. 실험실 연구를 통해 통제감의 중요성이 증명되었을 뿐만 아니라 앨버트 반두라 등은 자기효능감의 새로운 관점을 제시했다. 자기효능감이란 목표를 달성하려는 자신의 능력에 대한 믿음이다. 이 분야에서 반두라와 함께 연구한 캐롤 드웩Carol Dweck의 마음가짐 이론은 아동에게 학습에 대한 자신감을 심어주는 접근법으로 교육의 새로운 방향을 제시해 교육계의 큰 호응을 얻었다.

셀리그먼이 주창한 또 다른 핵심 개념은 '삶의 번영flourishing'이었다. 이것은 우리가 그저 삶의 문제에 대처하는 것을 넘어 삶을 즐기고 일상생활의 긍정적 경험을 통해 성장할 수 있어야 한다는 것을 의미했다. 물론 이것도 새로운 견해는 아니었다. 그러나 50년이 지난 후* 이제 심리학자들은 삶의 번영을 위한 실천 방

---

* 제15장에서 언급한 것처럼 매슬로가 1954년에 발표한 욕구이론에서, 즉 그의 대표 저서인 『동기와 성격Motivation and Personality』에서 '삶의 번영' 개념과 유사한 자아실현 개념을 제시한 것을 기준으로 하면 2000년은 대략 50년이 지난 시점이다.

법을 제시하기에 훨씬 더 유리한 입장에 있었으며, 셀리그먼은
자신의 경험을 바탕으로 정신적 삶 전체를 바꾸는 것이 어떻게
가능한지를 알고 있었다.

심리치료 분야에서는 구체적이고(즉 전반적이지 않고) 불안정하
면서 외적인 귀인 유형이 문제 대처에 유용한 것으로 확인되었는
데, 이런 귀인 유형은 셀리그먼이 일상생활에서도 유용한 것으로
옹호한 사고 유형 중 하나였다. 긍정적 귀인행동에 초점을 맞춘
이 사고 유형은 나쁜 경험의 원인이 안정된 것이라기보다 일시적
인 것이며, 모든 것에 관련되기보다 특정 상황에만 관련되고, 불
가피한 것이라기보다 통제 가능한 외부 요인이나 사태라고 본다.
예를 들어 중요한 행사에 참석하려고 가는 중 차가 고장 났을 경
우 재수가 없었다거나 어쩔 수 없는 운명이라거나 늘 그랬다는
식으로 한탄하는 대신에 제때 정비를 받지 않았기 때문이라고 생
각하는 사람은 이런 일을 다시 겪을 가능성이 높지 않은데, 왜냐
하면 이런 사람은 자동차 고장에 대비해 뭔가를 할 것이기 때문
이다.

긍정적 사고 유형의 학습은 동명 소설의 늘 낙천적인 여주인
공의 이름을 따서 '폴리애나Pollyanna' 접근법이라고도 불렸다. 이
것은 나쁜 일이 닥쳐도 좋은 결과만 기대하는, 즉 부정적인 면은
최대한 무시하고 긍정적인 면과 좋은 결과만 적극적으로 찾으려
는 태도를 가리킨다. 이것은 조금 비현실적으로 보일지 몰라도
매우 강력한 기법인데, 왜냐하면 사태를 더 균형 있게 지각하는
데 도움이 되기 때문이다. 이와 반대되고 이보다 훨씬 더 흔한 사

고 유형은 '파국적 사고', 즉 부정적이거나 불쾌한 사태를 실제보다 훨씬 더 심각한 최악의 재앙으로 보는 태도다

셀리그먼의 긍정심리학에는 심리치료뿐만 아니라 주류 심리학의 연구 성과도 반영되어 있었다. 1970년대 후반에 옥스퍼드대학의 마이클 아가일 Michael Argyle은 감정에 대한 새로운 연구 계획에 착수했다. 그동안 심리학자들은 공포, 분노, 스트레스 등에 관해 많은 연구를 했지만, 긍정적 감정에 대한 연구는 비교적 적었다. 아가일 등은 사람들(및 심리학자들)의 평소 생각보다 긍정적 감정이 훨씬 더 다양하고 광범위하다는 것을 보여주었다. 한 연구에서 그들은 사람들에게 즐거운 경험을 했던 24개 상황을, 예를 들어 야외에서 자연을 즐긴 일, 느긋하게 온욕을 한 일, 친구들과 시간을 보낸 일, 직장에서 성공을 거둔 일 등을 기억해 적도록 했다. 그들은 이렇게 얻은 다양한 긍정적 감정을 네 개 차원으로 분류했다.

그중 하나는 몰입인데, 이것은 감정에 얼마나 주의를 기울이는지 또는 집중하는지와 관련된 차원이다. 창의적인 취미와 같은 몇몇 활동은 몰입도가 높은 반면 사회적 경험 등은 몰입도가 낮은 편이다. 두 번째 차원은 효능감인데, 이것은 자신이 유능하고 능력이 있다고 느끼는 정도와 관련된다. 이 차원의 경험은 스포츠나 직장에서의 성공 경험처럼 효능감을 높이는 경험부터 음악 감상이나 온욕 즐기기처럼 좀 더 수동적인 경험까지 다양하다. 세 번째 차원은 이타심, 즉 어떤 식으로든 타인을 고려하는 태도와 관련되어 있다. 교회 봉사나 자선사업과 같은 참여 활동은

강한 이타심과 관련된 반면 선물을 받거나 개인적인 취미 활동과 같은 자기만족적인 기쁨은 이 차원의 다른 쪽 끝에 있다. 네 번째 차원은 경험의 개인적 의미와 관련된다. 자연을 즐기거나 어려운 수수께끼를 푸는 경험 등은 개인적 의미가 큰 반면 긴장감 도는 영화를 보거나 좋아하는 간식거리를 사는 것과 같은 사소한 경험은 개인적 의미가 덜한 편이다.

이런 차원들은 서로 배타적인 관계에 있지 않으며, 복잡한 감정은 한 개 이상의 차원을 포함할 수 있다. 지역사회를 위한 봉사를 치하하는 상을 받을 경우 효능감과 이타심이 결합된 감정이 생길 수 있는 반면 친구들과 함께 휴가를 보낸 기억은 개인적으로 의미 있으면서 효능감도 불러일으키지만 몰입과 이타심은 적은 감정을 촉발할 것이다.

셀리그먼은 회장 취임 연설에서 미하이 칙센트미하이Mihaly Csikszentmihalyi의 저서 『몰입Flow: The Psychology of Optimal Experience』을 언급했다. 이 책에서 칙센트미하이는 행복의 비결이 '몰입', 즉 자신이 하는 일에 완전히 집중하는 데 있다고 주장했다. 운동선수들은 이럴 때 '무아지경in the zone'에 빠졌다고 말하곤 한다. 제2차 세계대전 중에 감옥에서 괴로워하는 사람들과 함께 몇 년간 수감 생활을 했던 칙센트미하이는 이때의 경험이 계기가 되어 행복한 삶이 무엇인지에 대해 호기심을 품게 되었다. 그는 융의 강연을 들으면서 심리학에 관심을 갖게 되었고 미국으로 이주한 후 계속 심리학을 탐구했다. 그는 예술가, 음악가 등 많은 사람을 면담한 후 사람들이 창의적인 일에 몰입할 때 가장 행복하다는 결론에 도달했다.

칙센트미하이는 몰입의 여덟 개 특징을 언급했다. 첫 번째 특징은 당면 과제에 완전히 집중하는 것이다. 두 번째 특징은 활동의 목적이나 목표가 분명하고 이런 목표에 접근 중이라는 즉각적인 피드백이 있다는 점이다. 이와 관련된 세 번째 특징은 관련 경험 자체에서 보람이나 만족을 느끼는 것이다. 그리고 아마도 이 때문에 몰입 시 대개 시간 감각이 감소한다는 네 번째 특징이 생긴다. 즉 몰입 상태에서는 활동의 종류에 따라 시간이 평소보다 느리거나 빠르게 느껴질 수 있다. 그러나 하는 일 자체는 힘들지 않게, 즉 쉽고 자연스럽게 느껴지는데, 이것이 몰입의 다섯 번째 특징이다.

또한 일 자체는 힘들지 않더라도 그때그때 상황에 맞게 기술을 응용하는 식으로 이미 익힌 기술과 새로운 도전 간의 적절한 균형이 유지되는데, 이것이 몰입의 여섯 번째 특징이다. 그리고 몰입의 일곱 번째 특징은 과제에 대한 통제감이다. 마지막으로 칙센트미하이가 언급한 몰입의 여덟 번째이자 아마도 가장 큰 특징은 행동과 의식이 과제 수행에 통합되어 자기 자신을 의식하지 못하게 된다는 것이다.

셀리그먼은 심리학자들이 더욱 연구할 필요가 있는 주제로 행복한 삶의 세 유형을 제시했다. 그중 하나는 '즐거운 삶'인데, 이것은 건강한 생활양식의 일부를 이루는 긍정적 감정 및 기대의 경험과 관련된다. 이런 유형의 삶을 사는 사람은 다른 사람들과 사이좋게 지내기, 관심 있는 일 하기, 화목한 가정 만들기 등을 통해 즐겁고 스트레스 없는 삶을 추구한다.

그는 행복한 삶의 두 번째 유형을 '좋은 삶'이라고 불렀는데, 이것은 집중과 몰입이 요구되는 활동을 통해 만족감과 충족감을 얻는 삶을 의미한다. 스포츠, 예술, 지적 활동 등을 하는 사람은 '무아지경'에 빠질 때, 즉 하는 일에 완전히 몰두해 성취감과 충족감을 느낄 때 가장 행복하다고 말하곤 한다. 예를 들어 운동선수가 최고의 성과를 달성할 때, 예술가가 작품 활동에 완전히 몰입할 때, 역사가가 특정 사건에 대한 더 많은 사실과 새로운 시각을 발견할 때 이런 행복감을 느끼곤 한다.

셀리그먼이 제시한 행복한 삶의 세 번째 유형은 타인이나 사회 전체를 위한 참여 활동 속에서 행복감을 느끼는 '의미 있는 삶'이다. 많은 사람은 다른 사람을 돕거나 다른 사람의 삶을 개선하려고 노력하는 삶을 산다. 이런 사람은 노력이 결실을 맺지 못할 때 지치기도 하지만 목적의식이 뚜렷하며 자신의 삶보다 더 큰 무언가에 기여한다는 의식을 바탕으로 자신의 노력이 헛되지 않다는 것을 깨달을 때 만족감을 느낀다.

또한 셀리그먼은 후속 연구를 통해 펄마PERMA 모형을 제시했다. 충족된 삶에 기여하는 5개 요소를 가리키는 PERMA는 기쁨, 행복, 만족과 같은 '긍정적 감정Positive emotion', 관심 있는 일에 집중하고 몰입하는 상태를 뜻하는 '몰입Engagement', 가장 긍정적인 경험의 원천이 되는 타인과의 '관계Relationship', 삶의 목적의식과 관련된 '의미Meaning', 일, 취미, 관심사 등의 숙달 및 성취와 관련된 '성취Accomplishment'를 의미한다. 이 모형은 긍정심리학에 대한 일반적인 접근법으로 널리 받아들여졌으며, 연구자들은 이 모형의 여러 측면을 탐구하면서 이를 더욱 발전시키고 있다.

기존 연구를 종합해 긍정심리학을 제시한 셀리그먼은 심리학적 사고에 큰 기여를 했으며 완전히 새로운 연구 분야를 개척했다. 심리학의 최근 역사에서 그만큼 영향력 있는 심리학자는 거의 없었다.

CHAPTER 38

의사 결정

일상적 판단과 어림법–카너먼의 시스템 1·2 사고

'내 친구 카일라My Friend Cayla'는 어린아이에게 이상적인 인형처럼 보였다. 2014년에 출시된 카일라는 주인과 대화하며 웃기도 하고 게임도 함께할 수 있었다. 이 인형에는 카메라, 스피커, 마이크가 내장되어 있었고 블루투스 연결도 가능했다. 그래서 이 인형은 질문에 답하고 실제 친구처럼 주인과 대화하는 등 '지능형' 상호작용을 할 수 있었다.

그런데 문제가 있었다. 이 인형의 설정상 해커가 접속해 아이와 대화하거나 아이의 행동을 감시할 수 있었다. 이 때문에 인형 주인인 아이는 성적인 목적이나 집 안을 감시할 목적을 가진 악의적인 성인의 접근에 무방비 상태로 노출되어 있었다. 결국 이런 취약점이 만천하에 드러나자 이 인형은 시장에서 회수되었고 독일 내 판매가 금지되었다. 그러나 그렇게 되기까지는 몇 년의 세월이 흘러야 했다. 그때까지 '내 친구 카일라'는 그저 흥미로운 장난감일 뿐이었다. 아무도 이 인형이 악의적인 개입에 이용될지 모른다고 우려하지 않았다.

이것은 '기능적 고착', 즉 사물의 주요 기능에만 집중하고 그것이 다른 방식으로 사용될 수 있음을 의식하지 못하는 편향된 사고방식을 보여주는 명확한 사례였다. 사람들은 이 인형을 장난감으로만 인식했기 때문에 이것의 잠재적인 다른 기능을 알아차리지 못했다. 기능적 고착은 1940년대에 게슈탈트 심리학자 카를 던커Karl Duncker가 최초로 발견했지만, 이것이 본격적으로 주목받게 된 것은 심리학자들이 인간 사고의 여러 편향을 연구하기 시작하면서부터였다.

편향이 사고방식에 미치는 영향을 밝힌 사람은 대니얼 카너먼Daniel Kahneman과 아모스 트버스키Amos Tversky였다. 카너먼은 2011년에 출간한 『생각에 관한 생각Thinking, Fast and Slow』에서 현실 세계의 인지에 관한 약 반세기에 걸친 연구 결과를 종합했다. 이 책에서 카너먼은 트버스키와의 공동연구를 토대로 인간에게 '시스템 1 사고system 1 thinking'와 '시스템 2 사고system 2 thinking'라는 두 가지의 기본적인 사고방식이 있다고 주장했다. 이에 따르면 우리의 대다수 사고는 우리가 알아차리지 못할 만큼 자동적으로 이루어지는 시스템 1 사고다. 우리의 일상 행동, 평범한 인사에 대한 답변('잘 지내요. 그쪽은요?'), 간단한 의사 결정 등은 많은 의식적 사고 없이 이루어진다. 우리는 뇌의 일상적인 작동 방식을 토대로 다중작업을 수행할 수 있다. 예를 들어 우리는 개와 산책하면서 오늘 저녁에 무엇을 먹을지 고민하기도 하고, 차를 몰고 집으로 오면서 오늘 낮에 일어난 일을 곱씹기도 한다.

그런데 가끔은 온정신을 쏟아 생각해야 할 때도 있다. 함께 걷는 친구가 '5+2는 무엇이냐?'고 물으면, '7'이라고 답하기 위해 걸음을 멈출 필요는 없을 것이다. 그러나 친구가 '27×17은?'이라고 물으면, 값을 구하기 위해 걸음을 멈출 가능성이 높다. 이것이 바로 시스템 2 사고다. 이럴 때 우리는 덜 중요한 다른 것들은 중단하고 과제에 집중해야 한다.

시스템 2 사고는 체계적이고 주의 깊으며 논리적이고 시스템 1 사고보다 훨씬 느리다. 이것은 우리가 정말로 철저히 생각할 때에 해당한다. 시스템 2 사고는 몰입 상태에 도달할 경우 상당한 보상을 제공할 수도 있지만, 정신적 에너지를 많이 소모하기 때문에 우리를 지치게 만들 수도 있다. 또한 이것은 신체 에너지도 소모하기 때문에 장시간 무언가에 집중할 경우 만족감뿐만 아니라 신체적 피로감도 증가할 수 있다. 이것은 정신적 노력에 해당하지만, 모든 종류의 노력은 정신적인 것이든 신체적인 것이든 피로와 자극을 동시에 제공한다.

시스템 1 사고는 우리의 습관, 충분히 학습된 사회적 기술, 자동적인 절차 등을 모두 포함한다. 이것은 대개 매우 적절하지만, 신뢰하기 어려울 때도 있으며 가끔은 우리를 대단히 잘못된 길로 인도한다. 그 이유는 시스템 1 사고가 최대한 신속하게 답을 구하기 위해 '어림법heuristic'*이라는 지름길을 이용하기 때문이다. 트버스키와 카너먼은 공동연구를 통해 다수의 어림법을 찾아냈는데, 이것은 보통 만족할 만한 결과를 낳지만 가끔은 중요한 정보를 간과하거나 잘못된 결정 또는 선택의 원인이 된다.

카너먼이 최초로 발견한 어림법 중 하나는 '충분히 만족스러운 대안 찾기satisficing'라고 불린다. 그는 컴퓨터가 다양한 가능성 중에서 최적의 대안을 선택하는 과정을 탐구하다가 이 어림법에 주목하게 되었다. 그의 연구 결과에 따르면 사람들은 컴퓨터와 동일한 선택 과제에 직면했을 때 최적의 대안을 선택하는 일이 거의 없다. 사람들은 선택 가능한 모든 대안을 철저히 검토하는 대신에 원하는 효과가 있는 듯한 최초의 대안을 선택하는 경향이 있으며, 더 주의 깊게 모든 것을 살펴보면 더 나은 결과를 얻을 수 있는 경우에도 그러하다.

카너먼과 트버스키는(또는 그들이 늘 연구논문의 공저자명 순서를 번갈아 표기했던 것처럼 트버스키와 카너먼은) 인간의 의사 결정 과정을 탐구하면서 이런 종류의 여러 어림법을 찾아냈다. 이것들은 대다수 상황에서 별문제 없이 작동하지만 의사 결정에 상당한 편향을 초래할 수도 있는 습관적인 인지적 지름길이었다. 예를 들어 '가용성 어림법'은 사람들이 제일 먼저 머릿속에 떠오른 정보를 선택하고 굳이 추가로 정신적 노력을 들여 다른 대안을 살피지 않는 경향을 가리킨다. 이 어림법은 광고에서 매우 효과적으로 응용되며, 광고주가 자사 브랜드명을 우리의 마음속 맨 앞줄에 밀어 넣으려

---

* 'heuristic'은 휴리스틱, 간편추론법, 추단법 등으로도 번역된다.

고 애쓰는 것도 바로 이 때문이다!

의사 결정의 무의식적 편향을 보여주는 또 다른 예는 대안이 제시되는 방식과 관련되어 있다. 한 연구에서 암 치료를 받으면 환자의 생존 확률이 3분의 1이라고 말하는 것과 사망 확률이 3분의 2라고 말하는 것은 매우 다른 결과를 낳았다. 이 치료를 받겠냐고 물었을 때, '생존' 조건의 질문을 받은 사람들은 72퍼센트가 이것을 선택한 반면 '사망' 조건에서는 22퍼센트만 이것을 선택했다. 즉 선택 사항의 제시 방식에 따라 의사 결정의 무게추가 크게 이동한 셈이었다.

이와 비슷하게 '거점 어림법'은 우리가 이미 알고 있는 것과 비교해 대안을 선택하는 경향을 가리킨다. 이것은 우리에게 판단 기준처럼 작용하는데, 집을 파는 부동산 중개인이 늘 최고가 대안부터 제시하는 이유도 이 때문이다. 첫 번째 대안이 표준이 되면 다른 대안들은 비교적 저렴해 보인다.

'대표성 어림법'도 이와 비슷한데, 이것은 우리에게 전형적인 것을 토대로, 대개 우리 자신의 경험을 토대로 결정을 내리는 경향을 가리킨다. 그러나 다른 사람에게 영향을 미치는 결정을 내릴 때는 우리 자신의 경험이 대개 좋은 출발점이 되지 못한다. 다른 사람들은 종종 우리 자신의 시각과 매우 다르게 사물을 보기 때문이다.

그런가 하면 우리의 감정도 결정에 영향을 미친다. '정서적 편향'은 우리의 현재 기분을 좋게 하는 것을 선택하는 경향을 말한다. 이런 선택이 옳을 때도 있지만, 특정 견해에 대해 감정적으

    심리학의 역사

로 반응할 경우 견해를 무작정 거부하는 결과를 초래할 수도 있다. 이것은 꽤 강한 편향인데, 왜냐하면 위협으로 지각된 모든 것에 강력히 반응하는 성향이 우리의 신경 수준에 내장되어 있어서 우리는 어떤 식으로든 위협적인 듯한 대안을 즉시 거부하기 때문이다.

우리는 또한 자신의 신념을 확증해주는 대안을 선택하는 경향이 있다. 이것은 자신의 기존 선택을 지지하는 증거를 찾고 모순되는 정보는 무시해 자신의 결정을 정당화하는 '확증편향'이다. 이것은 특히 자신의 이전 경험을 토대로 특정 유형의 문제에 대한 '감感'을 발전시키는 전문가들의 의사 결정에서 자주 나타난다. 이런 결정이 반드시 잘못된 것은 아니지만, 드물거나 특이한 사례를 다루는 경우 잘못되기 쉽다. 확증편향은 우리가 제24장에서 살펴본 인지부조화 과정과도 관련되어 있다. 서로 모순되는 견해나 인지 내용은 불편하기 때문에 우리는 되도록 이런 것을 피하려 한다.

정확히 같지는 않지만, 인지부조화와 정서는 '매몰비용 편향'이라고도 불리는 '함정편향'과도 관련되어 있다. 이것은 특정 조치에 이미 너무 많이 투자해서 방향을 바꿔야 할 이유가 명백한데도 좀처럼 바꾸지 않는 경향을 말한다. 방향을 바꾸면 이미 투자한 것이 수포로 돌아갈 것처럼 보이기 때문이다. 이런 함정이 문제인 까닭은 기존 조치를 강화하는 데 점점 더 많은 노력이 들어가 제한된 자원이 낭비되기 때문이다. 예를 들어 오래된 차를 소유한 사람이 신형 차를 구입하면 돈을 훨씬 더 절약할 수 있는데도 수리비만 계속 지출하는 경우, 신형 사무기기로 교체하면

수익률이 나아질 텐데도 회사 대표가 고가의 기존 사무기기 사용을 고집하는 경우, 어리석고 무의미한 전쟁에서 이미 많은 병사가 목숨을 잃었는데도 이대로 전쟁을 끝내면 전사자의 희생이 헛된 것처럼 비칠까 봐 정부가 종전을 망설이는 경우 등이 이에 해당한다.

인간의 사고에서 관찰되는 이런 어림법과 편향의 상당수는 이미 잘 알려져 있었지만, 트버스키와 카너먼은 훨씬 더 많은 사례를 발견했다. 두 사람이 공동연구를 시작하기 전부터 카너먼은 인간의 판단과 통계식 또는 계산식 해법을 비교하는 연구를 수행하면서 이것들의 차이에 관심을 갖게 되었다. 이미 의사 결정 문제에 관심을 가지고 있던 트버스키와 팀을 이루면서 두 사람은 서로에게 자극이 되는 소중한 협력관계를 맺게 되었고, 이것은 자연스럽게 노벨상 수상으로까지 이어졌다. 불행하게도 트버스키는 노벨상을 수상하기 전에 사망했지만, 카너먼은 항상 이 명예를 함께 나누었다.

그들의 협력관계는 주로 인지과정에 초점이 맞추어져 있었다. 그러나 사회적 과정도 의사 결정에 영향을 미친다. 우리 삶에 영향을 미치는 가장 중요한 결정의 대다수는 평의회, 노사공동위원회 등과 같은 집단이 내린다. 일반적으로 집단이 결정을 내리면 여러 사람이 함께 생각하므로 개인의 결정보다 더 나을 것이라고 가정하지만, 항상 그렇지는 않다.

이른바 '브레인스토밍brainstorming'이라는 의사 결정 기법은 이런 가정에 기초한다. 이 용어는 흔히 여러 사람이 아이디어를 공유한다는 의미로 오용되지만, 브레인스토밍은 매우 다른 두 단계를 포함한다. 첫 번째 단계에서는 참석자들이 온갖 생각과 아이디어를 솔직하게 털어놓지만, 이에 대한 평가는 이루어지지 않는다는 점이 중요하다. 아무리 어리석어 보이더라도 마치 매우 합리적인 것처럼 모든 아이디어를 수집한다. 아이디어들을 개별적으로 고려하고 논의하는 것은 두 번째 단계에서다. 이때 참석자들은 각 아이디어의 함의를 진지하게 탐색한다. 평가 단계와 아이디어 산출 단계를 분리해야 더 창의적인 사고가 가능하다. 처음에는 어리석어 보이던 생각이 실제로는 유용한 것으로 밝혀지기도 한다. 그러나 조롱거리가 되거나 곧바로 무시당할지 모른다고 생각하면 선뜻 무엇을 제안하기가 어렵다.

브레인스토밍은 집단이 더 나은 결정을 내리는 데 도움이 될 수 있다. 그러나 불행하게도 집단 결정은 특히 장기적으로 지속되는 집단의 경우 종종 개인 결정보다도 못하다. 집단 구성원들이 이른바 '집단사고groupthink'에 빠질 경우 대안적 사고가 제한되고 최악의 경우에는 파국적인 결정으로 이어질 수 있다. 집단사고의 처참한 폐해를 보여준 많은 사례가 있었다. 미국의 피그스만 침공과 챌린저 우주왕복선 폭발 사고는 가장 유명한 사례이지만, 그 밖에도 많은 사례가 있었다. 세계적인 카메라 회사인 코닥의 경영진은 자사에서 최초의 디지털 카메라를 발명하고도 디지털 카메라의 유행을 예측하지 못해서 결국 파산을 맞게 되었다. 그런가 하면 2003년 이라크 침공은 이라크가 대량살상무기를 보유했다는 정치적 신념에 근거했으나, 이것은 사실이 아닌 것으로 밝혀졌으며, 이라크 침공은 인도적·경제적 재앙을 초래한 집단 사고의 명백한 사례로 간주된다.

이런 사건들의 공통점은 결정을 내린 집단이 위협을 깨닫지 못하고 자신들의 상황 인식이 늘 옳다고 믿는 무오류의 환상에 빠져 있었다는 점이다. 집단사고는 모순되는 정보를 무시하거나 조롱거리로 만들기, 집단 구성원에게 동조 압력 행사하기, 말하고 싶은 것이 있어도 자기검열을 통해 스스로 통제하기 등의 여러 전략을 통해 유지된다.

무오류의 환상은 집단 의사 결정에만 국한되지 않는다. 개인도 때때로 필요 이상의 위험한 결정을 내린다. 1975년에 샘 펠츠만Sam Peltzman이 발표한 연구에서 신형 안전벨트를 착용한 자동차 운전자는 평소보다 부주의하게 운전하는 경향이 있었다. 그들은 위험이 적다고 생각해 더 거침없이 행동했다. '펠츠만 효과'라고 불리는 이것은 우리가 보호받고 있다고 생각할 때 너무 많은 위험을 감수하는 경향이 있음을 보여준다.

인간의 의사 결정은 컴퓨터의 의사 결정과 전혀 다르다. 우리는 우리 삶에 대한 꽤 광범위한 지식과 사회적 가정들을 토대로 정신적 지름길을 택한다. 실생활 문제와 관련된 경우 우리의 결정이 항상 논리적인 것은 아니지만, 그렇다고 해서 항상 잘못된 것도 아니다.

　심리학의 역사

CHAPTER 39

교점, 신경망, 신경가소성

고전적인 택시 운전사 연구, 뇌졸중 회복과 신경망, 사회적 감정

런던에서 택시를 운전하기는 결코 쉽지 않다. 교통체증이나 보행자 피하기는 문제의 일부에 불과하다. 런던은 수 세기에 걸쳐 발전한 거대도시다. 런던 시가는 아주 작은 뒷길들, 큰 간선도로, 일방통행로, 복잡한 버스노선 등이 매우 복잡하게 뒤얽혀 있다. 런던에서 택시 운전면허를 따려면 이 모든 것을 잘 알아야 한다. 관계자들은 이것을 '지식'이라고 부르는데, 런던에서 택시를 운전하려는 사람은 누구나 이 도시의 모든 거리와 샛길에 대한 지식이 얼마나 확실한지 검사하는 엄격한 시험을 통과해야 한다.

이것은 상당한 기억력을 요구한다. 그래서 신경심리학자 엘리노어 매과이어Eleanor Maguire와 캐서린 울렛Katherine Woollett은 이로 인해 뇌에도, 특히 공간 기억을 저장하는 영역인 해마에도 영구

적인 변화가 생기지 않았을까 생각했다. 해당 영역의 뇌 촬영 결과, 런던 택시 운전사들의 해마가 다른 사람들에 비해 큰 것으로 나타났지만, 이것은 닭이 먼저냐 달걀이 먼저냐의 문제를 제기했다. 혹시 이런 것을 처리할 만한 두뇌 용량을 이미 가지고 있었던 사람들만 택시 운전사가 된 것은 아닐까?

이 두 연구자는 '지식'을 막 배우기 시작한 사람들과 경험 많은 택시 운전사들을 비교하는 또 다른 연구를 수행했다. 연구를 시작한 시점에 차이는 분명했다. 즉 경험 많은 운전자들의 해마가 초보자들보다 더 컸다. 그런데 초보자들이 훈련을 마치고 시험을 통과한 시점에는 이들의 해마도 더 커져 있었다.

이것은 운전 경험만의 문제가 아니었다. 이 연구자들은 런던의 버스 기사와 택시 운전사를 비교하는 또 다른 연구를 했다. 연구자들은 이 두 집단이 교통체증이나 돌아다니는 보행자 등으로 인해 비슷한 스트레스를 받겠지만, 버스 기사는 미리 정해진 경로를 이동하는 반면에 택시 운전사는 도시 곳곳을 누벼야 할 것이라고 추론했다. 그리고 실제로 두 집단의 뇌를 촬영한 결과, 버스 기사보다 택시 운전사의 해마가 뚜렷이 더 컸다.

이 연구는 뇌의 작동 방식에 대한 중대한 연구 결과를 보여준 고전적인 연구로 꼽힌다. 이 연구는 뇌의 기능이 고정된 것이 아니라 우리의 필요에 맞게 신축적으로 반응한다는 것을 보여주었다. 뇌의 이런 특성은 동맥류나 뇌졸중을 앓는 사람들에게서도 관찰할 수 있다. 이런 증상은 뇌의 혈액 공급이 가로막혀 복잡한 결과를 초래할 수 있다. 이럴 경우 운동을 제어하는 신경세포

가 죽어서 부분 마비가 오곤 하는데, 마비가 반드시 영구적인 것
은 아니나. 당사자가 마음만 굳게 먹으면 손실된 기능을 회복할
수 있다. 처음에는 성과가 별로 없어서 힘들겠지만, 꾸준히 노력
하면 뇌의 재훈련이 이루어진다. 새로운 신경망이 형성되고 올바
른 메시지가 올바른 지점으로 전달되면서 점차 기능이 회복된다.

이것이 바로 신경가소성neuroplasticity이다. 예전에는 성인이 되
면 뇌기능이 모두 결정되어 그 후로는 뇌세포가 죽기만 하고 회
복되지는 않는다고 생각했다. 그러나 뇌졸중 회복에 대한 임상 경
험과 뇌 촬영을 통해 얻은 지식 덕분에 이제는 이것이 사실과 다
르다는 것을 알게 되었다. 성인의 뇌는 평생 동안 재학습과 신경
망의 경로 변경이 가능하며, 신경세포 간에 새로운 연결이 생기기
도 한다. 그러나 조건이 있다. 약한 근육을 강하게 하려면 운동이
필요한 것처럼 새로운 연결이 발달하려면 연습이 필요하다. 그리
고 뇌졸중을 겪은 사람의 경우 높은 수준의 동기와 신념이 필요한
데, 왜냐하면 매우 많은 노력과 연습이 필요하기 때문이다.

신경가소성은 아마도 현대 뇌 촬영 연구를 통해 얻은 가장 중
요한 성과일 것이다. 그리고 살아서 활동 중인 뇌를 탐구할 수 있
게 됨에 따라 우리의 지식은 다른 면에서도 큰 변화를 겪었다. 예
를 들어 이제 우리는 다른 사람의 행동이나 감정에 대해 마치 우
리 자신의 행동이나 감정인 것처럼 반응하는 거울 뉴런이 뇌의
전역에 퍼져 있다는 것을 알게 되었다. 이것은 뇌의 작동 방식을
아주 새롭게 이해하는 계기가 되었다.

뇌 촬영 덕분에 뇌의 다른 측면에 대한 이해도 바뀌었다.

인간에게 특별한 능력인 언어는 제3장에서 살펴본 것처럼 뇌의 특정 부위와 관련되어 있는 것으로 간주된 첫 번째 능력이었다. 1861년에 폴 브로카는 말하기와 관련된 영역을 발견했으며, 1874년에 카를 베르니케는 구어 이해와 관련된 또 다른 영역을 발견했다. 그리고 20세기에 들어와 뇌손상이나 뇌종양이 있는 사람들에게서 얻은 증거는 제31장에서 살펴본 뇌기능의 좌우 분화 및 기타 기능에 대한 이해에 기여했을 뿐만 아니라 언어영역의 발견을 재확인해주었다.

그러나 뇌 촬영의 등장으로 모든 것이 바뀌었다. 이제 연구자들은 죽은 뇌를 해부하거나 일반 뇌파검사를 하는 대신에 활동 중인 뇌를 촬영해 우리가 생각하거나 말하고 들을 때 관련된 뇌 부위를 정확히 관찰할 수 있게 되었다. 그리고 촬영 결과, 뇌기능이 특정 영역에서만 일어나는 것이 아니라 여러 영역을 연결하는 신경 경로와 신경망을 통해 이루어진다는 사실이 밝혀졌다. 예를 들어 한 경로는 베르니케 영역에서 시작되는데, 이 영역은 청각피질로부터 구어 관련 정보를 받을 뿐만 아니라 시각피질로부터 읽기나 수화언어 관련 정보도 받는다. 여기까지는 별문제가 없다. 그런데 이 경로는 뇌 전체의 여러 영역을 연결하는 신경섬유다발과 연결되어 있다. 즉 이 경로는 운동영역 및 전운동영역과 연결되어 말하기를 제어하는 브로카 영역뿐만 아니라 대뇌 측두엽, 두정엽, 전두엽의 다른 영역들과도 연결되어 있다. 이것은 '1차 언어경로'라고 불리지만, 실제로는 함께 작동하는 수많은 신경섬유의 거대한 네트워크다.

　신경심리학 연구는 문법에 맞지 않는 문장을 들었을 때 뇌의 작동 방식 등과 같은 많은 사실을 밝혀냈다. '스타워즈Star Wars' 시리즈의 요다Yoda가 비정상적인 방식으로 언어를 사용하면 어린아이들도 즐거워하는 데서 짐작할 수 있듯이 이 작동 방식은 매우 근본적인 듯하다. 신경망 모형은 정보가 단순히 한 '복호화' 영역에서 다음 '복호화' 영역으로 전달된다는 예전 견해와 매우 다르다. 실제로 뇌는 단일 연접부로 연결된 다수의 개별 영역으로 작동하는 것이 아니라 서로 협력하는 많은 영역의 네트워크로 작동한다. 누가 말하는 것을 들을 때는 20세기에 사람들이 생각했던 것처럼 베르니케 영역만 관여하는 것이 아니다. 이때는 브로카 영역과 그 연접부 및 다른 많은 영역도 관여하며, 우리 자신이 말할 때의 뇌 활동을 재구성하는 거울 뉴런들도 활성화된다. 실제로 누가 말하는 것을 들을 때는 좌반구의 거의 절반과 우반구의 상당 부분이 활성화된다.

　이것은 몇 가지 중요한 점을 시사한다. 예를 들어 누가 말하는 것을 들을 때 우리는 보통 말하는 사람을 바라보면서 입술 모양을 통해 말을 알아듣곤 한다. 언어 처리에는 시각 정보와 청각 정보가 모두 사용되며, 우리는 이 두 가지의 정보 흐름을 모두 사용해 우리가 듣는 내용을 이해한다. 청각 정보와 시각 정보가 서로 충돌할 때 생기는 '맥거크 착각McGurk illusion'은 이 점을 잘 보여준다. 이 착각은 누가 '가가'라고 말하는 모습에 '바바'라는 소리가 더빙된 동영상을 보면 영상 속의 사람이 '다다'라고 완전히 다른 소리를 내는 것처럼 들리는 현상이다. 이것은 매우 강력한 착각이어서 본인이 착각이라는 것을 알아도 여전히 그렇게 들린다. 눈을 감으면 '바바'라는 소리가 들리고, 눈을 뜬 상태에서 소리를 무음으로 설정하면 '가가'라고 말하는 모습이 보인다. 그러나 이렇게 한 후에도 다시 소리와 함께 동영상을 보면 '다다'로 들린다. 이 착각은 다른 단어를 사용해서도 가능하지만, 이것이 가장 분명한 예다. 이처럼 말하기를 듣는 것은 그저 소리의 문제가 아니며, 입술 모양을 통해 말을 알아듣는 것도 일상 대화의 일부다. 따라서 많은 사람이 마스크를 쓴 사람의 말을 잘 알아듣지 못하는 것은 전혀 이상한 일이 아니다!

언어와 마찬가지로 우리의 오감도 서로 분리된 영역이라기보다 네트워크로 작용한다. 제31장에서 살펴본 것처럼 20세기에 연구자들은 뇌 표면에서 다양한 감각경험의 중추에 해당하는 여러 영역을 찾아냈다. 연구자들은 시각, 청각, 촉각, 후각, 미각의 오감에 각각 관여하는 특정 영역을 찾아냈는데, 해당 영역이 손상되면 관련 감각에 문제가 생겼다. 즉 실명, 청력 상실, 후각 상실 등이 발생했다. 때문에 해당 영역이 관련 감각 정보의 처리 장소일 것이라고 추측했다. 그러나 뇌 촬영 결과, 뇌는 그렇게 간단하지 않았다. 감각경험의 중추로 간주된 영역들도 뇌의 여러 부위가 연결된 전체 신경망의 일부에 불과했으며, 우리의 심리적 경험은 이 모든 것의 상호작용을 통해 산출되었다.

이런 신경망을 살펴보면 몇 가지 흥미로운 사실을 발견할 수 있다. 예를 들어 경쾌한 음악을 들으면 운동과 균형에 관여하는 뉴런들도 활성화된다. 이것은 춤추고 싶은 마음이 드는 것과 관련되어 있으며, 거의 모든 사회의 사람들이 춤을 출 정도로 이것은 강력한 네트워크를 이루고 있다. 어쩌면 이런 것들 덕분에 우리가 사람다워진다고 말할 수도 있겠다. 뇌 영상은 우리가 음악을 듣는 방식에 대해서도 많은 정보를 제공한다. 예를 들어 훈련된 음악가는 일반인과 다른 뇌 부위를 사용하는데, 관련된 모든 세부 사항을 여기서 설명하지는 않을 것이다.

우리는 뇌의 다른 영역에 관해서도 더 많은 것을 알게 되었다. 뇌 촬영을 통해 드러난 또 다른 사실은 우리의 의도가 실제 행동으로 옮겨지지 않더라도 측대상피질paracingulate cortex이라는 뇌의 특정 영역이 의도에 직접 관여한다는 것이다. 이 영역은 우리의 행동이 타인에게 미칠 영향에 관해 생각할 때도 활성화되는데, 이것은 제34장에서 살펴본 마음이론, 즉 세 살 반쯤부터 타인의 마음을 헤아릴 수 있게 되는 능력과도 관련되어 있다.

측대상피질이 둘러싸고 있는 대상회cingulate gyrus라는 영역도 우리의 자아감에 중요한 역할을 한다. 이 영역은 우리가 위험을 평가하거나 어떤 조치가 유익할지 여부를 따질 때 활성화된다. 또한 이 영역은 우리가 감정을 느낄 때 뇌의 다른 부분과 연결되며, 특히 수치심, 죄책감, 당혹감과 같은 사회적 감정이나 모성애를 느낄 때 활성화되는 것이 확인되었다. 이 영역은 고통에도 반응하는데, 흥미롭게도 신체적 고통뿐만 아니라 따돌림이나 외로움 같은 사회적 배제로 인한 고통에도 똑같이 반응한다.

이 모든 것은 우리가 얼마나 사회적인 존재인지를 보여준다. 사회적 경험에 중요한 역할을 하는 이런 영역들은 뇌의 깊숙한 곳에, 즉 대뇌의 두 반쪽이 만나는 지점의 섬유다발 바로 위에 자리 잡고 있다. 그래서 이런 영역들은 매우 잘 보호되어 있으며 표면적인 부상으로 인해 손상될 가능성이 낮다.

또 다른 개인적 기능들은 뇌의 외측엽이 전두엽과 두정엽 아래로 접혀 들어가는 대뇌의 주름 속 깊이 처박혀 있다. 이 영역들은 모두 낯익은 얼굴을 알아보는 것과 같은 개인적 기억과 관련되어 있다. 이것은 우리가 유명인이나 개인적으로 모르는 사람을 알아볼 때 사용하는 뇌 부분 근처에 있지만, 두 영역은 서로 다르다. 또 다른 영역은 가족이나 가까운 친구처럼 정서적으로 친밀한 사람을 알아볼 때 관여하는데, 이곳도 우리가 아는 다른 사람을 알아볼 때 사용하는 부분과 가까이 있지만 둘이 같은 영역은 아니다. 그리고 이 장을 시작할 때 살펴본 것처럼 장소에 대한 기억이 저장되는 곳은 해마인데, 다른 개인적 기억 영역들과 연결되어 있는 해마는 이 장의 앞부분에서 살펴본 것처럼 새로운 기억의 저장을 위해 반드시 필요하다.

측대상피질과 대상회는 모두 뇌의 깊숙한 곳에 파묻혀 있어서 뇌 촬영을 통해 활동 중인 뇌의 내부를 살펴보게 되기 전에는 그런 것이 있는지도 몰랐다. 뇌의 진화 과정에서 손상으로부터 보호되는 위치에 자리 잡은 점을 고려할 때 이 영역들은 인간에게 매우 중요한 기능을 수행한다고 말할 수 있겠다. 반면에 주로 뇌의 바깥쪽 표면에 위치한 우리의 오감은 부상에 더 취약한 편이다.

21세기에 진가를 발휘하기 시작한 뇌 촬영은 지금까지 살펴

본 것처럼 뇌와 뇌의 작동 방식에 대한 이해를 혁명적으로 바꾸
있다. 이제 우리는 우리 자신에 관해 훨씬 더 많은 것을 알게 되었
다. 몇 개만 예를 들자면 언어 사용이 뇌의 전체 영역을 사용하는
폭넓은 사회적·개인적 지식에 기초한다는 점, 경쾌한 음악에 반
응하는 신체 동작이 내장된 신경망에 기초한다는 점, 낯선 사람
과 화상통화를 하는 것이 친구와 화상통화를 하는 것과 매우 다
르게 느껴지는 이유 등을 알게 되었다. 이 목록은 우리 경험의 기
초가 되는 뇌 활동에 관한 신경심리학적 발견의 증가와 함께 계
속 길어질 것이다.

특히 우리는 신경가소성이 이전에 생각했던 것처럼 어린아
이에게만 국한된 것이 아니라 평생 동안 일어날 수 있다는 것을
알게 되었다. 인류가 적응력이 뛰어난 종이라는 사실은 진작부
터 알고 있었다. 예를 들어 우리는 매우 다양한 요건에 적응하면
서 매우 다양한 환경에서 살아갈 수 있다. 그리고 이제 우리는 뇌
촬영을 통해 이런 적응력이 우리 모두에게 깊이 내장되어 있다는
것을 알게 되었다.

CHAPTER 40

방법론의 혁명

해체주의와 탈식민지화, 정통 연구방법론에 대한 도전과 위어드 표본

여러분은 이상한 사람인가? 그럴 수 있다. 어쩌면 그럴 가능성이 꽤 높다. 그렇다고 해서 내가 구글처럼 여러분의 개인적인 습관까지 알고 있다는 것은 아니다. 심리학자인 나는 모든 사람이 다르며, 한 사람이 정상으로 간주하는 것을 다른 사람은 이상한weird 것으로 간주할 수도 있다는 것을 잘 알고 있다. 그러나 내가 말하려는 것은 이것이 아니다. 내가 말하려는 것은 대문자로 쓴 '위어드WEIRD'다. 이것은 서구의Western, 교육 수준이 높고Educated, 산업화된Industrialized, 부유하고Rich, 민주적인Democratic 사회의 사람들을 뜻한다.

지금까지 살펴본 것처럼 심리학은 주로 서구 세계에서 발전했다. 그러나 심리학의 대다수 주장은 마치 문화나 사회경제적

환경과 무관하게 모든 사람에게 적용될 것처럼 여겨졌다. 한편으로 이것은 심리학이 보편적 이론을 추구한 결과다. 그러나 다른 한편으로 이것은 무지의 결과이기도 하다. 왜냐하면 지리적으로나 경제적으로 서구 사회와 거리가 있는 지역에 사는 사람들에 대한 심리학계의 인식이나 관심이 많이 부족했던 것이 사실이기 때문이다. 이런 무지는 대부분 서구의 생활양식이 정상이고 문명화된 것이며 인간에게 자연스러운 것이라는 꽤 오만한 가정에서 비롯했다. 그러나 세계의 다른 지역에 사는 사람들이 보기에는 이런 가정이야말로 이상하고weird 위어드한WEIRD 것이다. 그리고 20세기 말이 되어서야 심리학계는 이를 인정하기 시작했으며, 이 과정은 아직도 진행 중이다.

주류 심리학의 한계와 문화적 특수성에 대한 인식은 심리학 교육과정의 탈식민지화에 대한 관심 증가로 이어졌다. 탈식민지화는 여러 관점을 포괄하는 복잡한 과정이다. 몇몇 사람에게 이것은 제30장에서 살펴본 프란츠 파농의 작업처럼 기존 심리학을 부유한 특권 집단의 인위적인 산물로 간주해 거부하고 자신의 사회에서 개발된 토착심리학으로 대체하는 과정이다. 다른 사람들에게 이것은 지역 관습의 바탕이 되는 깊은 인간 이해를 강조하면서 서구의 천박한 가정들과 대조하는 과정이다.

제21장에서 살펴본 것처럼 이미 1970년대에 로빈 호튼은 아프리카의 전통 의술이 그들의 문화와 맥락 속에서는 서구에서 수입한 의술보다 훨씬 더 효과적이라는 사실을 보여주었다. 이런 문화적 오만함의 좀 더 최근 사례는 매우 다른 문화권의 직원들

에게 자국의 관행을 강요한 다국적기업들에서 찾아볼 수 있다. 디즈니사가 파리 디즈니랜드에서 미국식 근로계약을 강요하자 그곳의 취업 희망자들이 거부했던 것처럼 문화적 차이는 서구 사회 내에서도 존재한다. 이처럼 문화적 차이에 대한 분명한 인식이 필요한 것은 심리학만이 아니다!

몇몇 심리학자에게 탈식민지화는 서구의 가정들로 인한 심리학의 왜곡을 심리학 종사자들에게 교육하는 것을 의미한다. 인도 심리학자 제노비아 나디르쇼Zenobia Nadirshaw는 문화적 관습에 대한 몰이해로 인해 정신과 오진이 발생한 사례를 많이 들었다. 예를 들어 많은 문화권에서 조상과 대화하는 것은 지극히 정상이며 가문의 연속성에 대한 인식을 반영할 뿐이다. 그러나 영국과 미국에서 이런 관행은 조현병 증상으로 진단되곤 한다. 마찬가지로 흑인 청년은 백인 청년보다 훨씬 더 강력한 방식으로 자신을 표현하곤 한다. 이것은 문화적 차이일 뿐이지만, 백인 정신과의사는 이를 종종 정서장애로 해석한다. 그래서 흑인 청년은 백인 청년보다 세 배나 더 자주 진정제를 처방받거나 전기충격요법을 받는다. 의료 종사자의 조언도 문화적 차이에 둔감할 때가 많다.

탈식민지화는 심리학의 모든 것을 거부하는 것이 아니다. 오히려 이것은 학생들과 심리학자들에게 백인 남성 중심의 심리학 연구와 이론화에 대한 문제의식을 불어넣도록 심리학 교육과정을 재편하고 대안적 접근법을 강조하는 작업이다. 또한 이것은 심리학이 전통적으로 제도적 차별과 인종주의 등의 사회권력 문제를 무시하고 소수집단보다 엘리트 집단의 이익을 대변해왔다

 심리학의 역사

고 주장하는 '비판심리학' 운동과도 관련되어 있다. 비판심리학자들은 이런 편향을 드러내기 위해 특정 소수집단에 대한 편견이 심리 평가를 통해 어떻게 강화되었는지 등을 탐구한다.

비판심리학의 뿌리는 소쉬르의 해체주의 운동에 있다. 이 운동은 처음에 언어학에서 시작되었으나, 사회적 행위에서 언어의 역할에 대한 관심이 커지면서 사회심리학으로 확산되었다. 해체주의는 사회적 상호작용의 숨겨진 의미를 해독하려 하며, 제28장에서 우리는 심리학자들이 담론 분석을 통해 이런 접근법을 어떻게 적용했는지 살펴보았다. 비판심리학은 주류 심리학의 기본 가정과 이론에 이의를 제기하면서 심리학 이론을 지탱하는 권력과 통제의 문제를 드러내려 한다. 또한 비판심리학은 이런 가정의 폭로와 함께 심리학 지식의 탐구와 적용을 위한 대안적 방법을 모색한다.

심리학 연구는 증거를 수집하는 과정에서 어떤 방법이 허용 가능한지에 따라 크게 달라진다. 예를 들어 이웃의 행동이나 친구의 이런저런 경험을 증거로 삼는 것은 허용되지 않는다. 이것은 일화일 뿐이다. 심리학이 우리에게 주는 한 가지 교훈이 있다면, 그것은 일화가 데이터를 수집하는 매우 신뢰할 수 없는 방법이라는 점이다. 일화는 이야기 과정에서 과장되기 쉬우며 대부분 일반인에게 널리 적용되지 않는 이야기다. 인간의 마음이 어떻게 작동하는지를 알고자 한다면 좀 더 체계적이고 과학적인 접근이 필요하다. 그러나 이 책 전체에 걸쳐 살펴본 것처럼 무엇을 과학적인 것으로 보느냐는 분트의 체계적 내성법부터 엄밀한 실험과 실험 통제 및 21세기에는 정성적·해석적 연구방법론의 수용 경향에 이르기까지 시간의 흐름과 함께 변화해왔다. 정성적·해석적 연구방법론의 수용 흐름은 1970년대에 시작되어 여전히 진행 중이다.

어윈 실버맨은 1977년에 출간한 『심리실험실의 인간 피험자The Human Subject in the Psychological Laboratory』에서 심리학 연구에 참여하는 사람들의 동기, 감정, 기대 등이 연구 결과에 직접적인 영향을 미친다는 것을 보여주었다. 당시에 사람들은 고려 대상이 아니었는데, 왜냐하면 심리학 연구의 이상적 모델은 고전적인(그리고 어느 정도 신화적인) 물리학 실험이었으며, 물리학 실험의 대상은 스스로 운동을 하지 않고 실험자가 조작하는 물체였기 때문이다. 이로 인해 심리학 실험은 점점 더 인위적이고 일상 경험과 동떨어진 것이 되었다.

그러나 인간은 결코 스스로 운동을 하지 않는 물체가 아니다. 실버맨에 따르면 실험 참여자는 실험자가 자신에게 무엇을 기대하는지를 예상하며, 실험 참여자가 실험을 어떻게 이해하는지가 실험자의 조작이나 지시보다 실험에 훨씬 더 큰 영향을 미친다. 예를 들어 학생을 대상으로 한 조건화 과정의 고전적 실험은 학생이 자신의 과제를 제대로 이해했는지 여부에 따라 완전히 달라진다. 이렇게 그의 책은 고전적 가정들의 오류를 폭로하면서 완전히 다른 접근법을 주장했다.

피터 리즌Peter Reason과 존 로완John Rowan은 1981년에 출간한 『인간 탐구 : 새로운 패러다임 연구를 위한 자료집Human Inquiry:

A Sourcebook of New Paradigm Research』에서 한 가지 대안적 접근법을 제시했다. 그들의 새로운 패러다임은 심리학의 연구 대상이 자동기계가 아니라 인간이라는 점을 인정했을 뿐만 아니라 인간에 대한 존중이 연구설계에 어떻게 반영될 수 있는지를 보여주었다. 이와 동시에 심리학을 포함한 온갖 연구에 동물을 사용하는 것에 대한 우려가 점점 더 커졌다. 동물 연구는 1960년대와 1970년대 초반까지도 심리학 교과과정의 기본적이고도 거의 필수적인 일부였다. 그러나 동물 연구에 대한 사회적 저항이 커지고 윤리 기준이 마련됨에 따라 동물 연구는 필수과목에서 제외되었으며, 심리학 연구는 동물의 행동에 대한 실험적 접근법보다 현장 연구를 더 강조하게 되었다.

윤리 기준은 인간을 대상으로 한 연구에도 적용되었다. 그러나 패러다임이 전환되기까지는 시간이 필요했다. '피험자' 대신 '참여자'라는 용어의 사용과 같이 비교적 빠른 조정 노력도 있었지만, 많은 연구자는 윤리 기준을 기존 연구 관행에 적용하는 데 어려움을 겪었다. 심지어 때로는 윤리 기준을 적용하기가 불가능해 보였다. 윤리 기준은 참여자를 속이는 행위를 금지했으며 참여자의 사전 동의를 요구했다. 그러나 전통적인 실험의 기본 원칙 중 하나는 실험 결과를 왜곡할 수 있는 과도한 복종을 피하기 위해 '피험자'에게 실험 목적을 속여야 한다는 것이었다. 실제로 실험자와 참여자 모두가 조사 내용을 알지 못하도록 조치하는 '이중맹검법double-blind control'의 사용이 '좋은' 연구의 표준이 되었으며, 의학적 평가에서는 여전히 표준으로 남아 있다. 그러나 이것은 결국 속임수에 기초한 것이었다. 이에 따라 1980년대에는 이런 문제와 씨름하는 심리학자가 늘어나면서 심리학 학술대회와 학술지에서 많은 성찰이 이루어졌다.

그다음에는 수치의 문제가 등장했다. 20세기 말까지도 많은 심리학자는 질적 연구qualitative research를 깊은 의심의 눈초리로 바라보았다. 연구 방법에 대한 교육은 전적으로 통계에 기초했으며, 당사자의 경험에 관해 질문하는 것과 같은 급진적 절차를 포함한 질적 방법은 연구자 편향과 자기실현적 예언에 빠질 수 있는 비과학적인 것으로 간주되었다. 학위 논문에 질적 데이터를 포함하려는 박사과정 학생은 경고를 받았으며, 심리학 학술지는 질적 데이터가 포함된 연구논문을 과학적 엄밀성이 부족하다는 이유로 거침없이 거부했다.

1990년대에 이런 편견에 이의를 제기하는 심리학자들이 모여 영국심리학회 내에 질적 연구 방법에 관한 분과를 개설했다. 그 첫 번째 회의의 결과로 1997년에 『심리학 정성분석의 실행Doing Qualitative Analysis in Psychology』이라는 책이 출간되었다. 질적 연구 방법의 다양한 사례를 서술한 이 책은 질적 방법이 비판자들의 생각처럼 애매모호한 의견 표명에 불과한 것이 아니라 매우 엄밀하면서도 체계적인 절차라는 것을 보여주었다. 그리고 새로운 학술지 〈심리학 정성분석Qualitative Analysis in Psychology〉이 2005년에 창간되었고, 신진 연구자들에게 주제 분석의 명확한 방향을 제시한 버지니아 브라운Virginia Braun과 빅토리아 클라크Victoria Clarke의 선구적인 논문이 2006년에 발표되면서 정성적 접근법에 대한 관심은 더욱 커졌다. 이것은 심리학이 일상생활에 한 걸음 더 다가가도록 기여한 패러다임의 중요한 변화였다.

심리학 연구의 또 다른 주요 변화는 통계자료 분석에 중요한 의미를 지니는 컴퓨터의 일상적 활용과 함께 일어났다. 예를 들어 40개의 표본 크기는 오늘날 매우 작은 것으로 간주되겠지만, 손으로 통계분석을 했던 1960년대에는 꽤 큰 표본이었다. 오늘날 수천 명의 참여자를 대상으로 한 국제 연구 프로젝트는 드문 일이 아니며, 비교적 작은 프로젝트도 수백 명의 참여자를 포함하곤 한다.

물론 여기에도 나름대로 문제가 있다. 하나는 표본추출과 관련된 것이다. 소셜미디어 덕분에 참여자를 공개 모집하기가 수월해졌지만, 이렇게 모집한 사람들은 스스로 선택한 이들이다. 따라서 연구설계 시 참여자들이 너무 협조적이어서 결과가 왜곡될 가능성을 고려할 필요가 있다. 국제 영리단체들은 참여자에게 소액의 참여비를 지급하는 방식으로 연구자에게 대량의 참여자를 공급한다. 이것은 대표성이 더 있고 다문화적인 심리학을 위한 기회이기도 하지만, 많은 국제 연구 프로젝트의 근저에 깔린 윤리적 가정에 대한 의문을 제기하기도 한다.

자료 분석의 변화에서 부분적으로 파생된 또 다른 문제는 이른바 '재현성 위기replication crisis'와 관련되어 있다. 심리학은 다른 많은 과학과 마찬가지로 과거의 실험 결과를 토대로 심리학의 주요 변화를 설명한다. 그러나 과거의 고전적 연구를 재현하려는 시도가 항상 동일한 결과를 얻지는 못했기 때문에 연구자들은 이것을 관련 개념의 타당성에 의문을 제기하는 것으로 해석하게 되었다. (물론 학교의 화학 실험에서 고전적 연구를 재현하는 데 실패했다고 해서 큰 문제가 되지는 않는다. 이것은 또 다른 이야기다. 그러나 어쩌면 그렇지 않을 수도 있다.)

지금까지 살펴본 것처럼 과거의 심리학 연구는 매우 달랐다. 표본 크기가 더 작았으며, 1960년대와 1970년대의 사회적 관심사는 물론 사회, 과학, 진보에 대한 기본 가정도 오늘날과 전혀 달랐다. 과거의 이런 연구가 고전이 된 까닭은 당시의 대표적 이론이나 가정을 반영했거나 이에 의문을 제기했기 때문이다. 그러나 인간에 관한 보편적 진리를 대변한다고 주장할 수 있는 연구가 하나라도 있을까? 심리학은 다른 학문 분야와 마찬가지로 사회 정치적 맥락을 반영하며, 문화적 특수성과 관련성을 강조하는 최근 연구 동향은 세계화에 대한 정치적 우려의 증가를 반영한다.

이제 우리는 심리학의 역사를 되짚어본 여행의 종착역에 다다랐다. 우리는 심리학의 기원이 단일하지 않다는 것을 살펴보았으며, 항상 다양한 흐름이 서로 얽혀 때로는 논쟁을 불러일으키기도 하는 느슨한 전체로서 심리학이 발전해온 과정을 살펴보았다. 단일한 심리학파와 같은 것은 없으며, 모든 심리학자는 각자의 관점에서 심리학에 기여한다. 새로운 분야가 늘 등장하며, 오래된 분야는 확장되거나 사라진다.

세계적인 수준에서 미래를 향한 우리의 주요 과제는 아마도 인간의 본성과 문화적 다양성을 모두 반영하는 심리학의 발전일 것이다. 과거에 심리학은 현저히 불균형한 상태였다. 위어드 집단에 초점을 맞추었을 뿐만 아니라 이 집단 내의 다양성도 무시했다. 그러나 모든 사람은 독특하며, 정신장애 진단부터 학업성취도에 이르기까지 불균형을 바로잡아야 할 분야는 매우 많다. 이 새로운 인식은 더 복잡한 심리학을 요구한다. 누가 사람이 단순하다고 말했던가? 우리가 정말로 우리 자신을 이해하고자 한다면 쉬운 답이 없다는 사실을 받아들여야 한다. 지금까지 살펴본 것처럼 심리학의 전체 역사는 점점 더 풍부하고 다양하게 우리의 삶에 다가가는 과정이었다. 심리학의 강점은 접근법의 다양성에 있다. 그리고 이 강점을 키우는 유일한 길은 인류의 다양성을 고려할 수 있도록 심리학을 넓히는 것이다.

이 책은 예일 대학교 출판부의 교양 역사 시리즈로 출간된 니키 헤이즈Nicky Hayes의 『A Little History of Psychology』를 번역한 것이다. 그 유명한 『곰브리치 세계사 A Little History of the World』의 영어판 출판(2005년)으로 시작된 이 시리즈는 다양한 분야의 역사를 일반 독자도 쉽게 이해할 수 있도록 간결하고 흥미롭게 풀어낸 것이 특징이다.

이런 시리즈의 기획 의도에 맞게 이 책에서는 심리학의 발전에 기여한 주요 인물과 이론 및 사회문화적 배경을 일반 독자도 이해하기 쉽게 이야기 형식으로 서술하고 있다. 우선 제1~2장에서는 고대 그리스의 플라톤과 아리스토텔레스부터 근대 철학의 합리론 대 경험론 논쟁 및 다윈의 진화론에 이르기까지 과학적

심리학의 형성에 영향을 미친 사상적 전통을 간략히 소개하고 있
다. 이어지는 제3~4장은 과학적 심리학의 태동기 또는 탄생 과정
의 역사라고 부를 만한데, 구체적으로는 신경심리학의 발전으로
이어진 게이지의 두개골 관통 사고, 두개골 형태로 성격을 추론
하는 골상학의 유행, 언어 기능과 관련된 뇌 부위의 발견, 실험심
리학의 모태가 된 정신물리학, 에빙하우스의 초기 기억 연구, 역
사상 최초의 심리실험실 설립, 인간 마음에 대한 구조주의적 접
근과 기능주의적 접근의 대립 등을 다루고 있다.

제5~12장은 20세기에 들어와 본격적으로 꽃피게 된 심리학
의 여러 학파와 심리검사를 비롯한 초기 응용심리학의 이야기를
전한다. 특히 프로이트의 정신분석, 한때 프로이트의 제자였다가
견해 차이로 결별한 융과 아들러 이야기, 파블로프의 조건반사
실험, 인간 행동을 자극-반응 학습으로 설명하려 한 행동주의의
태동, 로렌츠의 동물 행동 연구, 행동주의에 반기를 든 게슈탈트
심리학, 그 밖에 지능검사나 성격검사 같은 다양한 심리측정법이
산업화 과정이나 제1차 세계대전 중에 어떤 역할을 했는지에 대
한 이야기가 흥미진진하게 펼쳐진다.

제13~17장의 주제는 '심리학에서의 행동주의 지배와 그 비
판 세력'이라고 할 만하다. 여기서는 무엇보다도 스키너의 조작
적 조건화와 보상·강화학습이론, 행동주의 언어관에 대한 촘스
키의 비판, 행동주의와 결을 달리하는 피아제와 비고츠키의 발달
심리학, 정신분석과 행동주의에 맞서는 제3세력을 자처한 매슬
로의 인본주의 심리학, 제2차 세계대전 중 군인 선발과 정신 건

강, 군사훈련, 선전선동, 암호 해독 등에 활용된 심리학에 관한 이야기 등이 펼쳐진다.

제18~25장은 주류 심리학의 패러다임이 행동주의에서 인지주의로 옮아간 시기의 이야기다. 나치의 반인륜적 범죄를 심리학적으로 어떻게 이해하고 극복할 것인가라는 문제의식과 결부된 아도르노의 권위적 성격론, 밀그램의 전기 충격 실험, 애시의 동조행동 실험, 레빈의 지도자 유형 연구 등이 소개되고, 이어서 컴퓨터의 발달과 함께 인간의 마음을 정보처리 모형으로 설명하려는 인지심리학적 접근법의 발전(로터의 귀인행동 연구, 페스팅거의 인지부조화 이론, 밀러의 기억 연구, 벡의 인지치료, 브루너의 하버드 인지연구센터 활동, 나이서의 『인지심리학』 출간 등)을 소개한다.

끝으로 제26~40장은 인지심리학이 여전히 현대 심리학의 주류 패러다임이라고 할 때, 여기에 포섭되지 않는 현대 심리학의 다양한 흐름과 최근 동향을 소개하고 있다. 즉 정신질환에 대한 의학적 접근을 비판하는 반정신의학 운동, 미국 사회심리학의 개인주의적 접근 대 유럽 사회심리학의 사회문화적 접근, 일본, 중국, 러시아, 인도, 남아메리카 등 비서구 지역의 심리학 동향, 파농의 탈식민주의적 접근, 깁슨의 생태학적 지각이론, 셀리그먼의 긍정심리학, 카너먼의 시스템 1·2 사고 연구, 매과이어의 신경가소성 연구, 소쉬르의 해체주의, 심리학 연구의 표본으로 당연시되던 '위어드WEIRD' 집단에 대한 비판적 논의 등이 이에 해당한다.

일반인을 위한 심리학 입문서로 손색없는 이 책은 심리학의 주요 이론과 연구 방법을 자세히 다루기보다 심리학의 주요 흐름이 생겨나고 변화해온 사회문화적 배경과 의미에 초점을 맞추고 있기 때문에 청소년을 포함한 일반 독자도 쉽고 재미있게 읽을 수 있다. 또한 각 장이 완결된 이야기 형식을 띠고 있어서 관심이 가는 장을 골라 읽어도 무방하다. 부디 이 책이 독자들에게 자기 이해의 깊이를 더하는 계기가 되길 바란다.

심리학의 역사

초판 1쇄 인쇄 | 2026년 3월 10일
초판 1쇄 발행 | 2026년 3월 20일

지은이 | 니키 헤이즈
옮긴이 | 최호영
펴낸이 | 박남숙

펴낸곳 | 소소의책
출판등록 | 2017년 5월 10일 제2017-000117호
주소 | 03961 서울특별시 마포구 방울내로9길 24 301호(망원동)
전화 | 02-324-7488
팩스 | 02-324-7489
이메일 | sosopub@sosokorea.com

ISBN 979-11-7165-034-7 03180
책값은 뒤표지에 있습니다.

• 이 책 내용의 일부 또는 전부를 재사용하려면 반드시 (주)소소의 동의를 얻어야 합니다.
• 잘못 만들어진 책은 구입하신 서점에서 교환해드립니다.